ヤスクニとむきあう

Phil Deans
フィル・ディーンズ

姜尚中
カン・サンジュン

蠟山道雄
ろうやま・みちお

村井吉敬
むらい・よしのり

安野正士
あんの・ただし

李仁夏
イ・インハ

金杭
キム・ハン

楊志輝
ヤン・ズフィ

Linda Grove
リンダ・グローブ

Brian Masshardt
ブライアン・マサハート

中野晃一
なかの・こういち

執筆者（執筆順）

編＝中野晃一＋上智大学21世紀COEプログラム　めこん

ヤスクニとむきあう■目次

まえがき

中野晃一

靖国が問題になっている。

メディア旋風の末、二〇〇一年四月小泉純一郎が総理大臣に就任、自民党総裁選の際の「公約」に沿い同年八月一三日の第一回を皮切りに毎年靖国神社へ参拝を続け、国内外で大きな論争を巻き起こしているのだ。

今年（二〇〇六年）九月に予定される首相の交代を前に世論は依然二分されつづけている。例えば四月の読売新聞社の調査によると、「参拝に賛成、どちらかと言えば賛成」が合わせて五四・一%、「反対、どちらかと言えば反対」が三九・九%となっていたが、FNN（フジニュースネットワーク）が五月末に実施した「政治に関する世論調査」によると、「次の首相は靖国神社を参拝すべきか」との質問に「参拝すべきだ」の回答は二九・五%のみで「参拝すべきではない」の五〇・六%を大きく下回るなど、世論の混沌としたさまが窺える。

これまでのところ靖国首相参拝への慎重ないし反対論でもっとも目立つのが、中国および韓国との外交関係の極端な悪化を憂慮するものであった。事実、二〇〇五年四月を最後に日中首脳会談は途絶えており、日韓首脳会談にしても同年一一月以来行なわれていない（なお、これらの会談でさえ多国間協議の脇で行なわれたものに過ぎず、本格的な首脳会談は更に長いこと見送られている）。むろん、日中および日韓の間に横たわる課題は小泉首相の靖国参拝に限らないが、この問題が大きな障害となっていることは疑いをいれない。

日本の財界では特に対中関係の悪化に関する強い懸念が見られ、経済同友会（北城恪太郎代表幹事）が『今後の日中関係への提言——日中両国政府へのメッセージ』と題する意見書をまとめ今年五月に発表、首相の靖国参拝の再考と、戦争の犠牲者全ての慰霊と不戦の誓いのための国立追悼碑の建立を進言した。これに対して小泉首相は「商売と政治は別」と反発したと伝えられるが、更には日本経団連の奥田碩前会長も六月に入り日中関係の改善を考え次期首相の不参拝を求める発言をテレビ番組で行なった（なお奥田氏は、今日に至るまで経済財政諮問会議の主要メンバーとして、小泉のために「商売」を代表して「政治」に直接関与している）。このような次期首相への不参拝要請は森喜朗前首相など多数の自民党政治家からも出ており、「中国への配慮」を合言葉に、首相交代を機に靖国問題の棚上げを図る包囲網が、ここに来て政財界エリートの間にできつつあるようでもある。

こうした空気の変化は、ブッシュ大統領との蜜月関係をもとに小泉が頼りとしてきた日米関係においても見られる。米国政府そのものは静観と不介入の構えを崩していないものの、ワシントン周辺では問題視する声も挙がってきている。例えば、共和党のヘンリー・ハイド下院外交委員長が昨年秋に加藤良三駐米大使に首相の靖国参拝に対する抗議を行なったのに引き続き、小泉首相退任前の訪米との関連で参拝中止の言明を求める書簡を下院議長に送ったことが明らかになった。

もっとも、ハイド下院議員の静かな抗議がアメリカ政界に直接波及する兆しはなく、当人が太平洋戦争での戦闘経験を持つことからも世代的な問題に過ぎないという見方もあった。実際、より若い世代の日米関係者としては、昨年四月二〇日の下院外交委員会のアジア太平洋小委員会における聴聞会にてボストン大学の国際政治学者トーマス・バーガー准教授が、日米軍事同盟の強化への期待を込めつつ、首相は靖国参拝によって健全な愛国主義を喚起していると肯定的な評価を行なっている。

しかしこれとは対照的に、同年九月二九日コロンビア大学のジェラルド・カーティス教授は、日本の軍事的役割の急激な増大に対する米国の「過度の期待」を戒め、アメリカの国益は日中関係の改善にあると論じた上で、「靖国神社は、真珠湾攻撃が自衛のための先制攻撃であり、日本のアジア侵略が西洋帝国主義・植民地主義からアジアを解放するための尊い努力であったという考えを支持する神社である」と指摘し、首相の靖国参拝中止は日中関係改善のための前提条件であると述べた（米国上院外交委員会、東アジア太平洋小委員会聴聞会）。

カーティスと同様な懸念は、駐日米国大使特別補佐官を務めたこともあるジョンズ・ホプキンズ大学のケント・カルダー教授によっても表明された。二〇〇六年三／四月号の『フォーリン・アフェアーズ』誌にて、日中関係の改善に米国が役割を果たすべきとし、更には日本の首相の靖国参拝がアジアにおける日本の孤立に繋がりかねないことに警鐘を鳴らし、次期首相によって靖国参拝が見送られることに強い期待を示した。

カーティスやカルダーは著名な政治学者であるが、彼らの主張する多国間外交アプローチが、単独行動主義が際立つブッシュ政権に聞き入れられる可能性は低いだろう。とは言え、日米の政策関係者に影響力の大きい両氏が、靖国参拝に少なからず起因する小泉外交の行き詰まりに対しての危機感を公にし始めたことは、自民党の政治家たちにも何らかの意味を持つものと考えられる。

こうした流れの一方で、首相の靖国参拝は「心の問題」であり一国の首相が自国内でどこに行こうと外国に「内政干渉」されるいわれはない、という主張を小泉本人始め参拝擁護派は繰り返してきた。

「中国が靖国に行くなと言う限り、行かないわけにはいかない」という口吻は悲壮でもあり、また滑稽でもあるが、今日でもなお「中国への配慮」から参拝を中止すべきであるという意見と対称をなす形で、「中国や韓国にとやかく言われる筋合いはないから、参拝を止めるべきではない」という意見も根強い。

実際、二〇〇五年一〇月の『外交に関する世論調査』(内閣府大臣官房政府広報室)によると、中国に対して「親しみを感じる」とした回答が三二・四%、「親しみを感じない」が六三・四%と、その差は大きく開いている。近年の日本における反中感情の急激な高まりは著しく、それも中国人が反日的だからこっちも反中で当然だ、というような泥沼に入りつつあると言えよう（ちなみに同じ調査で、韓国に対しては「親しみを感じる」が五一・一％、「親しみを感じない」が四四・三％となっている）。

未だかつて日本と中国の両方が同時に大国であった時代はない、というのは今日多くの識者が指摘する点であるが、靖国問題を含めたいわゆる歴史認識の問題に留まらず、今や国際政治全般における影響力争い、天然資源の確保など経済力に関わる競争など、両国の直接的な利害が衝突コースにあり、それが双方の国民感情を排他的なナショナリズムの方向に導いているきらいは否めない。二〇〇五年四月上海などでの反日暴動事件は、靖国参拝よりはむしろ歴史教科書や国連安全保障理事会改革案を直接の契機としていたと思われるが、これらの示威行動に見られた暴力と憎悪が日を引き、それが今度は日本における世論の急激な反中化に拍車を掛けるという負の連鎖に陥った。

日本の国内外のメディアで、反日デモの背後に中国政府の政治的思惑を指摘する声が相次ぎ、それは直接的な扇動説から暗黙の許容説まで様々であったが、事件の事後処理に際してもなげやりな中国政府の態度は批判と不信感をいっそう招く結果となった。こうした経緯の後、日本においては中国に限らず韓国についても、両国に見られる反日感情や「反日政策」は、おしなべて国民の目をそらし、日本叩きをガス抜きに使いたい両国政府のお家事情から来るものにすぎないとする説明が信憑性を持つものとして受け入れられる傾向が強まった。

これまでのところ日本における反中・反韓感情は、デモや不買運動などの直接行動よりも、種々のメディアを媒体に表出され、場合によっては商業ベースでの成功も収めている。インターネットの匿名性に依拠した低劣なナショナリズムの言説の流布はむろん日本の専売特許ではないが、漫画、本、テレビ、週刊誌などで反中・反韓産業が成立し始めたのは一つの大きな特徴と言えそうである。「憎悪を商う人」の意味で英語にhatemonger（ヘイトモンガー）という言葉があるが、憎悪を撒き散らすことをビジネスにする人たちが増加する世相は特記に値するだろう。中国の言いなりにならない誇りある日本人ならば当然参拝賛成、参拝に反対するのは「媚中派」の「売国奴」というような決めつけが横行しており、こうした偏狭なナショナリズムに対する恐怖の広がりは、思考と言論を封殺する危険性を持っているとさえ言える。

こうした風潮は、皮肉なことに政府の保守エリートにとっても大きな制約となった。「心の問題について何で外国からとやかく言われなくてはいけないんですか」と小泉が繰り返し述べたように、靖国参拝を見送ることは日本人としての心を外国に売り渡すことである、という問題設定を自らしてしまった以上、「媚中派」のそしりを受けずに名誉ある撤退を行なうことは細心の注意を要する問題となってしまったのである。

ところが、小泉退任前の最後の靖国参拝の有無、そのタイミング、更には、次期首相はどうするのかに注目が集まる中、論争は思わぬ展開を見せた。「日本経済新聞」が二〇〇六年七月二〇日付け朝刊において「A級戦犯靖国合祀　昭和天皇が不快感　参拝中止『それが私の心だ』」という衝撃的な見出しで、富田朝彦・元宮内庁長官が取っていた昭和天皇の発言メモを基に「スクープ」を打ったのである。

亡くなって一七年あまりたってからの唐突な昭和天皇の再登場が、最終的に靖国論争にどういう影響を与えるのか、現段階ではわからないことが多い。しかし、自分自身の参拝判断に「影響なし」とする小泉の一見強気な態度と裏腹に、小泉あるいは後継首相が参拝を止める理由を、中国から昭和天皇にすりかえることが可能になったことに光明を見出している保守エリートは少なくないだろう。中国がA級戦犯の合祀を問題にするのは気に食わないが、昭和天皇が合祀のせいで靖国参拝を止めていたというならば、いわゆる分祀論や代替追悼施設論も真剣に考えるに値するし、解決策が見つかるまで先の天皇への敬意から参拝を控えるのが適切だ、という「名誉ある撤退」の選択肢が用意された訳である。

「日本経済新聞」がいつどのように昭和天皇発言メモを入手し、またいかなる判断でこの時期を選んで「スクープ」としたのかは明らかでない。ただ、「日経新聞」と財界との緊密な関係と、日中関係の極端な悪化についての財界の強烈な危機感を考えると、中国を案じた「商売」が「政治」に助け舟を出したのではないか、というような勘ぐりもあながち的外れではないのかもしれない。

しかし天皇、側近、宮司（そしてA級戦犯）と亡くなった人ばかりを登場させて幕引きを図るのは、本来は、今を生きる我われが、いかに死者を慰霊、追悼するべきかについての論争であったはずの靖国問題の扱いようとして異論も出るだろう。古代ギリシャ劇ではdeus ex machina（デウス・エクス・マキナ）と言って、終幕で紛糾した状況にとってつけたような解決をもたらすために、いきなり神が機械仕掛けで舞台に現れることがあるというが、今日の日本において、自身は戦争責任の追及を免れた元・現人神《あらひとがみ》が、やはり物故している側近のメモを通じ、A級戦犯とその合祀に踏みきったとされる故・松平永芳靖国神社宮司を非難することによって、靖国問題の一応の棚上げを導くことが現実にありえるのか、疑問は残る。また、日本の侵略や支配によって甚大な被害を受けた中国や朝鮮半島、台湾の隣人たちの声にはあくまでも耳を貸さず、そうした侵略行為の御旗であった昭和天皇の「お心」には一も二もなく追従するということになるとすると、戦後日本の「反省」と「お詫び」、そして民主政治そのものの意味が問われることにもなるだろう。

靖国神社とは、「天皇を中心とした国・日本」を「安らかに護るために」戦い亡くなったとされる人たちを神々として祀る明治天皇の創建による神社であり、戦前は合祀に天皇の勅許を要したものが、戦後、厚生省の祭神名票に基づき行なっていたのである。そもそも歴代総理大臣の公式参拝を推進、擁護してきた人々は、天皇の御親拝の復活と恒常化こそを究極の目標としていたのであるから、昭和天皇がA級戦犯の合祀に不快感を顕わにし、そのことを理由に参拝を中止していたという新たな史料の発見は、靖国神社側にとってかなり重大な事態であることは間違いない（マスコミの取材に対して、このようなメモを持ち出すのは天皇の政治利用にあたるのではないか、と靖国親拝の実現という形での天皇の政治利用を企ててきた人々が自家撞着を起こしているのは、それだけ困惑が深いことの証左にほかならない）。

　従来の靖国側の言い分は、神社祭祀の本義からして、ひとたび祀られた神霊を分霊したとしても元の神霊はそのまま元の神社に存在し続け、従っていわゆる分祀は不可能（ないし無意味）であるというものであったが、今後その神道の「本義」に何らかの再解釈を加えるか、事実上の合祀取り下げが水面下で模索されるかしても不思議はないだろう。

　だが、Ａ級戦犯の合祀をめぐる論争はまだ富田メモの発見によって新局面を迎えただけで、この点に限っても現実に打開策が見出されるにはまだまだ時間を要することは間違いない。


　中国や韓国の批判にどう対応するべきか、そして今度は昭和天皇の不快感の表明をどう受けとめるべきか、という風に、靖国問題がとかく受身に捉えられてきていることに違和感を持つ中で本書は構想された。

　ヤスクニともっと正面からむきあうべきだと考え、本書では複数の異なる政治的立場、また日本人に加えて、在日韓国人、韓国人、中国人、更にはアメリカ人、イギリス人、それも様々な年齢層（八〇歳代から三〇歳代まで）の執筆者を交えて、これまであまり顧みられなかった多様な視座を提示し、執筆者のそれぞれが真っ向から議論することを旨とした。靖国神社のあり方そのものに強い反発を感じる者から小泉の靖国参拝を肯定的に評価する者まで、また、国民国家論者からその枠を超えた共同体を唱える者まで、無理に意見を合わせることはせず、いくつかのケースにおいては、執筆者同士でむきあい、互いに論評、批判しあうことさえした。

本の体裁としてはかなり変則的かもしれないが、読者の皆さんにとって、新鮮な視点と出会い、改めて靖国問題とむきあうきっかけとしていただければ幸いである。

第1章　東アジアのナショナリズムをめぐる靖国問題

フィル・ディーンズ
（早川美也子 訳）

靖国神社は、東アジアにおける国内政治と国際政治双方にとってきわめて重要なシンボルとしての役割を持つようになってきている。その原因を理解するためには、日本と近隣諸国におけるエリートレベルの政治とナショナリズム運動の展開について考察することが必要である。靖国神社については、さまざまな解釈が可能であり、その意味について一致した見解が得られないために、政治家の靖国神社参拝をめぐっては賛否両論の意見が存在する。とりわけ、靖国神社と日本政府がどのような関係にあるのか曖昧であり、神社側がきわめて問題のある歴史観を持っていることから、ナショナリストは靖国神社を重要なシンボルとみなし、結果として現在までに数々の論争が展開されてきた。

第二次世界大戦後、日本の総理大臣は長年にわたり靖国神社を参拝するのが慣例であったが、一九七〇年代までは参拝が脚光を浴びることはなかった。しかし一九七〇年代に入り、首相参拝の公的（あるいは私的）な性格が取り沙汰され、さらにA級戦犯の合祀が決定されると、首相の靖国参拝は急速に政治問題化するに至り、中国と韓国の強い反発を招くことになった。現在、小泉首相の度重なる靖国参拝によって中国や韓国との関係は非常に悪化している。一方国内に目を向けると、靖国神社に参拝することによって自民党内での小泉首相の地位は向上している。このように首相の靖国参拝は、日本国内で「修正主義的ナショナリズム」がいかに大きな位置を占めているか示す結果となっているのである。

中国では、靖国神社はエリートレベルの問題であると同時に、民衆レベルの問題でもある。エリートレベルにおいては、確かに中国共産党が過去に靖国問題を政治の道具として利用したことがあるものの、現在の靖国参拝に対する反発は偽りの政治的道具ではけっしてなく、中国の政治指導者が抱いている憤慨と憂慮の念は真実のものである。靖国参拝こそが、日本の誠意を計るリトマス試験紙となっているのであり、中国との友好関係を発展させる意思があるかどうかが判断されるのである。一方民衆レベルでは、度重なる靖国参拝によって中国国民の対日感情は非常に悪化し、中国政府は対応に苦慮している。その結果、中国共産党は日本とどのような関係を築いていくべきかわからなくなり、合理的、長期的な対日戦略を形成することが難しくなっている。

台湾では、靖国参拝問題をどのようにとらえるのかということに関してナショナリストの間で意見が割れており、問題は複雑である。台湾の独立を目指している人々にとっては、靖国神社は日本との特別なつながりを示すものであり、台湾には中国本土とは異なる独自の歴史が存在しているということを示すための格好の手段でもある。彼らは独立を勝ち取るための手だてとして日本の修正主義的ナショナリズムを支持している。他方、台湾は現状のままでよい、もしくは中国との関係をより改善させたいとする人々は、靖国神社について中国の共産党指導部や一般大衆と同様の考え方をしている。

■日本政治と靖国神社：その意味と解釈をめぐって

日本では、靖国神社に関する統一見解というものは存在せず、靖国神社は国内外のさまざまな政治団体によって国家やナショナリズムのシンボルに掲げられている。このような団体はそれぞれ持論を展開しており、靖国神社についての統一解釈が存在しないために、政府首脳の参拝は法的、道徳的、政治的、外交的などあらゆる側面において議論を呼んでいる。公式には、一九四五年に敗戦を迎えたのち、国家神道の廃止が指令されて靖国神社は一宗教法人となり、一九四七年に施行された日本国憲法二〇条は政教分離を謳っている。しかしながら、元軍人やその家族をはじめとする団体から、靖国神社に引き続き祈念・追悼施設としての地位を与え続けるようにとの強い要望が寄せられた。そのような団体の中で最も大きな影響力を誇っているのが日本遺族会である。

靖国神社は公式には「私的」なものとされているにもかかわらず、国内的にも海外からも、「国家的」な性格を持ちつつ運営されていると見なされている。しかも靖国神社のいわば「国家的」な地位はさまざまな施策を通じて徐々に強化されており、政府と靖国神社の関係はますます微妙なものとなってきている。

一連の施策の中でも最も注目すべきなのは、厚生省が一九五六年に決定した「靖国神社合祀事務協力」である。これは、都道府県に対し、すべての恩給受給資格保有者を靖国神社に祀ることを通知するものであった。また、一九五九年に法改正によりB・C級戦犯本人やその家族が恩給を受けることが法的に可能となった結果、彼らも靖国神社に祀られることになっていった。このように、公式には政教分離原則が掲げられていたにもかかわらず、現実には日本政府と靖国神社との関わりはけっして途切れてはいないのである。

靖国問題を語る際に非常に重要となるのは、神社側が過去をどのように解釈しているかという点である。靖国神社の祭祀の中心は「招魂社」であるが、そのほかに論争の的となっている施設として、「遊就館」という展示館がある。遊就館は、修正主義的歴史観のもとに展示を行なっており、その歴史の解釈は日本国内のみならず近隣諸国から数々の批判が寄せられている。具体的には、遊就館は軍国主義の過去を礼賛し、日本人が行なった残虐行為を脚色あるいは否定することにより、虚飾に満ちた受け入れがたい歴史観を提示しているというのである。

一方、そのような歴史観を真実のものとして肯定するグループも存在する。代表的なのは国内の右翼ナショナリストであり、彼らによれば、遊就館は日本の払った尊い犠牲を示し、アジアにおける西洋帝国主義を終結させた日本の貢献を正しく物語っているものである。日本における修正主義的ナショナリズム論者にとっては、遊就館と靖国神社は歴史を再解釈するシンボルそのものであり、非常に重要な存在なのである。後述するように、彼らは「戦没者はより高次の目的のために価値ある死を遂げた」という論を展開しているが、これは大多数のアジアの国々や西洋における支配的な歴史観を真っ向から批判し、挑戦する考え方である。日本の政府首脳による靖国神社参拝が批判を受けるのは、以上のような文脈によるのである。

また、靖国神社の位置づけが曖昧になっていることも政府首脳の靖国参拝が論議を呼ぶ原因の一つである。一九六九年から一九七三年にかけて、自民党は五回にわたって靖国神社の国家管理を目指す靖国神社法案を国会に提出した。しかしながら、法案はいずれの場合も成立に至らず、廃案となった。また、一九七五年四月には三木武夫首相が参拝を行ない、彼は参拝を「私的」なものだとし、総理大臣の職務としてではなく私人として参拝したと主張し、いかなる公金も使用していないと述べている。しかし、彼の発言は、事態を収拾するどころかますます混乱に陥れる結果となり、首相の靖国参拝をめぐるその後の議論に拍車をかけることとなった。例えば、岡崎久彦をはじめとするナショナリストの評論家は、「参拝は私的である」という三木の発言を深刻な過ちととらえており、このことが問題を現在まで長引かせる原因になっていると考えている。そもそも日本では、参拝の私的性格を強調する三木の発言が靖国神社の首相参拝を問題化したのか、あるいはその後のA級戦犯合祀が靖国神社の首相参拝を問題化したのか、意見が分かれたままである。昭和天皇はA級戦犯の合祀の前には八回にわたって参拝を実施していたが、その後は一度も参拝を行なうことはなかった。

首相の靖国参拝が憲法に抵触しないかという合憲性の問題について、これまで相当数の裁判が行なわれてきたが、いまだ明確なコンセンサスは得られていない。首相の参拝を違憲と判断した判決もあれば（例えば二〇〇四年の福岡地裁）、一方で参拝についての憲法判断を回避して、提訴を棄却している判決（例えば二〇〇四年の千葉地裁）もある。小泉首相は自身の参拝の性格に関して、個人ならびに政治家としての参拝と述べつつも公務ではないとし、現在に至るまで公私の性格について明言を避けている。

以上のように、政治家の靖国参拝問題は世論の大きな関心を集めているが、一九七八年以前には参拝が今日ほどの政治問題としてとらえられることはなかった。参拝問題が政治問題として認識されるようになるのは、一九七八年、第二次世界大戦後に連合国により処刑された一四名のA級戦犯を追悼し合祀するという決定がなされた以降のことである。

とりわけA級戦犯の合祀は、日本や中国などの国々において、その他の靖国関連の問題と比較しておそらく最も議論が白熱している問題であるが、唯一の問題としてではなく、一連の問題全体の中で理解される必要がある。この合祀の決定をめぐり、いかなる政治的な背景があったかについては、いまだに明らかになっていない。政教分離原則により、公式には確かに靖国神社が何をどうしようと自由である。しかし、一九七〇年代の初頭から半ばにかけて、靖国神社の位置づけの変更を求める声は力を増し、三木首相が「私的」に行なった参拝は大きな議論を呼んだ。

これらの点を鑑みると、A級戦犯の合祀に関し、何らかの政治的な意図が働いた可能性は否めない。合祀は、ナショナリスト的な議論が沸き起こっているその最中に実現しているのである。当時「タカ派」として知られ、台湾への支持を表明していた福田赳夫首相は、中華人民共和国と平和友好条約の締結準備を進めていたが、このような事情を考慮に入れる必要があるだろう。興味深いことに、A級戦犯は一九七八年一〇月一七日に合祀され、翌一八日に同条約は国会で承認されているのである。中国との条約調印とA級戦犯の合祀——両者の関連性は推測の域を出ないが、何らかの

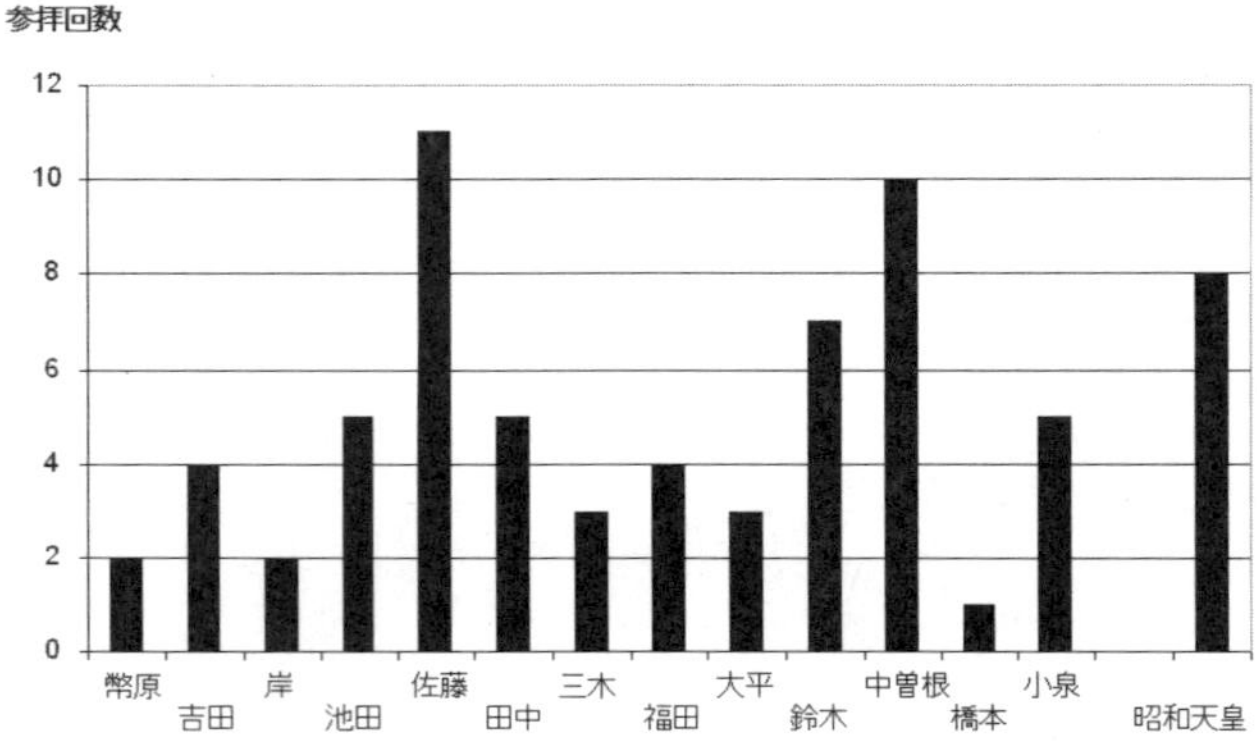

図1　各総理大臣（および昭和天皇）の在任期間中靖国参拝回数

つながりがあっても不自然ではない。

■総理大臣の靖国参拝

総理大臣による靖国神社への参拝は、けっして今に始まったことではない。戦後初めて参拝したのは幣原喜重郎であるが（一九四五年一〇月）、占領軍が不快感を表明したために、その後しばらくの間参拝は途絶えていた。参拝が再開されるのは一九五一年であり、サンフランシスコ平和条約の調印後、吉田茂が条約の批准に先立ち靖国神社の参拝に赴いている。彼はその時の参拝も含め、通算四回にわたり靖国参拝を行なった。**図1**は日本の総理大臣別による参拝数を示すものである。表が示すように、参拝数が一番多いのは、戦後最も長期にわたって首相を務めた佐藤栄作であり、一九六五年から一九六八年までは毎年参拝し、一九七二年春に退任するまでほぼ半年毎に参拝を行なっている。次に参拝数が多いのは中曽根康弘である。彼は戦後の首相の中では在任期間が吉田の次に長いが、参拝は在職中の最初の三年間（一九八二年から一九八五年にかけて）に集中している。また、鈴木善幸はわずか二年半の間に七回も参拝を行なっている。その後、中国や韓国政府を中心として、靖国参拝を国際的に批判する動きが高まったため、首相の靖国参拝は一九八五年に中断されるに至った。一九九六年に橋本龍太郎が一度だけ参拝に赴いたものの、二〇〇一年に小泉首相が最初の参拝を開始するまで、定期的な参拝は一切行なわれていない。

皮肉なことに、政治家が右翼的あるいは修正主義的な政治的志向を持っていたからといって、靖国神社に多く参拝するとは限らない。政治的志向と、参拝の頻度には全く関連性がないのである。中曽根や小泉のように、外交政策に関しては「タカ派」とみなされている政治家が定期的に靖国参拝を行なっていたこともあれば、一方でより強固なナショナリストであると考えられていた岸信介は靖国神社にたった二回参拝したのみであり、神道政治連盟国会議員懇談会の大御所である森喜朗は首相在任中一度も参拝していない。総理大臣のナショナリスト的な政治志向が、直ちに靖国神社参拝に結びつくとは限らないのである。

総理大臣の靖国神社参拝数は、戦後から徐々に増加の一途を辿っており、その傾向は近隣諸国から批判を受けて参拝が中断する一九八〇年代半ばまで続いている（図2）。この表を見ると、次のような興味深い事実に気づく。すなわち、一九八〇年代半ば以前は、日中関係の重要な出来

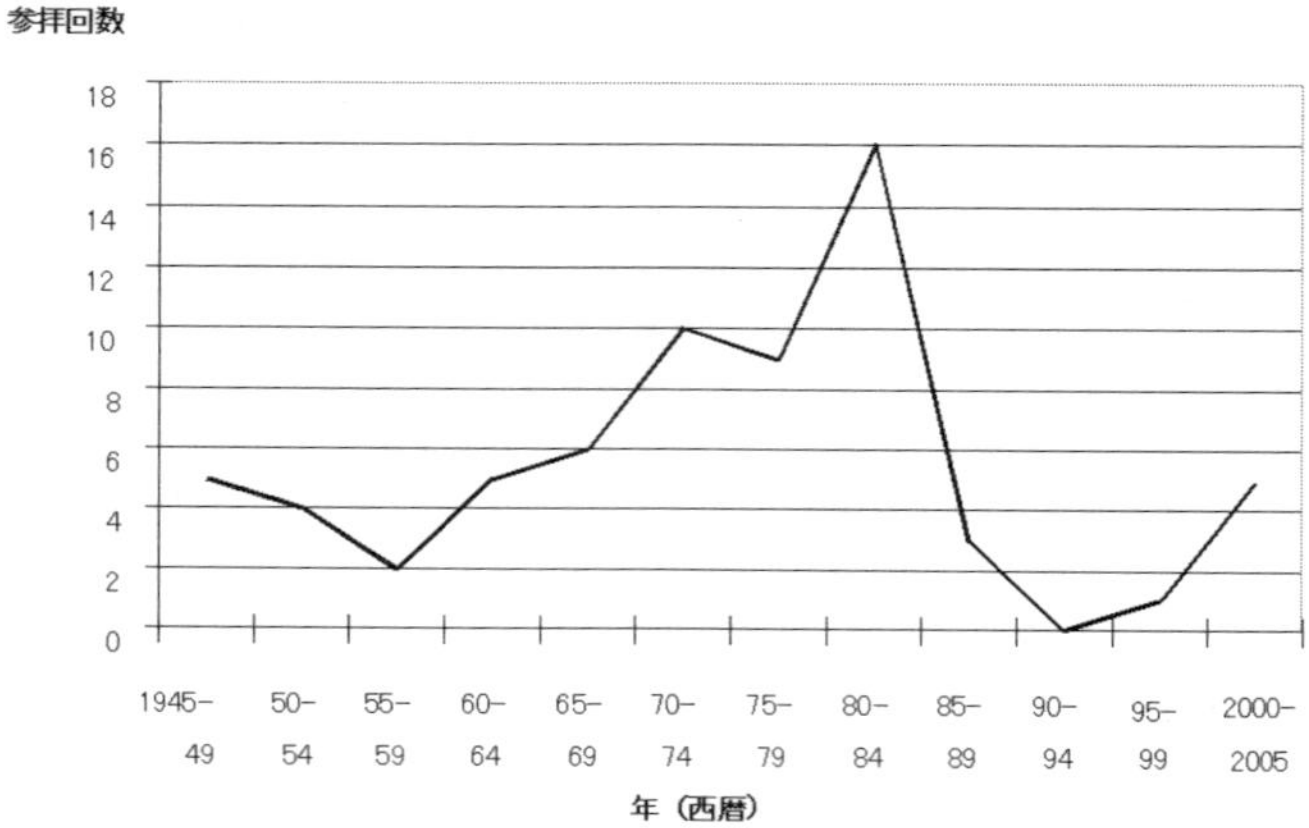

図2　総理大臣の靖国参拝回数（年別）

事と首相の靖国参拝の間に何らの相関関係も見られない、という点である。前述のように、B・C級戦犯は一九五九年以降に合祀されたが、合祀の決定がなされたからといって、首相が靖国参拝に赴く頻度に変化が見られることはなかった。これは一九七八年と一九七九年に行なわれたA級戦犯の合祀の場合も同様であり、首相の参拝数に目立った動きは見られない。また、一九七二年に田中首相の在任中に日中国交正常化が実現し、その後の一九七八年に日中平和友好条約が締結されたが、そのいずれの際にも首相が靖国神社に対する姿勢を変えた事実はない。一九八五年以降に中国が靖国参拝批判を開始し、その結果として突然首相の参拝が途絶えたことを鑑みると、以上の点は非常に興味深いと言える。

　また、一年のうちのいつ頃に参拝を行なうのか、という点も重要である。どの時期に参拝が行なわれるかにより、政治的な意味が全く異なるからであ

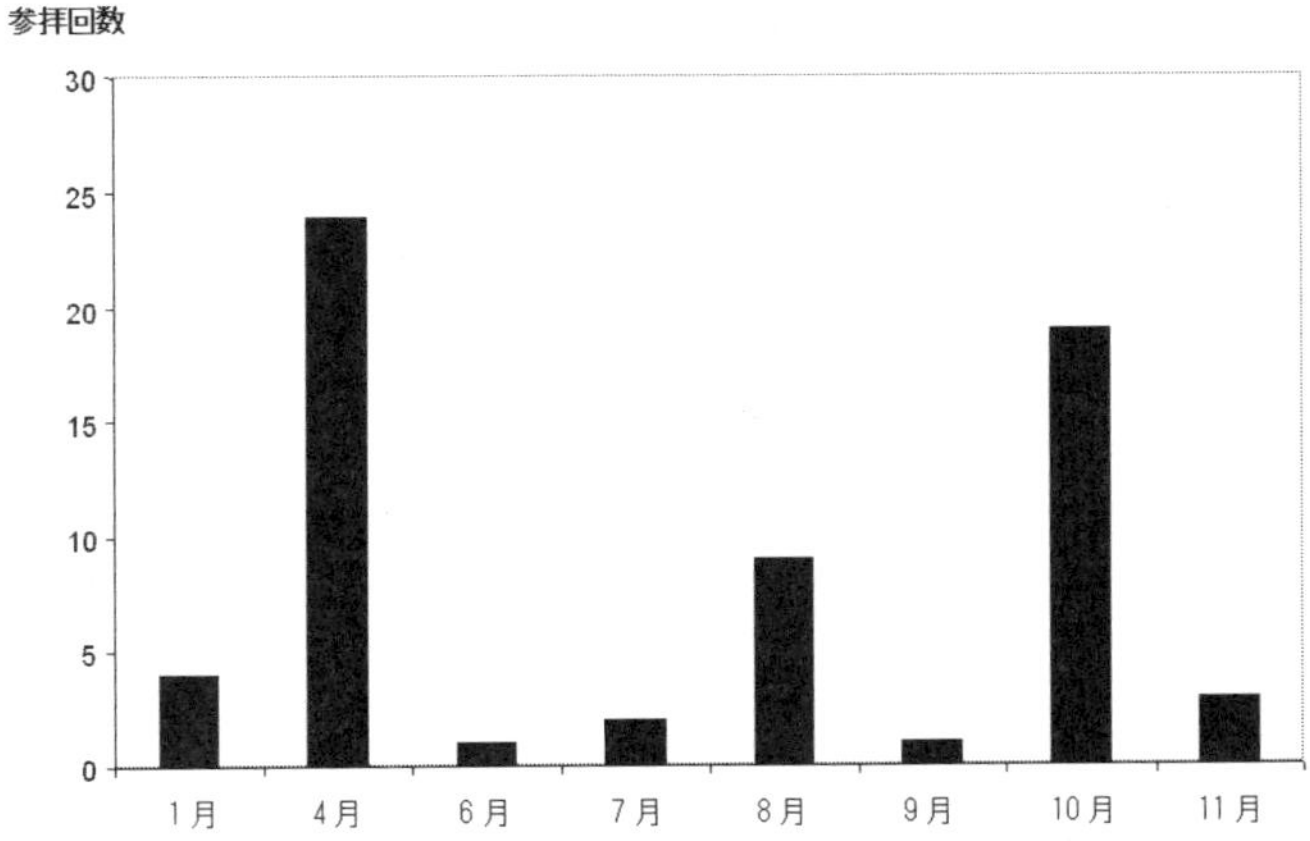

図3　総理大臣の靖国参拝の時期（月）

る。一九四五年から二〇〇五年までに行なわれた六三回の参拝のうち、神道において重要視されている春もしくは秋の例大祭の間に行なわれたのは四三回であった（図3参照）。

問題となるのは日本で終戦記念日とされている八月一五日の参拝である。終戦記念日当日の首相の参拝は、現在までに八回を数え（鈴木善幸と中曽根康弘がそれぞれ三回、福田赳夫と三木武夫が一回）、小泉純一郎は八月一三日に一度参拝を行なっている。昭和天皇は通算八回にわたり参拝に赴き、神道の儀式にも参加した。最後の参拝は一九七五年に行なわれたが、その年は参拝の公的（私的）性格について議論が湧き起こった年でもあり、その後A級戦犯の合祀が行なわれた。ちなみに、今上天皇は現在までに一度も参拝を行なっていない。

一九八五年の八月に中曽根首相が参拝した後、

一〇年以上にわたり総理の靖国参拝は途絶えていた。その後、一九九六年七月に参拝を突然に再開したのは橋本首相である。橋本が参拝を行なったのは、日本政治が混迷を極めていた時期であった。というのは、自民党は四〇年以上にもわたる一党独裁が崩壊した後に初めて政権を奪還したばかりであり、また日中間には非常に緊迫した空気が流れていたからである。中国が核実験を再開し、台湾海峡でミサイル実験を繰り返して行なったことにより、日本とアメリカは安全保障上の懸念を強めることとなった。しかし、橋本の後には再び参拝は途絶え、二〇〇一年に小泉が政権の座に就くまで定期的な靖国参拝がなされることはなかった。

なぜ小泉は定期的に靖国参拝を行なうのか、その理由は不明であり、明らかになっていない。しかしながら、以下のような点が参拝の要因として考えられる。第一に挙げられるのが、彼は二〇〇一年の自民党総裁選に際し、日本遺族会に対して靖国参拝を行なうと約束していることから、ただ単にその約束を実行しているだけであるということである。遺族会の支持を得るために八月一五日に参拝すると彼は公約し、結果的には国際的な批判へのささやかな配慮から八月一三日に参拝を行なった。しかし大体において、彼の約束が果たされたことに間違いはない。

彼の参拝は国内・海外双方に強烈な政治的メッセージを発することとなった。まず国内においては、小泉は日本が変化しつつあることを示し、日本は恐れることなしに過去を正面から見つめることができる国になったということを示そうとした。自分は過去を「礼賛」するために靖国神社に参拝しているのではなく、悲しみを乗り越え、戦争の悲劇を繰り返さない決意を新たにするために敢えて参拝を行なうのだ、と彼は繰り返し述べている。さらに、靖国参拝は個人の「心の問題」であるとし、政治とは無関係であると主張している。しかしながら、靖国参拝は彼の政治家としてのイメージ――すなわち日本に変化と改革をもたらす政治家――と関連していることに間違いはない。

小泉が総裁選に勝利し、総理大臣に就任したにもかかわらず、自民党政治家の多くは小泉を強く警戒している。彼が進める経済改革路線は、利益誘導型政治や、戦後の日本における伝統的な政官財の関係を突き崩す恐れがあるからである。確かに小泉はこれまでの首相と比較すると非常に人気の高い総理大臣であるかもしれないが、自民党内ではそうとも言えず、彼は改革路線に反発する抵抗勢力と常に対決しなければならなかった。小泉が積極的でナショナリスティックな外交政策を採用するようになったのは、このような抵抗勢力を懐柔し、彼らから譲歩を引き出すためであった。

こうした外交政策は、一方では日米同盟の強化として表れ、また他方では、自衛隊のアジア地域内、海外での活動の幅の拡大にも繋がった。アメリカ主導のもとに、自衛隊はアフガニスタンやイラクに派遣されており、日本は国際問題に対してより積極的な軍事貢献を行なうようになりつつある。これは、戦後の平和主義的価値観や平和憲法への脅威であると一般的には否定的に受け取られがちである。しかし自民党内部では事情は非常に異なっており、このような積極姿勢を採用することによって、小泉は従来自分の政治経済改革路線に反対していた抵抗勢力の支持を得ることができたのである。

しかしながら、小泉はただ単に国内向けの対応として靖国神社に参拝しているわけではない。小泉は靖国神社に参拝することによって、中国や韓国をはじめとする諸外国に対し、もはや日本は批判に屈してばかりではいないという明確なメッセージを発信しているのである。彼は就任に際して田中真紀子を外相に任命し、中国に対して一時的に融和的姿勢をとったものの、その後の態度を急速に硬化させることとなった。一九九〇年代半ばから国内の反中感情が徐々に高まってきていたことから、小泉は靖国神社に行くことによって大衆にアピールする姿勢をとったのである。

また、同様の政策矛盾と一貫性のなさが朝鮮半島に対する対応にも見てとることができる。彼は北朝鮮への訪問を実現させ、また二〇〇二年に韓国とワールドカップを共同開催することによって、両国との友好親善に貢献することができた。しかし一方で、彼は靖国神社に繰り返し参拝し、日本の侵略を美化していると批判された歴史教科書問題に対して徹底した無関心を表明することによって、両国との関係は急速に冷え込んでしまったのである。

小泉は、靖国参拝が批判されるのには正当な根拠があるということを素直に認めたがらない、あるいは認めることができないようである。彼は、自分の靖国参拝が批判されると、それがあたかも自分自身や自分の改革路線、さらには日本という国家そのものを批判しているかのように拡大解釈している。小泉のように策略的な考え方をするタイプの政治家は、他人も自分と同様に行動するとしか思えないのかもしれない。

メディアを介した人物像によると、小泉は絶対に自分の考えを曲げない頑固な人物と評されており、妥協を模索しながら問題を解決するような昔ながらの政治家とは一線を画している。彼のこの

「頑固さ」が最もよく表れているのは郵政民営化への絶対的なこだわりであるが、靖国参拝に関しても同じような姿勢を見てとることができる。

いずれにしても、自分への批判の動機に不純な策略性を見出さずにはいられない態度のため、彼は自分自身が引き起こした外交問題を理解し、解決することすらできなくなっている。小泉は自らの行動が外交の障害になっているという事実を認識できていない。この傾向は特に北東アジア外交において顕著であるが、小泉の行動はヨーロッパや北アメリカ外交にも不利益をもたらしているのである。「不快感を示しているのは日本と中国だけだ」という彼の発言自体が、首相としての彼の情報収集能力の欠如もしくは現実逃避傾向を物語っている。

また、靖国参拝に関しては以下の点も考慮に入れることが必要である。日本にとって中国は経済的により重要になってきており、小泉の靖国参拝は財界から大きな批判を浴びている。しかし現在では、経済界が自民党に対して持つ影響力は、一九七〇年代と比較すると非常に小さくなっている。当時、経済界は自民党に圧力をかけて、首相の佐藤を切り、親中派の田中角栄を据えさせることができるほど強大な影響力を有していた。現在では、経済界はもはやそのような影響力を行使することはできないのである。

また、世論調査によれば、小泉が靖国参拝を行なうことによって世論の支持率が上がったかどうかは不明であるが、少なくとも参拝を続けることによって支持率は低下してはいないようである。二〇〇五年の参拝直後に行なわれた「東京新聞」の世論調査によれば、四八％の人々が参拝を支持しており、四五％の人々が反対の意を表明していた。後に行なわれた世論調査もほぼ同様な結果を示している。自民党内部では、靖国参拝によって小泉は党内での基盤を確立しており、一連の経済改革に反対する抵抗勢力の譲歩を引き出すことができたのに対し、一般の国民は彼の靖国参拝への評価を決めかねている。しかし、世論が靖国参拝に対してそれほど批判的ではないことから、彼は他国からいかに批判を受けようと、外交をいわば犠牲にすることによって、執念とも言える郵政民営化などの改革を実現しようとしたのである。首相の靖国参拝を求めているのは非常にわずかな政治的マイノリティに過ぎないが、彼ら――修正主義的ナショナリズム論者は現代日本政治において非常に重要な地位を占めており、無視できない存在となっているのである。

■靖国神社と修正主義的ナショナリズム

戦後の日本において、靖国神社は、「修正主義的ナショナリズム」の道具として政治的に利用されてきたと言えよう。「修正主義的」とは、現在日本におけるナショナリズムの一潮流を指し、過去を書き換え、日本の過去と現在を再解釈しなければならないという主張を展開している。「修正主義」とここで総称する立場にはさまざまなものが存在するが、敗戦後アメリカによって押しつけられた一九四七年の憲法を改正することを目指しているという点で共通している。

戦後の日本においては、修正主義的ナショナリズムはありとあらゆる思想や価値観を含む雑多な概念であり、政党や派閥、あるいは鍵となる社会運動を形成するには至らなかった。それでも若干の対立点や矛盾点を別にすれば、以下の共通点が見られる。すなわち、修正主義的ナショナリズムの根幹とは、一九四五年の敗戦後に日本人が植えつけられた歴史認識から脱却し、歴史を再解釈しなければならないという信念である。そして、とりわけ日本がアジア諸国に多大な貢献をし、西洋の植民地主義に対抗し、旧植民地である韓国と台湾のその後の発展に貢献したことを強調している。これは、一九四五年以前に日本が「侵略」を犯したとする定説に対抗するものであり、日本軍部によって行なわれた戦争犯罪や、一九三七年の南京大虐殺をはじめとする一連の事件の信憑性さえも疑問視している。また、東京裁判は不正義であり判決は不当であるという主張も彼らの議論の中核をなしている。彼らは社会的には保守的な考えの持ち主であり、一九四七年に施行された憲法の自由主義的な側面に反対しているほか、日本の国家を精神的に体現するものとして皇室制度を理想化した形で考えている。

以上のような修正主義的な考え方は、戦後あらゆる政治の場において目にすることができる。自民党内においても、親米派と修正主義派は常に対立を続けてきたのである。古くは吉田茂、最近では宮沢喜一などに代表される保守親米派ナショナリストの国会議員がいる一方で、アメリカへの依存を減らし（完全に依存をなくすわけではない）、日本の自主独立能力を高めることを目指す修正主義派ナショナリストの国会議員は常に存在した。一九五七―六〇年に首相を務めた岸信介や、以前自民党に所属していた石原慎太郎東京都知事はこのような修正主義的考えを持つ政治家の代表格である。政党政治の外では、日本遺族会と新しい歴史教科書をつくる会が修正主義的な考えを持つ団体として有名である。

彼らにとっては、靖国神社は過去を理想化し、未来への希望を体現するシンボルそのものである。戦没者を祀る神社として、靖国神社は天皇のために尊い死を遂げ、多くの犠牲を払い、西洋の侵略からアジアを開放したシンボルと見なされている。日本遺族会は、戦没者のほか、「不当に告発され裁かれた」戦犯を追悼することが会の主たる目的であり、使命であると謳っている。また、新しい歴史教科書をつくる会は、靖国神社や日本史を再解釈することを目指しており、特に靖国神社の遊就館は戦没者の追悼や歴史教育の観点からみて、正しい歴史観を提示している場所であると評価している。

小林よしのりの靖国神社に関しての近年の「研究」は、修正主義の立場からの一連の議論をまとめている。小林は漫画家であり、彼の作品は非常に影響力がある上に、読者層も幅広い。彼は一九九〇年代後半に修正主義的歴史観を提示した『戦争論』で一躍脚光を浴び、台湾の歴史と日台関係を描いた『台湾論』を続編として出版し、物議を醸した人物である。これら二つの本は日本の帝国主義時代の過去に肯定的な光を当て、南京大虐殺や従軍慰安婦等の問題について独自の説を展開している。さらに最近では、シンボルとしての靖国神社と政治について修正主義的歴史観をもとに真正面から取り組んだ『靖国論』が出版されている。小林は日本史を再評価することにより、「新しく強い日本人精神」や「新しいナショナリズム」の構築を目指している。彼は日本がアジア諸国やアメリカから批判を受けて弱腰になっていることを激しく非難しており、日本人は自身の歴史と功績を賛美こそすれ、恥じ入る必要は全くないと主張している。彼によれば、日本の政治家が過去について謝罪する必要は全くないのである。

修正主義的ナショナリズムは、ある一定の方向性を持つ主義主張の総称であって、その中にはさまざまな異なる立場が存在する。修正主義論者を標榜する人々が、必ずしもすべて同じ主張を共有しているわけではない。この傾向は政党政治において顕著であり、個々の政治家がある特定の修正主義的会派から支持を得ようとしつつも、他の修正主義的会派からの協力を望まないこともある。

このように、現代の日本のナショナリズムの潮流には、修正主義とは意見を異にする立場も存在することを理解しておく必要がある。また、近年靖国問題にはアメリカの政治家が介入することがあり、問題が複雑化しているが、それは以上のような文脈によるものである。というのは、もし靖国問題が日本とアジアの近隣諸国との間だけの問題だったならば、新米派と修正主義派の政治家間の緊張は表面化しなかったと考えられるからである。しかし、議論にアメリカが介入してきたことにより、親米派と修正主義派は共通の立場に立つことが困難になってしまった。それでも親米派と修正主義派の政治家が共通の合意に至ることができる点が、一つ存在する――すなわち、中国問題である。

■中国

靖国神社をめぐる中国での議論を理解するためには、一九世紀後半以降の日中間における苦い対立の歴史をひもとくことが必要である。特に一九三七年から一九四五年の間、日中両国は数々の衝突を繰り返し、それがその後の日中関係を形作ることになった。これはエリートレベル、民衆レベルの両方に当てはまることである。ナショナリズムは中国共産党にとって思想の中核をなす部分であり、日本に打ち勝つことができたという事実こそが、国共内戦の際、国民党に勝利をおさめる上で重要なポイントであった。

しかし一九五〇、一九六〇年代になると、中国共産党は反日感情についてあまり言及することはなくなり、中国ナショナリズムにおける反日感情の役割は縮小した。学校教育においては、むしろ中国共産党がいかに国民党に勝利したか、という点が集中的に喧伝されるようになった。このような中で、中国共産党は以下のようなマルクスの階級理論を用いて対日関係や抗日戦争を説明していた。すなわち、日本はファシスト・軍国主義の支配階級に牛耳られた結果戦争を起こしたのであり、一般の日本人には戦争責任はないのだ、とする考え方である。当時、確かに中国共産党は日本がアメリカの「しもべ」になってしまっており、日本の政治家が軍国主義を再興しようとしているという批判を時折行なうことはあった。しかし、これは中国の国内向け政治キャンペーンの一環であったり、特定の事件に起因するものであって、アメリカ帝国主義の犠牲となっている一般の「日本人」に対する批判ではなかったのである。

しかしながら、一九七六年の毛沢東の死後、一連の改革が一九七八年に開始されると、階級理論は中国の国内情勢や他国との関係を説明するためには不十分なものとなってきた。中国共産党は、その階級理論の代替手段としてナショナリズムを選び、党の正統性を保持し続けようとしたのである。しかし、ナショナリスト的なプロパガンダへ移行したことにより、国内では党の正統性は増したが、結果として中央政府が管理できないような民衆の力が生み出されることとなった。例えば、一九八九年の学生主導の改革運動は「民主主義」という漠然とした理想よりも、ナショナリズムに鼓舞されて発生したところが大きい。彼らにとって、民主主義とは偉大な国家となるために用いる単なる手段であって、けっしてそれ自体が達成すべき目的ではなかったのである。

一九八〇年代になると、エリートレベルの政治競争の過程で反日感情が副産物として生み出され、政治的に利用されるようになった。その典型的な例が胡耀邦主席の辞職問題である。公式には、彼は一九八六年に反日デモを統御することができなかったことが原因で辞職している。しかしながら、中国共産党が一九三七年の南京大虐殺等日本に対する勝利を強調し始めたのは、一九九〇年以降であり、当時の反日運動はそれほど強いものではなかった。国家の言説が反日へとシフトしてきたのは江沢民政権下の愛国教育運動においてであり、中国共産党の主導者は自らの正統性を保持するためにナショナリズムを利用しようとした。その後次第に日本への批判は増加し、日中戦争、もしくは日本の戦後の戦争責任や謝罪問題に関する非難の言及が多く見られるようになった。しかしながら、中国における反日教育は、日本のナショナリストが批判しているほど多くはなされていないのが現状である。

日本に対する中国の国家言説は複雑であり多面的である。というのは、中国共産党内部でさえも、日本に対しどのようなアプローチをとるべきかという点について意見が割れているからである。党幹部の間では、経済成長と発展が中国の最も重要な国家目標であるという点に関して意見は一致しているが、改革の速度と方向性についてはいまだ意見が分かれている。中国共産党の保守派は、より厳しい政治統制を支持し、国内における外国の影響力を最小限に抑えるべきであるとしている。李鵬をはじめとする一連の保守派はこのような立場をとっており、日本に対して敵意を持ち、特に中国における日本の過去と現在の役割について批判的である。

反対に、党内における親日派は、改革をより強く推進しようとしている人々に多い。また、日中関係の改善を目指す動きが中国の知識人の間でなされたことがあったが、そのたびに民衆ナショナリズムの側から強力な巻き返しが起こってきた。馬立誠の事例がもっとも重要であるだろう。彼は、リベラルな政治志向を持ち、進歩的な政治家と交遊のある作家、批評家である。二〇〇二年に彼は『戦略と管理』という著名な雑誌に論文を発表し、対日関係において「新思想」を求め、特に中国における過度の反日感情は危険であり、歴史問題は棚上げすべきであると主張した。

その後、馬の論説をめぐる白熱した議論が学術誌で展開されたが、一般大衆は怒りをもって反応し、とりわけインターネット上では馬の主張に激怒する声が寄せられた。また同様に、日本に対してより進歩的な態度をとる北京の中国人民大学の研究者、時殷弘らは、中国はより成熟した対日政策をとるべきだと主張する勇気を示し、批判を蒙った。しかしながら、不幸なことにこれらの進歩的な意見は日本では紹介されることはなく、小泉の靖国参拝の継続により、日中関係を大きく発展させる大切な機会は失われた。

靖国神社をめぐる中国エリートの言説は、政治的真空の中で存在するわけではなく、日本に対する大衆の態度の変化に影響されずにはいられない。ここで、国家公認の「愛国主義」とは、民衆レベルの「民族主義」とが全く異なるものであることを理解しておく必要がある。「愛国主義」は中国共産党の掲げる公式見解に基づくものであるが、「民族主義」はそれとは対照的に党の許容する範囲をしばし超えてしまうものである。一九七八年に一連の改革が開始されて政府の管理能力が低下してくると、党の言論統制能力は急速に衰えを見せはじめた。そして、中国社会により多元的な思想が現れ、新しいテクノロジーが到来したことも相まって、言論を統制することは徐々に困難になってきた。このような状況下に登場したのが「民族主義」であり、一連の民衆ナショナリズムにおいて中心的な役割を果たすとともに、特に日本、そして過去から未来にかけての日中関係に重きを置く主張を展開している。

反日感情は現在、新しく登場した大衆民族主義の代名詞となっているが、それは次のような理由によるものである。第一に、反日感情は、中国共産党の愛国主義に関する公式言説に反しない限りにおいて、比較的安全で反駁されにくい格好の政治的はけ口となっている。第二に、民衆が反日感情をのもと抗議やデモを行なったとしても、その主張の持つ高邁な理想的側面ゆえに、共産党から批判を受けにくい。二〇〇五年の反日デモや、二〇〇四年に北京で行なわれたサッカーアジアカップ決勝戦の際に発生した抗議運動などは、このような民衆レベルの民族主義が表面化したものである。

一九九〇年代中盤からの日中関係は「政冷経熱」と称されている。経済的には強固な関係が構築されつつある一方で、政治的には日中間に敵意と不信が渦巻いているからである。経済面では、両国の関係は急速に発展し、二〇〇五年には中国は米国を抜いて日本の最大貿易相手国となった。国交が正常化したのは一九七二年であり、たった三〇年のうちに両国の関係は大きな変革を遂げたことがわかる。

国際関係のリベラリズム理論においては、交流が活発になり、特に貿易の上でつながりが深まると、相互の理解が促進されて相互依存の関係になり、その結果として両国の関係は改善の方向へ向かうとされている。しかしながら、日中間では、両国のつながりは深化してはいるものの、全く正反対の結論が導き出されている。すなわち、中国においては反日感情が、日本においては反中感情が増幅されてきているのである。例えば、日本で学ぶ中国人学生は反日感情を強めて日本を去ることが多いと言われている。中国における反日行動や大衆民族主義は、中国政府の対日政策に難しい問題を突きつけていることは明らかである。

中国政府の指導部は新しい民族主義が高まりを見せていることに対し、次第に憂慮の念を示してきている。政府は新しい民族主義をコントロールしきれず、大衆が強い反日感情を抱いていることが原因となって、日本との間に自律的な外交路線を築くことが難しくなってきているからである。それを示すよい例が、高速鉄道建設に際して、参入の意思を表明していた日本企業が直面した問題である。中国政府は日本企業の参入に非常に興味を示していたが、民衆の反日感情があまりに強いために日本以外の企業を探さざるを得なかった。

このように見ると、小泉首相の靖国参拝が、両国関係を非常に大きく損なうものであることがわかる。彼が靖国神社に参拝することによって、日本との関係改善を願っている進歩的な政治家や評論家の力が低下する一方で、中国社会に内在する危険な分子を勢いづかせてしまうのである。民衆レベルの反日感情それ自体が中国政府の政策を決定することはないにせよ、反日感情の増幅によって、日本に関する議論の場そのものが狭まりかねない。その結果、中国政府は、アジア地域における非常に重要な貿易・投資パートナーである日本との関係を修復しにくい状況下に置かれているのである。

たとえ政府が現実的な対話路線を望んでいたとしても、長年にわたり培われてきた反日ナショナリズム運動によって、中国首脳部は日本と合理的な関係を構築し、維持することができない。小泉は靖国参拝を続行し、自民党内のポスト小泉候補は靖国参拝に関して曖昧な発言を続けているが、このような日本の政治指導者の態度は、かえって日中関係の不確実性を高め、中国共産党内部における微妙な政治的バランスを複雑化させ、中国国内の危険で不安定な大衆民主主義に火をつけるだけである。

中国では、日本の政府首脳の靖国神社参拝は非常に問題視されている。中国のエリートおよび民衆の反応を、単なる外交上の駆け引き、策略と解釈するのは誤っている。中国の人々の怒りと悲しみは現実のものであり、小泉首相の言葉を借りれば、靖国問題は彼らにとってまさに「心の問題」なのである。

中国政府にとってみれば、靖国問題は日本の首相が過去の侵略と帝国主義をどの程度深刻にとらえているかのリトマス試験紙である。靖国問題は確かに外交カードとして用いられている面もあるかもしれないが、現実にはそれよりはるかに大きな意味を持っている。そして、中国政府はもうこれ以上国内の民衆世論をコントロールできないという点に留意しなければならない。

首相の度重なる靖国参拝は、過去そして現在進行中の他の問題（領土問題、旧日本軍の遺棄化学兵器問題、歴史教科書問題、日本のマスメディアにおける反中報道、石原慎太郎等の政治家による反中発言など）と相俟って、日本に対する中国国民の敵意をますます募らせている。この傾向は、若く、高等教育を受けた都市部に住む人々の間で顕著である。このような民族主義的な対日感情が原因となって、中国政府は、妥協点を見出しつつ対日関係の改善を模索することが次第に困難になってきた。日本の首相が靖国参拝を行なうことによってますます中国政府は難しい立場に追い込まれているのである。小泉がこの事実を認識できない、あるいは認めようとしないことにより、日本の国際的な立場は大きく痛手を受け、外交的な損失を蒙っている。

■台湾

台湾と日本は、親密であると同時に複雑な関係にある。台湾は一九世紀後半まで清王朝の周辺部に位置しており、西欧列強と日本が進出してきて初めて中国政府はその領有と管理を明言せざるをえなくなった。一八九五年、下関条約において台湾は日本の植民地となり、一九四五年の日本の降伏の条件に従い返還された。その後中華民国の領有となり、一九四九年には国共内戦に敗れた国民党の本拠地となっている。一九五二年にアメリカが占領を終了して日本が主権を回復した際には、アメリカは台湾における中華民国を唯一の中国政府と認め、外交関係を結ぶように日本に求め、中華人民共和国と外交関係を結ぶことを禁じた。この状況は一九七二年にニクソン大統領が中国を訪問するまで続き、その後日本政府は中華人民共和国と国交正常化をするに至った。しかしながら、日中国交正常化により日台関係は崩れることはなく、インフォーマルながら重要な経済的、社会的、政治的関係はその後も依然として続いていたのである。

このような歴史の流れを受け、台湾には日本の影響が色濃く残り、台湾のさまざまなタイプの人々が日本や日本人に対して肯定的な見方を持っている。これは他のアジアの国々が日本に持つ印象とは非常に異なるものである。その背景は以下のように複雑で多面的である。

まず、韓国と比較すると、若干の重要な例外はあるものの、日本は比較的暴力に頼らずに台湾を統治することができた。また、台湾にはさまざまな民族が存在していたにもかかわらず、植民地時代に日本人という「他者」が存在したことにより、彼らは自らの「台湾人」としてのアイデンティティを確立することが可能となった。台湾では、国民党が政権の座についてまもなく、日本統治下の知識人の大部分を虐殺するという二・二八事件が勃発し、その後の「白色テロ」を通じて蒋介石は台湾全土を掌握するに至ったが、本省人と外省人が対立したこの事件は、結果として人々の「台湾人」アイデンティティを強化するに至った。

このような流れの中で、年配の台湾人、特に李登輝前総統と同年代の人々は、日本の植民地時代を郷愁をもって眺めるようになった。現在、中国への併合を望まず、台湾の独立を望む若い世代の台湾人は、親日の立場を表明しているが、それは、自分たちは中国共産党が掲げる中国人アイデンティティとは異なるのだということを示すための政治的手段となっているからである。台湾における親日感情には実に複雑な政治背景が存在するのであり、親日派は台湾ナショナリズムや台湾独立を強く主張する人々によって形成されていると言っていい。このように、親日感情は台湾における政治運動の表れとして解釈されるべきであり、けっして中立的な意見とは言えない。

靖国神社には日本軍として戦い死亡した約三万人の台湾人が祀られているため、靖国問題は台湾で特に議論を呼ぶ問題である。例えば、台湾の前総統李登輝の兄李登欽（日本名：岩里武則）は、一九四五年にフィリピン戦線で死亡した。また、約三〇名ほどの台湾人が東京裁判で連合国により裁かれ、B・C級戦犯として処刑された後、靖国神社に祀られている。靖国神社に合祀されている台湾人戦没者の多くは、日本軍に徴兵され戦争に赴いていた台湾先住民の人々であった。

このように、台湾と靖国神社には密接なつながりがあり、台湾の独立を望むナショナリストの思惑や台湾人としてのアイデンティティの問題も絡んでいるため、台湾における靖国問題は複雑な様相を呈している。

二〇〇五年四月、台湾の独立を主張する台湾団結連盟主席の蘇進強は、靖国神社を参拝した。彼は三万三〇三人の台湾人の戦没者に花輪を捧げ、次のように述べている。「そろそろ過去の恨みや憎しみの気持ちを乗り越えるべきときである。（中略）私は台湾人として、そして一政党の党首として、日本のために命を犠牲にした兵士に敬意を表するためにここに来たのである」。蘇はさらに、日本人の戦犯は自らの罪を死をもって贖った、と述べている。

しかし、彼の靖国参拝、また参拝に際しての以上のような発言は、台湾人のアイデンティティ問題や、台湾団結連盟が台湾独立を切望しているという事実を斟酌して理解することが必要である。蘇をはじめとする台湾独立派の活動家は、日本との特別な関係を主張することによって、中華人民共和国の台湾に対する領有を否定し、日本の政治家や日本政府からの支持を得ようとしているのである。彼らはとりわけ反中志向を持つ右派の修正主義者から支援を得ることを望んでいる。近年、李登輝前総統は自分の兄が祀られている靖国神社に参拝したいという要望を語っているが、これも同じような文脈で理解する必要がある。李は自分の発言が政治的重要性を持つことを十分理解した上で発言しているのであって、特に日本の右翼や右派政治家、台湾における反中派、独立派など自分の支持者を意識して行動しているのである。むろん、中華人民共和国の世論を掻き立てることも計算に入れていると見られる。

一方、小林よしのり等の日本の修正主義者にとっては、台湾の親日感情は日本の過去の植民地支配が富をもたらし、有益なものであったとする自らの主張を正当化するものとして満足のいくものである。しかし、小林は台湾における複雑な親日言説を大幅に単純化して鵜呑みにしており、親日または反日の立場を表明することが台湾で政治的にどのような意味を持つのかという点を理解していない。彼は台湾政治や対日感情を非常に単純に戯画化した形でとらえているのであって、彼の一連の行動は以下の目的を達成するためにとられたものに過ぎない。すなわち、第一に日本において特定の種類のナショナリズムや日本人アイデンティティを広めること、そして第二に、日本の植民地時代における数多くの不正義を糊塗するため、一部の肯定的な面を拡大解釈し、それがあたかも植民地支配の全体像であったかのように喧伝することである。靖国神社に関する彼の著作は明らかにこのような目的のもとに書かれており、修正主義的ナショナリズムの一環をなすものである。

上述のように台湾で親日派が少なくないとはいっても、反日的な見方をする人々も確かに存在する。反日感情は「外省人」、すなわち蒋介石と共に一九四九年に台湾に逃れてきた人々に典型的に見られる感情である。彼らの靖国神社や日本に対する見方は、中国や韓国の人々の間で一般的に見られる憎悪や恐れといった感情と同じである。

また、外省人でない人々の中にも、首相の靖国参拝に反対する人々が存在する。それは台湾原住民（先住民）のマレー・ポリネシア系の人々である。彼らは約六〇〇〇年前に中華系の人々が台湾に移住してくる以前から台湾に住んでいた。戦時中は彼らも同様に日本軍に徴兵されたが、戦死した割合が非常に高い。二万人近くが徴兵されたうち、三分の二の人々は台湾に帰ってこなかったのである。靖国参拝や台湾の靖国支持者たちに対して批判的な立場をとっている著名な活動家として高金素梅という女性がいる。彼女は靖国神社でデモを組織し、神社側に台湾出身者の戦没者の合祀を取り下げるように求めた。彼女や支援者らによるデモは警察に阻止され、台北にある日本の代表機関である交流協会には多くの抗議が殺到した。高金は台湾の先住民出身で、現在台湾立法院で無所属の議員を務めている。

このように、台湾社会においても、日本や台湾の政治家による靖国参拝に反対を表明している人々も存在する。彼らは、日本の修正主義的ナショナリズムや台湾独立派ナショナリズムが掲げている日本帝国主義についての見解に異を唱え、中台関係の改善を望んでおり、おそらくは中台の最終的な統一をも希望している。

また、先住民グループは台湾出身の戦没者の靖国神社における合祀の取り下げと生まれ故郷の台湾への霊魂返還を求めているが、靖国神社側はそれは不可能だとして拒否している。

靖国問題への反対は台湾人のアイデンティティに関連する問題であり、先住民と外省人の反日の立場は、民進党や「狂信的台湾ナショナリズム」と彼らが呼ぶ他の独立支持派のグループへの反感へとつながっている。これらの先住民・外省人グループは、与党民進党が首相の靖国参拝に関する日本政府への責任追及を行なわず、また日本の植民地時代に対して曖昧な態度をとっていることに関して厳しく批判を行なっている。

以上のように、台湾における小泉首相の靖国参拝をめぐる賛否論議は非常に複雑である。第一に、台湾のアイデンティティ政治をめぐって問題が紛糾している。第二に、台湾の将来をめぐってさまざまな意見が競合しており、台湾が中国や日本をはじめとする他国といかなる関係を築くべきかという点に関し、政治家や一般大衆をも巻き込むような形で、議論が重ねられている。中国では靖国問題をめぐって否定的な意見しか聞かれないことを鑑みると、台湾の状況は対照的である。中国で靖国問題に関して意見の相違が見られるとすれば、それはただ単に靖国神社そのもの、あるいは政府首脳の参拝に対する反対の度合いが異なるだけである。一方台湾においては、より幅広い意見が存在し、靖国神社とそのナショナリズムに激しい抗議を行なうものから、日本における修正主義的ナショナリズムや小泉に対して強固な支持を表明しているものまである。台湾は靖国をめぐるさまざまな見解を理解する上で非常に興味深い事例であり、それゆえここで台湾における靖国問題を取り上げ、靖国をめぐってなぜ多様な見解が存在するのか、またそれはいかなる結果をもたらしているかについて、考察することにしたのである。

■結語

エリートレベルの政治と、国内の競合するナショナリズムがどのように関わっているか――これが靖国神社をめぐる外交論争の核心にある。靖国神社は、過去、現在、未来に関して独自のナショナリスティックな価値観を持つ実に多様なグループ（日本、中国、台湾それぞれの）にとって強力なシンボルである。日本やアジア諸国の政治家は、それらのナショナリストに賛同するか、彼らを抑制するか、また拒絶するかいずれかを選択することができる。不幸なことに、日本、中国、韓国、台湾のいずれの地域においても政治家は第一の選択肢――すなわちナショナリズム――を採用しがちであり、まれにナショナリストを抑制するという第二の選択肢を選ぶに留まる。第一のアプローチは確かに短期的な利益をもたらすものの、より長期な視点に立って東アジアの国内、国際政治を眺めた場合には、これは近視的で有害な選択であって、政治的ビジョンの深刻な欠如を表しているものと言わざるをえない。

靖国神社をめぐって現在問題が紛糾しているのは、日本が一九五〇年代と一九六〇年代に問題を解決する機会を逸してしまったことに遠因がある。敗戦後の二〇年間にわたり、日本の保守エリートは日本国民が過去を直視し理解する機会を奪ってきた。したがって日本人は依然として戦争の緊張から解き放たれない精神状態にあり、それはのちに過去の歴史を封じ込め、拒絶するという風潮を生むに至った。そして、このような風潮が存在したことにより、日本政府、そして日本人は近隣諸国と成熟し安定した関係を築くことができないまま現在に至ってしまっているのである。これに劣らずに重要なのは、過去の歴史を封じ込めて拒絶することにより、日本人は、右派や修正主義的ナショナリストが掲げる政治路線によって汚されない形で、戦没者を記憶し、追悼する機会を奪われてしまったままであるということである。

こうした過去に対する日本の曖昧な姿勢は、アジア諸国の反発を呼び、結果としてエリートレベルのシニカルな政治家が支持を獲得するために問題が利用されるに至った。

中国においては、歴史問題は民衆の間で政府のコントロールが及ばないほどの怒りを引き起こしており、反日感情や一連のナショナリズムの動きは政府の正統性を高めるどころか、反対に国内政治における不安定要因となり、中国共産党にとっての潜在的脅威とまでなっている。事実、既にこの問題は中国政府の信頼性を損ねつつある。

台湾においては、靖国神社はナショナリストの主張に利用され、中国からの独立や統一に関する問題とあわせて議論されている。過激な台湾の独立論者が日本の修正主義的ナショナリストたちと、その反中的姿勢や日本の植民地時代を美化する傾向において、奇妙な同盟関係を築くまでに至っている。

靖国問題に関する議論はこれからも解決されることはないだろう――相対峙するそれぞれの立場の間には深い隔たりがあり、靖国に対する姿勢そのものが彼らの掲げる政治的、ナショナリスト的なアイデンティティやイデオロギーの一部になってしまっている。靖国をめぐる複雑な論争から乖離した、非宗教的な追悼施設を求める試みは、いくら善意に根差していたとしても成功することはないだろう。修正主義的ナショナリストは絶対にそのような追悼施設を受け入れることはない。なぜなら彼らにとっては、戦没者を追悼する目的にかなうのは、断じて靖国神社のみであるからである。そして、彼らの主張を支持する日本の政治家が、これから五年後、一〇年後、二〇年後も靖国参拝を繰り返す可能性が否めない。

とはいえ、もし適切な政治的指導力が発揮されれば、靖国神社に対する過激な反応を抑制し拡散することができるだろう。日本政府は靖国神社の位置づけを明らかにすべきであり、もし仮に戦没者に対して「心からの哀悼」を表したいと望む総理大臣がいたとしても、首相在任中の参拝は不可能であるということを肝に銘じておく必要がある。参拝により多大な精神的苦痛を感じている人々が存在するのは紛れもない事実であり、政治指導者たるものはその現実を受け入れなくてはならないからである。加えて、遊就館において提示されている歴史観は否定されなくてはならない。これは日本の近隣諸国を侮辱するのみならず、日本人自身をも裏切る行為である。

一方外国では、靖国神社に反対している人々も日本人による戦没者の追悼を受け入れるべきである。むろん長期的な視点で見るならば、日本人が歴史の負の側面を自ら徹底して、かつ明示的な形で受け入れることによって初めて、中国や他国の政府に対して自分の立場に理解を求めることができるだろう。さしあたっては、アジア諸国の政府は靖国神社の複雑さを理解し、ありのままの姿を受け入れることが必要であり、その際に善または悪のシンボルとして単純化して靖国神社を用いることは避けなければならない。

第2章　靖国とヒロシマ――二つの聖地

姜《カン》尚中《サンジュン》

いわゆる靖国問題は次の四点に収斂される。

第一に、日本国内の問題として、政教分離の原則に抵触するかどうかという視点からの「靖国問題」がある。これは日本国憲法にかかわることで、既にいくつか訴訟が起きているが、まだ結論は出ていない。

第二は、外交問題として「靖国問題」で、A級戦犯を合祀するか分祀するかという問題である。A級戦犯を分祀するということになれば靖国問題は外交問題としては解決したと考えるという立場を、少なくとも中国政府はとっている。これは国と国との外交交渉の場での「靖国問題」である。

第三は、植民地の歴史から問われる「靖国問題」である。最近、韓国側の原告訴訟が事実上、門前払いになったが、朝鮮半島出身の軍人、軍属が合祀されていることに対して、その家族や遺族から、分祀が要求され、そのような戦没者名簿を優先的に靖国神社に伝達した日本の政府・厚生省のやり方に対して謝罪と補償の要求がなされている。つまり、朝鮮半島から見た靖国とは何なのかという問題だ。

第四は、靖国神社という存在それ自体の問題としての「靖国問題」である。靖国神社を支えている考え方とその信仰の根幹にあるものは、過去の日本の犯した戦争や植民地支配を賛美・肯定するものである、という論点から問われる。それは、東京裁判（極東国際軍事法廷）の判決そのものを覆すものの見方や考え方に立脚しているので、より広い意味で日本国民の歴史認識にかかわる問題ともなる。

一番目の政教分離の原則の問題は、国家と戦没者の問題に帰着する。これは、戦没者を弔うということにどういう意味があるのか、何のために人は命を捧げるのか、それを誰がどのようにして祀り、記憶するのか――英語のcommemorateということだが――という非常に根の深いところにまで波及する問題である。当然、二番目の問題とも三番目に問題とも間接的にかかわってくるのだが、結局それは、あの戦争をどう見なすのか、さらにさかのぼって、その原因となった植民地支配の過去の歴史というものをどう考えるか、つまり、第四の問題に行き着く。となると、東京裁判の検証を抜きにしては靖国問題は議論できないのではないかということになる。

では、東京裁判をどう考えていくか。

■東京裁判で裁かれたこと、裁かれなかったこと

東京裁判（一九四六年に開廷、一九四八年に判決）では、基本的にはいわゆる事後法であるにせよ、二〇世紀になって作られたさまざまな慣習法や法規、条例の積み重ねの上に初めて戦争犯罪を指導した個人を裁くという新しい考え方が打ち出された。ニュルンベルグ裁判の基本的な理念、手続きに従って、「平和への罪」、「人道への罪」というものを準用したのである。それによって、一九二八年の関東軍による張作霖爆殺事件から一九四五年日本がミズーリ号で降伏文書を交換するまでの一八年――ふつう「十五年戦争」と言われているが――の期間について、一定の判決が下り

た。

　この東京裁判で何が裁かれて、何が裁かれなかったのか。そして、その「平和への罪」、「人道への罪」という考えに基づく判決を日本人はどう受け入れたのか、また受け入れなかったのか。

　私は、東京裁判でもっとも不備な点は、第一に、日本の戦争犯罪および侵略戦争を裁く側に、その問題の最大の被害者である中国や朝鮮半島などアジアの国々の人々が圧倒的に少なかったことだと思う。彼らは参考人としても大きな任務を与えられていなかった。

　第二に、東京裁判においては、植民地支配についてもほとんど言及されなかった。したがって植民地支配を受けたアジアの国々の問題は、事実上、放置されてしまった。これは、ちょうど冷戦が熾烈な始まりを告げた時期であったということと、東南アジアにおいてイギリス、フランス、オランダの植民地戦争が勃発したという理由による。つまり、裁く側にも瑕疵があって、植民地のことはうやむやにされてしまった。

　日本側にも、この裁判は勝者の裁判であるという反発があった。例えば、一九二八年から一九四五年までの間、「平和への罪」に触れる「共同謀議」が系統的にあったかどうか、ということについてもいろいろな議論がある。ナチスドイツの場合と同じように日本の場合も平和への罪の共同謀議があった、と立証できるのか。結局、二八人のA級戦犯のうち二六人が共同謀議について有罪となるが、これはかなり強引だったと見なさざるをえない。

　しかしながら、ニュルンベルグ裁判とこの東京裁判があったがゆえに、現在のミロシェビッチ裁判に至るまで、戦争犯罪を指導した個人を犯罪者として裁くことができるようになった。東京裁判が国際紛争においてそれを指導する個人を裁くことが定着する重要なきっかけになったことは事実だ。

こういう点で、東京裁判をポジティブに評価すべきところと不備なところがある。ただ、植民地支配ということが言及されなかった、したがって植民地支配を受けたアジアの国々の問題は事実上放置されてしまった。それが、「靖国問題」の背景にあるということをまず指摘しておきたい。

この東京裁判の判決を受け入れることによって、一九五一年、日本はサンフランシスコ講和条約に調印することになり、国際社会に復帰するわけだが、この一連の出来事は、客観的に見れば、アメリカの占領政策の一環として行なわれた。アメリカの意志そのままの連合国側は、満州事変以降の日本の軍事的な拡大の悲惨な結果について、軍部に責任を負わせたのだが、その底流にあったのは明らかに天皇の戦争責任からの免責ということだった。そういうセレモニー、あるいはショーウィンドー的側面が東京裁判には確かにあった。

そして、この裁判を通じて天皇制は事実上維持され、アジアに対する戦争の被害についての言及とその補償というものは抜け落ちてしまった。日本は対連合国、対アメリカ関係において、この裁判を受け入れた。しかし、それゆえに、アジアにおける日本の侵略戦争、その影響、そしてそれがその後どのような結果をもたらしたのかということについて、日本国民の中にきっちりとした歴史的清算というものは行なわれなかったのである。

■ヒロシマと靖国

「靖国問題」の第一の「政教分離」の問題について言えば、憲法の問題にかかわる基本原則を土台にして考えてみた場合、将来なんらかの形で「靖国参拝は違憲である」という考え方を引き出すことは全く不可能ではない。

第二の「A級戦犯の合祀・分祀」の問題も、外交上、解決される可能性もないとは言えない。八〇年代には日本国内でも、A級戦犯は天皇に対する不敬という罪で軍法会議で裁かれてしかるべき戦犯なのだ、したがって英霊と共に祀るのはとんでもないという議論が実際にあったのである。

このように、私はこの二つの問題は解決できないことはないと思う。しかし、第三の問題――植民地支配にかかわる靖国神社の問題は難しい。

靖国神社には、日中戦争以前にアジアに進出していた人々――台湾出兵、日本と韓国とのさまざまなやり取りの中で亡くなった人たち、植民地出身者も英霊として祀られている。つまり日中戦争、日米戦争だけの戦死者ではない。これは、植民地支配の延長上に自存自衛の戦争としてあの十五年戦争があったという考えに基づくことになるだろう。植民地出身者にとっては耐えられないことだ。この問題をどう捉えるか。

その時考えたのは、これをヒロシマとの関係で見ていくという問題設定がありうるのではないかということである。

西のアウシュビッツ、東のヒロシマ、この二つは戦争における人類の罪ということを考える時のいわば聖地である。原爆の犠牲において世界平和を指し示すという、ある種の人間の贖いとして、ヒロシマが存在する。日本の国民にとっては、ヒロシマはもちろんあの戦争の非人道性と残酷さの最大の証になっているが、戦争の歴史の中で語られる時のヒロシマは、国内的な意味だけではなく、インターナショナルな意味を持っていると言えよう。

一方、靖国は日本人にとってのきわめてドメスティックな聖地である。それは、日本のあるいは日本人だけの理解できる、いわば戦争の記憶の場所である。それは同時に顕彰の施設として、天皇特に明治天皇と直結した場所として特別な意味を持つ。すべての戦争——それがたとえ敗北という結果に終わったとしても——は天皇の戦争、つまり聖戦であるという考え方の上に、靖国神社は今もその時間を生きている。明らかに、靖国は人類の罪の贖いの場所、世界平和の場所などではない。どう考えても靖国はヒロシマとつながらないのだ。

ところが、戦後、日本政府および日本人はこの二つを、聖地として、並列して、矛盾しているという意識すらなく、受け入れてきた。

この二つの聖地の発するメッセージの対象はまったく違う。おそらくヒロシマというのはアジアだけではなく、それ以外の国へもメッセージを発している。しかし、ヒロシマのメッセージをどこまで中国や韓国やアジアの国々が深刻に受け止めているか。どこまでヒロシマの願いと思想がアジアに定着したか。

靖国のメッセージの対象は日本国内である。これまでアジアにもそれ以外の国々にも、靖国の基本的なレーゾンデートルはあまり知られてこなかった。遊就館の来歴などはほとんど知られていなかった。知っていたのは、そこに英霊として祀られている朝鮮半島出身者と台湾出身者の関係者だけだった。A級戦犯合祀の問題で、初めて靖国の思想というものが国外に明らかになったと言えよう。

A級戦犯合祀で対外的に問題になったことが、はからずも、靖国神社の基本的な成り立ちや思想、性格を以前よりはるかに明らかにすることになった。と同時に、日本政府と日本人が過去の戦争にどう向き合ってきたのかがあらためて問われている。ヒロシマと靖国の関係をどう理解しているのかが問われているのである。

わかりやすい表現をすれば、平和の問題を考える時、靖国というのは多くの日本国民にとって「密教」であり、ヒロシマは「顕教」である。世界に発信される平和の顕教としてヒロシマはある。しかしこの両者がどういうかかわりを持つかということが、戦争と平和の問題を考えるときにきちっと整理されていない。

広島が原爆投下の地として選ばれたのは軍港としての歴史があったからだ。広島は日本のアジア進出の大きな拠点の一つだった。当時、かなりの数の半島出身者が広島で造船にかかわっていたのである。だから、在外被爆者の圧倒的多数は在韓被爆者である。北朝鮮にもおそらく数千人の被爆者がいる。しかし、朝鮮半島にいる被爆者の問題は未解決のままで残されている。

このことと朝鮮半島出身者が靖国に英霊として祀られていることは、やはりつながっている。両者に共通しているのは、植民地という問題である。靖国は、日本の聖戦、もっと言えば天皇制国家の無謬性、至高性が人間の生死にかかわる部分を担保する聖地である。それと対応する形でヒロシマにおける植民地や朝鮮半島の在外被爆者の問題がこれまで無視されてきたのだ。

多くの日本国民にとって、広島、長崎における被爆という現実と靖国の英霊に人々が参拝するということが矛盾なく結びついている。ヒロシマと靖国の関係から戦後日本の歴史認識や平和の問題を考えるという研究も見たことがない。両者は分断されている。しかし、この二つは明らかに日本の戦後六〇年という楕円の二つの中心なのである。

■平和運動と靖国

東京裁判では、原爆投下の是非ということは結局問われなかった。天皇の戦争責任も問われなかった。もし東京裁判で原爆投下は「人道への罪」であるという判決が下りていたならば、おそらく靖国神社の存続ということはなかっただろう。天皇がもし免責されなかったならば、やはり靖国神社は存在しなかっただろう。

ヒロシマの最大の加害者はアメリカである。しかし、アメリカはジェノサイドの罪に問われることはなく、一方で靖国を事実上国とのかかわりの濃厚な法人格を持った宗教施設として残すことを容認してきた。そして、日本人のほうには、ヒロシマにおける最大の歴史的犠牲と靖国の問題とを、言ってみれば相殺する、そういう国民感情があった。

ここには、東京裁判のさまざまな矛盾、つまりは連合国アメリカの占領政策のさまざまな矛盾が集約的に現れている。誰もその問題を解かないまま、封印してきた。冷戦崩壊後の今になって吹き出てきたこの問題を解くには、もう一度振り出しに戻って考えるしかないのかもしれない。いろんな複雑な問題が出てくるだろうが。

例えば内閣総理大臣が一方では広島、長崎の戦没者慰霊に加わり、一方では靖国に参拝する。それはそれぞれ犠牲者を弔うという形である。しかし、ヒロシマのメッセージはただ単に日本の国民が犠牲者になった、それを弔うというだけではなく、核戦争は世界というものを破壊する人類史的な危機なのだというメッセージにつながっていったと思う。そうでなければ、ヒロシマを合言葉にしてそこを平和の聖地にしようという運動や認識は成り立たなかったと思う。

しかし、靖国神社は世界の聖地にするということはできない。靖国は日本に住んでいる人々のしかも天皇とのかかわりを持った聖地である。

この二つの場所に日本の最高権力者が出席するということにどういう意味があるのか。

実は、これまで日本の平和運動が靖国をどう位置づけてきたのか、ほとんど見えてこなかった。平和の問題、戦争の問題を考える時によく整理されてなかった。だからこそ、靖国問題がこれほど大きな問題に拡大していったのだ。

ヒロシマの平和運動をやってこられた方が靖国参拝をどう整理してとらえているか、一度お聞きしてみたいと思う。ヒロシマをよりどころにする人々と靖国をよりどころにする人々は対話がなりたつのか。過去にそういう対話の場があったのか寡聞にして知らないが…。

東京裁判で昭和天皇が免責され、植民地支配の問題はうやむやになってしまったということで、日本の中で聖戦という考え方は完全に克服されず、靖国に生きていた。そのことがヒロシマ以上によりどころになっているということなのか。

普通の日本人の中ではそれがどう整理されているのか、あるいは整理されていないのか。

■八月六日と八月一五日

日本人にとって、八月は間違いなく戦争の記憶を確かめる季節だ。八月六日の「広島原爆記念日」から一連のセレモニーが始まって、八月一五日の「全国戦没者追悼式」（一九八二年、この日は「戦没者を追悼し平和を祈念する日」と閣議決定された）まで続いていく。戦後、日本人はそれを繰り返してきた。

「広島原爆記念日」には閣僚あるいは内閣総理大臣が出席する。そして、八月一五日の「全国戦没者追悼式」には天皇、皇后、内閣総理大臣はじめ、日本に政治・経済界の代表者がすべて出席する。だからこそ、一九八五年に中曽根内閣はあえて一五日を靖国参拝に選んだわけである。それは靖国への首相参拝を進める人たちにとっての悲願だった。

靖国神社に総理大臣はじめ政治家が参拝することについては賛否両論がある。だが、国民の間に参拝の是非についての議論が出てきたのは、一九七八年のA級戦犯合祀の問題が出てきてからである。それ以前、一九七五年までは天皇自身が参拝をしていたのだ。

八月六日には、日本人の被害者意識が深められる。ヒロシマの被爆者には原爆投下を戦争犯罪として提訴するという動きがずっとあった。大方の国民もそれに共感して受け止めてくれる。戦争被害のあまりの残酷さ、むごさはヒロシマを世界平和の聖地へと昇華させていく。

しかし、そのことと靖国はどう結びつくのか。首相の靖国参拝がもし定例化されていたとしたら、ヒロシマから靖国へは一連の流れとなる。メディアもこの一連のセレモニーの流れを抵抗なく受け止めている。しかし、その流れというのは、考えてみると、本来は流れにならないものだ。

なぜ八月六日と八月一五日が結びつくのか。

それは非常に矛盾した戦争の記憶の作られ方だ。それがなぜ同じ国民の中に矛盾なく受け止められているのか。私にはそれが異様でしかたがない。どう考えても整合性がないではないか。

ヒロシマは世界の聖地になれるかもしれないが、靖国は到底なりえない。二つの聖地は、しかも国と非常に濃厚な関係にある、それをどうとらえ返していったらいいのか。

靖国問題はA級戦犯の合祀問題で急にクローズアップされた。しかし、分祀か合祀かということに問題を限定してしまうと、本当に重要な問題が見えなくなるおそれがある。狭い意味だけに限定せずに、もっと広げてとらえていくべきだと思う。そうしないと、単に右翼的な人々が靖国に固執した議論にとどまってしまう。

■ドイツとの比較

同じ敗戦国として、ドイツの歴史認識や戦争清算のしかたが日本と比較されることがよくある。ドイツの場合はまず、一九六八年以降の世代が過去の自分たちの父親母親世代への批判、歴史の清算に積極的に取り組んだということが大きい。六〇年代の半ば以降までは、旧西ドイツが過去の歴史をめぐる清算について今ほど積極的であったかというと、必ずしもそうではない。さまざまな葛藤もあった。世代的な交代に基づく過去への言及というものが一つの特徴であると言えよう。

ドイツの中にも歴史修正主義者、リビジョナリストがいて、ナチスドイツの見直しに取り組んでいる。彼らは、ホロコーストははたしてドイツだけに特殊なものか、スターリン時代の粛清あるいはポル・ポトの大量虐殺との比較の可能性はないのか、というような議論を立てる。しかし、ホロコーストやナチスドイツの戦争行為が誤りであるということは大前提で、ホロコーストはなかったという議論はまったく問題にならない。だから、日本の戦争は自存自衛の戦争であったという言い方はリビジョナリストの中ではできない。そこは日本とは違う。

一九六八年以降、ドイツは、ナチスドイツについてのさまざまな法律を作り、国の賠償、民間の補償――これは金額にすればかなりの額になる――を積み重ねてきた。歴史認識や歴史の清算については日本よりかなり先に進んでいると言わざるをえない。私はドイツにいた時、そのことを実感した。

それはなぜか。国内的には「世代」ということに行き着くが、もうひとつは戦後ドイツではどこに帰属するかということが、日本と違って、はっきり明示されていたということが最大の理由だと思う。

それは「西ヨーロッパ」である。ドイツは自らの帰属するべき世界をはっきりと見定めて、そこに自己の場所を求めていった。それが今EUに立っているということだ。これは国際関係上の条件としても日本とかなり違っていた。日本の場合には日米安全保障条約に代表されるように、ある意味ではアジアの国々と切り離されていた。東京裁判、サンフランシスコ講和条約という流れは、いわば日本をアジアから切断していくということになった。そうすると、日本はどこに自らを帰属する場所を求めるか。結果的には占領国にそれを求めていく、つまりアメリカとの一体感ということになる。これは靖国問題を考えていく歴史認識の部分として構造的な条件だと思う。

「靖国問題」は深刻な両義性を秘めている。日本は、アメリカとの一体感に帰属意識を見出していくということと全く相反する占領を通じて、東京裁判で戦争を裁かれ、過去の歴史については「平和への罪」ということですべて否定されてしまった。なおかつ日米安保において日本はアメリカの従属的な国に位置づけられてしまった。であるがゆえに、靖国を一つのよりどころにせざるをえなかった。靖国はアメリカへの従属性の裏返しとして戦前と連続している場所だ。そこにおいて歴史は断絶していない。

占領を通じて国家神道、神社神道の廃棄が行なわれ、靖国神社が否定されて一宗教法人と変わっていくわけだが、日本にとってはアメリカへの従属性が靖国の歴史的連続性と裏表になっている。アメリカに従属すればするほど戦前との連続性を求めていく。つまり靖国に固執する人々は想像上、東京裁判を否定しているわけである。現実的には否定できないから。ある種分裂した状況になっている。そういうねじれた関係が存在していると思う。

つまり、靖国問題を突き詰めていくと対米関係に行き着く。これは二律背反だ。これがドイツと日本の根本的な違いである。ドイツは西ヨーロッパに帰属点を見出すことによってEUという方向になった。そして、ドイツは日本と違って、いち早く徴兵制を復活させ、NATOの一員として、コソボ問題でEUの域外で軍事行動を起こしている。周辺諸国はこれを危険であるとは言わない。日本の場合、平和憲法はある。しかし歴史問題においてはドイツほど徹底することができない。これまでイラクまでは一兵たりとも外に出せなかった。しかし、靖国問題で噴出してきた近隣諸国の不審の念は強い。非常にねじれている。

日本とドイツは同じ敗戦国だが、ニュルンベルグ裁判と東京裁判、占領政策の問題、戦後の国際環境の違い、ドイツの分断の過去などで、かなり違ったコースを歩んできた。現時点で考えると、日本とドイツはかなり異なった位置にいる。そして、歴史認識の問題にせよ、国際環境の問題にせよ、日本のほうがずっと深刻なのでないかと思う。この六〇年間の積み重ねの内容の違いがその差をもたらしたのである。

Ａ級戦犯をドイツと比較すると、ドイツはほとんどインテリはいない。なぜなら、ナチスドイツは旧体制ではなくて、ナチス党に結集した政党が合法的に国の支配権を握ったが、日本のＡ級戦犯はすべて帝国陸軍のエリートだった。つまり、日本の戦時体制というのは戦前から連続している。それが変身して戦後体制になった。ここでも、当然、天皇の問題に触れてくる。日本の深刻さのゆえんである。

また、最近ようやく日本の帰属すべきところは東アジア共同体だと一部で言われるようになったが、それはヨーロッパ石炭鉄鋼同盟から始まってＥＵに行き着く旧西ドイツの歴史と方向性とからはかなり開きがある。

日本が東アジアと向き合うことは、歴史の清算なしには不可能である。遅ればせながら、その不十分なステップが「日朝平壌宣言」だった。これは日本政府がアメリカと関係なく独自で進めようとした。依然として「日韓条約」の水準を超えるものでもなかったし、その水準すら達成できないというのが現状だから、根本的な歴史認識の新しい変化と過去の清算に行きつくものになってはいない。それでも、その微々たる歩みすら今までは踏みだせなかったことを思うと、それなりの評価はすべきだろう。

歴史認識の共有というのは難しいと思う。しかし、少なくとも植民地支配と戦争の連続性、そしてそれが与えた日本国外の各国国民に対する被害、こういう視点にきちんと立って、過去の清算をしなければいけない。その上で初めてこの地域にある種の地域主義的なものが立ち上がってくるのだと思う。日米関係が今後、どうなるかは別として、日本は真剣に向き合うべきことであるのは間違いない。

私が理想的に望んでいるのは、南北朝鮮、日本、アメリカ、中国、ロシアの六ヵ国間の民間フォーラムを作ることである。この六ヵ国には、米朝の歴史認識、南北朝鮮間の歴史認識、中国と韓国・朝鮮の歴史認識、日中関係、中ロの関係、日米の関係というように、過去の戦争に基づく重層的な歴史問題――現在はこの中で日本と朝鮮・中国の問題が突出して現れているわけだが――がまだ根強く残っている。ヨーロッパが進めてきたように、複数の国々の間で、歴史について同じ認識に到達できないにしても、歴史を再検討できるようなフォーラムを作るだけでもいいのではないかと思う。それはないものねだりの荒唐無稽な話ではない。

ＡＳＥＡＮにはＡＳＥＡＮ地域フォーラムがある。実は東南アジアにも圧制の歴史、虐殺の歴史、軍事クーデターがあり、依然として人権は回復されていないケースがたくさんある。基本的に内政を干渉しないということで、いろんな意味で不十分ではあるが、ＡＳＥＡＮ地域フォーラムは域内の問題を話し合って解決に努力している。

東北アジアにはＡＳＥＡＮより大国が集まっているから、もっと難しいかもしれないが、多国間の枠組みの中で国の問題や安全保障の問題、歴史の問題を当事者がいろんな形でやり取りをする。靖国の問題もそうした議論の中で共有されていくと思うのだが。

■靖国問題と日米中関係

日本と中国、韓国との間で、靖国問題はなぜこんなにこじれたのか。この問題は、冷戦以後の今変動期にある二国間、多国間の関係をうらなう重要な試金石なのである。ここでどういう対応をするかがこの地域の相互の関係をかなり左右する。だからこそ、中国、韓国もぎりぎりのところで妥協点を見出すことができなかったのだ。

中国の場合は、「抗日民族解放闘争」が中国という国のレーゾンデートルになっているというところに、靖国問題の根幹がある。これを日本側は「反日」と呼ぶが、それは認識が浅い。中国では国家のレーゾンデートルそれ自体が「抗日」によって成り立っている。この限りにおいて靖国問題を中国側から譲歩するということは考えられない。

それだけではなく、この問題が解決しなければ、日中米の関係が微妙に変わっていくということは間違いない。特に民主党が政権をとると、このままでは日本にとって由々しい状態になる。つまり、米中関係がより強化され、日本の孤立化が促進されることになるだろう。

日本のパワーエリートの中には、靖国問題はA級戦犯の分祀で何とか潜り抜けていこうという考え方がある。しかし、そのようないわば小手先の処理で問題が解決できるとは思えない。

今の日米中韓の間には、東アジア地域における冷戦以後の新しい国際秩序の構築という課題がある。それがなかなか見えていないところでこの靖国問題が起きた。だからこそ非常に鋭い政治的問題に浮上してしまった。靖国問題がその課題にどういう影響を与えるかははっきり見通すことはできないが、日本の孤立化を深めることになるのは間違いないだろう。

民主党では伝統的に東部エスタブリッシュメントが影響力を持っている。メディアやインテリ層がその中心で、共和党とは違った、リベラル左派の存在が重要である。彼らは基本的な歴史観として、東京裁判に懐疑的な日本の政府あるいは政治家に対して非常に批判的である。

クリントン政権では基本的に米中の結びつきが強かった。その延長上に米朝関係も新しい段階に立ち至る可能性があったことは事実だ。それはアジアの多国化を進めていくということで、日米もしくは日米安保をハブ（車軸）としてあとはスポーク状態と考えるというものではない。その兆候はクリントン政権の米朝折衝の時にあった。もしクリントンがもっと就任期間が長くて、彼がピョンヤンに訪朝していたとしたならば、事態は劇的に変わっていただろう。米中、米朝、米韓の関係がより強化されて、日米関係が必ずしも突出した重要性を持たなくなっていただろう。

それが、共和党政権になって、９・１１以降の軍事的な連携や共同歩調など、日本との関係にこれまでと違った形でかなり踏み込むことになった。しかし、次はまた民主党政権になる可能性が高い。そうなると、米中、米朝、米韓の関係はより密接になり、日本が浮き上がってしまう可能性は高い。

米下院の外交委員会が下院議長に対し、小泉首相が訪米して上下両院で演説をする場合、靖国神社参拝を否定するということを明確に述べるべきだと言った、ということが報道されていた。「ワシントン・ポスト」や「ニューヨーク・タイムズ」などアメリカのクオリティペーパーでは、靖国問題についてかなりネガティブな報道が多かった。

かつてカリフォルニアで、日本軍の捕虜として重労働を重ねた人々が日本企業を相手に訴訟を起こしたことがあるが、アメリカの中ではそういうことが一皮めくると噴き出す可能性がある。靖国問題は展開次第では日本のアキレス腱になりかねない。例えば小泉首相がやめる前に八月一五日に靖国参拝を強行したり、新しい首相が強行した場合、問題はもっと鋭くとがった形で噴き出すと思う。

靖国神社に関する日本の基本的な考えや理念がドイツと比較するとあまりにもバイアスがある、ということが最近アメリカのかなりの部分に知れ渡ってきた。今は共和党政権だから、それがかろうじて噴き出していないだけだ。ブッシュ政権での日米同盟の変質は明らかだった。アメリカは靖国問題で公式にはメッセージを出さなかった。だが実際は、日本はアジアで孤立しているのではないかとアメリカはかなり厳しく思っている。靖国問題は日中、日朝だけではない、日米関係の根幹にかかわっている。

靖国問題は東京裁判の矛盾というパンドラの箱を開けてしまったのかもしれない。

■日本の戦後の終焉——第三次国民国家の誕生

今、日本の戦後を作り上げてきた土台とも言うべき経済や社会の仕組みが大きく変わろうとしている。

例えば政府と国民との関係や政府と市場の関係、政府と公的な福祉や教育や年金などを一つ一つ考えてみると、戦後日本はある意味において官僚制支配と保守政権の土建国家的なトライアングルの中で発展してきたが、基本的に憲法に基づくいくつかの原則がそれなりに保たれてきたと思う。だが、教育基本法、憲法の改正や日米の新しい軍事的なトランスフォーメーション、そして歴史認識の問題など、今日本が進んでいる道筋を見ていくと、戦後を成り立たせていた前提が一つ一つ覆されていっている。

日米安保にしても、限られた部分に適用するという前提の枠組みが取っ払われてしまった。自衛隊にしても、これまでの肩身の狭い日陰の存在から、省にまで格上げしていく。教育基本法も改正される、憲法も改正される。経済の仕組みも自由化が進んで、これまでの日本の社会では到底考えられなかったような格差が生じつつある。教育についても自由化が進んで、一定水準の均質な国民教育ではなく、かなり格差が容認されるという教育のあり方が出てきている。

このように、戦後を支えていたものが一つ一つ覆されていっている。覆されるだけでなく、違うものになっていっている。それを私は「戦後の終焉」と呼んでいる。これは長い目で見ると、日本が第三次国民国家――第一次は明治維新期の明治国家である。第二次は戦後八月一五日から始まった――に移ろうとしているということではないか。それがどんなものになるのか、はっきりした輪郭はまだ見えてきていないが、ただ、戦後の否定の上に成り立っているのは間違いない。

国民と国家の関係、国家と社会の関係が大きく変わっていく。だから憲法も当然変わっていく。そして、国民意識の問題として教育基本法も変わらざるをえない。戦後民主主義国家の中で当然と考えてきた原理原則、価値というものが大きく変わっていくのではないか。憲法の一部が変わるとか教育基本法の一部が変わるとか、部分的な変革だけではなく、国民国家のあり方それ自体が変わっていくのではないか、と私はとらえている。

例えば靖国問題に代表されるような自民党の新憲法草案は、政教分離を事実上否定していると言ってもいい。それは宗教的な情操教育、宗教的な慣行というものを明確に取り入れることによって、政教分離原則を明示するものを取り払おうとしている。国家が誰を祀るかを明らかにし、そしてその祀られた戦死者を国民が敬意を表すということを義務付けていくものだ。そうすると、靖国神社であろうがなかろうが、その戦没者の施設というものがパブリックなものになって、そこに参拝をするということが国民の義務となる。しかもそれが神道形式になるだろうということはあの憲法草案を読めば見えてくる。

これまでは、戦後民主主義というものがあって、どこか、ほかの国とは違っていた。例えば、所得再配分も比較的公正に行なわれていた。海外に出て戦闘で人を殺傷した経験もない。市民の自由や言論の自由というものもそれなりに確保されていた。そのようなわれわれにとってコモンセンスとされていた前提——社会、経済、国家、文化、精神構造——が変わっていく。それが端的に現れているのが、日米の一体化だ。これは、基本的に、戦争ができる「普通の国」にしていくということである。

しかし、第三次国民国家は戦前の日本への復帰ではない。そうとらえることは問題を単純化すぎることになる。今、例えばイギリスなどが海外に出てイラクで戦争しているが、だからといってイギリスが反動的な国だとは言われない。日本の場合も、普通の国になるということだから、ある人はこれを正常化だととらえるだろう。もちろんそれは戦後民主主義の否定だととらえる人もいるだろう。いずれにせよ、これまで六〇年間経験しなかったようなことがノーマルになる――いい意味でも悪い意味でも。そういう国と国民との関係になっていくだろう。

海外において戦争をすれば、当然、戦没者も出る。その戦没者をどこかに祀ることになる。一番想定されるのは靖国だ。しかし、それができないということになれば、無宗教の施設を作ることになる。それは構造としては、戦前を知らない新しい靖国になる。そこには過去の靖国に飛び回る亡霊のような歴史的な負の遺産はいっさいない。しかし、国家と犠牲という観点からは、同じような構造が出てくるだろう。とはいえ、それは天皇の軍隊ではなく、国家を守るために命をなくす英霊として祀られることになる。

あるいは、ネオ靖国を否定して、靖国をそのまま延長していく――補助線を引いて。そういう考え方の人もいると思う。だからこそこれまで以上に強く靖国参拝を進めていこうという人たちである。

どちらになるにせよ、日本は普通の国家への道を進んでいくのではないか。

一〇年後、現行憲法が存続しているとは考えられない。存続していたとしても内実は変わっているだろう。

一〇年後、たぶん、日本は海外で戦争しているだろう。集団的自衛権か、あるいは多国籍軍か。単なる後方支援ではとどまりえないだろう。

日本国内では、この流れを食い止めようという動きは、野党の政治勢力を含めて非常に微弱だ。戦後、これほど微弱になったのは初めてだ。残念ながら、直近で社会運動など新しい動きが出てくるとは思えない。

戦後の第二次国民国家では、戦前と断絶したまったく新しい土台の上に社会や国家が成り立ち、同時に国民の意識がドラスティックに変わったと思う。にもかかわらず、やはり連続している部分がある。靖国はその連続面でもっとも象徴的な聖地であって、第三次国民国家に移っていけば、今までの歴史の問題だけにとどまらず、未来形として靖国が意味を持ってしまう。あるいは「靖国的」なものと言ったほうがいいかもしれない。靖国神社というのは固有名詞だが、「靖国的なもの」が問われているのだ。

靖国神社が抱えている問題は、われわれが考えている以上に深く、広いだろう。どうしても限られた切り口から議論されてしまうが、「靖国的なるもの」は国家と犠牲の問題、国家と戦争の問題、国家と国民との関係等々まで波及していく。対外的には日中関係、日韓関係として話題になったが、第三次国民国家に向けて変革期にある日本のシンボリックな問題だととらえたほうがいい。

第3章　靖国問題と戦争責任——国際政治と歴史の視点から

蠟山道雄

■はじめに――靖国問題を見る視角

靖国問題は、本質的には国内問題であるが、その背後には、一九三一年の満州事変に始まり、一九三六年に勃発した日中戦争、さらには一九四一年の真珠湾攻撃に始まり、一九四五年八月の敗戦に終わった「大東亜戦争」を含む、いわゆる「十五年戦争」がある。つまり、大日本帝国が行なった北東アジアから東南アジア、太平洋を含む広大な地域に広がった戦争の歴史がある。この一五年に、日本が韓国に対して行なった植民地化政策の歴史を加えるならば、一九一〇年の「韓国併合」に始まる日本の帝国主義的勢力拡大政策の、三五年にも及ぶ歴史があるが、さらに韓国併合に至る歴史的経緯を考慮に入れるならば、日露戦争（一九〇四～五年）から日清戦争（一八九四～五年）にまで遡らなければならない。つまりそれは、明治維新以降の日本が国家目標として掲げた「富国強兵」政策実践の全歴史過程を意味するのである。

かつてヨーロッパにおいて、絶対君主制の下で外交問題が処理されていたころ、君主が直接国際会議に出席して問題を処理するということは大変危険であり、避けねばならない方式であると考えられていた。なぜならば、国際会議において君主が不適当な発言によって問題をぶちこわすような事態になってしまった場合、君主に代わって問題を収拾する能力と権限を持つ者は存在しなかったからである。

もちろん現代においては、G8と呼ばれる先進国首脳会議や、二〇〇五年一二月にマレーシアの首都クアラルンプールで開催されたASEAN＋3（ASEAN構成国一〇ヵ国と日中韓三国）首脳会談に見られるように、首脳会談は「避けるべき危険な出来事」ではなくなった。現代の首脳会談は、危険を避けるために関係国の外交官僚や大臣たちによる周到な準備の上に行なわれるのである。

しかし、本来国内問題として理解されていた問題が国境を越えて外に広がり、関係諸国にさまざまな反応を引き起こすと、それらの反応は再び問題の発生国に戻り、その国の政治に新たな反応を引き起こす。それらの新たな反応は、民族主義的な感情を反映して世論の形成に大きく影響する場合が多く、外交政策の形成過程を複雑化し、困難にする。さらに、現代においてはインターネット技術の進歩・普及に伴って、国境を越えた情報の伝播・交流がきわめて容易になったため、国内政治と国際政治の間の機能的な相互浸透が、さらにいっそう強まってきたのである。

このような状況の下で登場した小泉内閣によって、日本における国際問題処理手続きの基盤は根底から覆されてしまった。内閣府主導型外交の強調という小泉首相の志向に加えて、首相自らの靖国神社参拝という行動によって、日本の国際的、外交的立場は第二次大戦後前例がないほど悪化したからである。

ASEANの会議に先立って、同年一一月に韓国の釜山で開かれAPEC（アジア太平洋経済協力）首脳会議に出席した小泉首相は記者会見で、中韓両国が自身の靖国参拝を批判していることについて「時間がたてば理解され得るものだと思っている」「短期的に一つの問題で意見の相違があっても、中長期的に関係を悪化させない努力をしなければならない」と述べ、靖国問題を重視する中韓の姿勢に反論した。また、靖国参拝に関して、「二度と戦争をしない、戦没者に哀悼の精神を表明する気持ちで参拝している」という従来の弁明を繰り返した。（二〇〇五年一一月二〇日）

小泉首相は、二〇〇六年の年頭記者会見においても、「一国の首相が一国民として戦没者に哀悼の念をもって靖国参拝する。日本人からの批判は理解できない。精神の自由に、政治が関与することを嫌う知識人や言論人が批判することも理解できない。まして外国政府が心の問題にまで介入して、外交問題にしようとする姿勢も理解できない。心の問題は誰も侵すことのできない憲法に保障されたもの」であると主張している。

日本人の一人であり、また知識人の端くれである筆者は、この小泉首相の発言を全く理解することができない。ましてや、韓国人や中国人に理解してもらうなど、到底望むべくもないことであろうが、ここで問題となるのは、小泉首相が、靖国問題を「心の問題」である、と主張していることである。

「心の問題」とは、本人だけが知り、他人にはうかがい知ることのできない心理の状態である。しかし、ことは日本という国家を代表する首相の「心の問題」であり、それが日本の対アジア外交、特に対中国、対韓国外交に甚大な悪影響を与えてきたことが明白である以上、小泉首相の「心」に起因する責任を追及しなければならない。ただ、人間の「心」の奥底を覗くことはできないから、その人の心の働きによって起こった行動を観察し、そこから逆にたどって「心因」を探る以外にない。平たく言えば、人の「心」の内容は、その人の「パフォーマンス」から判断するしかないのである。

小泉純一郎が首相の座について以来披露して来た外交政策上のパフォーマンスで、最も注目に値する事例は、二〇〇二年九月の北朝鮮訪問によって金正日に拉致の事実を認めさせ、拉致被害者三家族の帰国を実現させたことであろう。小泉流対外パフォーマンスの、もう一つの目立った事例は、彼がブッシュ大統領ときわめて親しい間柄にあることを印象づけたことである。その結果、少なくとも表面的には、日米関係が両国にとってきわめて重要、かつ安定した「パートナーシップ」の関係にあるとの印象を作り出した。しかし、日米関係の実情は、本当に強固な相互信頼関係にあるのだろうか？　少なくとも筆者にはそのようには見えない。むしろ、日本は米国にとっては、少なくとも外交・安全保障問題の分野においては、どんな無理を言っても従ってくれる従順で便利な子分なのであり、到底対等な関係にあるとは見えない。つまり、小泉流パフォーマンスは日本の国益を増進させる役割を果たしてはいないのである。

何故か？　それは、現在ますますその存在感を増大させている中国の存在がかかわっている。日米、米中、および日中の三角関係のあり方いかんによって、米国から見た日米関係の重要性が減少する可能性は否定できないからである。残念なことではあるが、日本と近隣アジア諸国との関係、特に日中、日韓関係を軽視する小泉首相が、国際政治や外交政策の問題を理解しているとは到底思えないのであるが、その核心部分にあるのが靖国問題である。

■国内問題としての靖国参拝

第二次大戦後、連合国軍総司令部の「神道指令」（国教分離指令 一九四五年一二月）によって靖国神社は、別格官幣社という特権的地位を失い、一宗教法人の地位に格下げされた。さらに新憲法の公布（一九四六年一一月）によって「信教の自由」と「国の宗教活動の禁止」という新しい法的条件が加わったが、この時以降、首相による参拝は、一九五二年の秋の例大祭に参拝した吉田茂首相を最初として、小泉首相による二〇〇一年八月一三日の前倒し参拝まで、合計一三人、延べ五七回を数える。なお、この間、在任中参拝しなかった首相が一〇名いた。最近では故小渕恵三と森喜朗の二人である。

吉田首相以降、首相の靖国参拝は春と秋の例大祭に行なわれるのが慣例となっていたが、これを破ったのが三木武夫首相による一九七五年の「終戦記念日」の参拝であり、それ以降、例大祭の他八月一五日にも参拝することが慣例となった。

さらに問題に新しい要素をつぎ込んだのが、一九八五年の終戦記念日に「首相個人として」という奇妙な資格で公式参拝を行なった中曽根康弘首相である。宗教色を薄めれば「公式」でも違憲ではないという見解に基づいて、参拝の仕方を神道方式でなく簡略化し、玉ぐし料を公費から支出しない、という方式を取った。

しかし、これに対して中国や韓国が強く反発したため、翌八六年、官房長官の談話という形で、中曽根首相は公式参拝取りやめを表明した。以後、小泉首相登場までは、極秘に参拝した宮沢喜一首相と、誕生日に参拝した橋本龍太郎首相の例があるだけである。

小泉首相の靖国参拝に対しては、これまで八件の違憲訴訟が起こされている。その中には、二〇〇四年の福岡地裁、二〇〇五年の大阪高裁が下した、明確な「違憲判決」の例もあるが、大部分は憲法上の判断を避ける傾向にあり、最高裁判所さえも、今年六月に上告を棄却して、その傾向を助長した。

また、行政当局は、これまでいろいろな手法を使って、首相の参拝が「違憲」とみなされないよう努力してきた。問題を参拝の「形式」という非本質的問題点にすり替えることによって、国家を代表する首相の公的な宗教的行為ではなく、私的な、非宗教的行為である、という言い訳を編み出してきた。これらの三百代言的手法（ちなみに、中国ではこれを「法匪」と呼ぶ）は、永田町と霞が関では通用するとしても、日本社会全体において普遍的に受け入れられるものでないことは、これまでの世論調査の結果を見れば明らかである。いわんや、外国人に対して説得力を持つはずはない。

小泉首相の公約の一つである靖国参拝に関する彼の発言は、その行動についての論理的な説明を伴わないため、きわめて独り善がりの主張と行動に終わっているが、彼の靖国参拝という行動は、実は政治的な実利を狙ったパフォーマンスであり、彼の言うような「心の問題」でも「素朴な信念」に基づく行動でもない、との解釈を生む要因があるのである。

二〇〇一年八月九日付「毎日新聞」によれば、小泉首相は同年三月に行なわれた自民党総裁選挙に際して、一一万人の自民党員を抱える日本遺族会（当時の会長は自民党前幹事長の古賀誠衆議院議員）

に連絡し、八月一五日の靖国神社参拝を約束して支持を依頼した。また、小泉は、首相就任の前年の二〇〇〇年および前々年の一九九九年には全く靖国参拝を行なっていないのである。このことは、ウェッブ上で公表されていた（二〇〇五年一二月当時）「神道政治連盟国会議員懇談会」の参加者リストにあった、役員一二名の参拝記録が示していたのである。「神道政治連盟」は、国家神道の伝統を日本の良き伝統として、その維持振興を目的として運動している宗教政治団体であるが、この連盟の下部組織である「神道政治連盟国会議員懇談会」には現在二二三名の自民党衆参議員が参加している。現在の役員リストに小泉純一郎の名はないが、上述の参拝記録当時、小泉は会の副会長であった。

国内問題としての靖国参拝問題は極めて複雑な構造を持った問題であり、高橋哲哉がその著書『靖国問題』（ちくま新書、二〇〇五年）の中で描いているように、靖国神社に祀られている多くの戦死者の遺族たちが抱く素朴な気持ちの根底には、複雑に絡み合った心理的要因があるため、合理的な分析では処理できない。つまり「心の問題」であるが、この問題と、小泉首相が主張する「心の問題」とは同列、同次元で論ずることはできないのである。

■国際政治問題としての靖国問題

「終戦記念日」という呼称に含まれる問題と戦争責任

一九四五年八月一四日、日本は天皇の聖

断によって、「ポツダム宣言」を受諾して連合国に無条件降伏し、翌一五日、「終戦の詔勅」を天皇自ら読み上げた録音のラジオ放送（いわゆる「玉音放送」）によって、この事実が日本国民に告げられた。したがって八月一五日は、戦いに敗れ、敵に降伏した「敗戦の日」と呼ばれるべき日であるが、日本で一般に使われてきたのは「終戦記念日」という呼称である。それは、真珠湾攻撃から四年八ヵ月続いた苦しい戦争が、ようやく終わってホッとした気持ちを表しているのであろう。しかし他方、それは「敗戦」の事実を直視せず、「終戦」という表現で誤魔化そうとする日本人の性癖も現している。それはまた、勝算のない無謀な戦争に突入し、その結果大きな戦争災害と「敗戦」、そして六年半に及んだ連合国軍による「占領」を招いた、重大な政策決定に関与した指導者たちの「責任」を、自ら追及してこなかった日本人の曖昧さ、歴史的現実から目をそらすそうとする、日本の政治文化の一面を示していると言えるだろう。

責任の解釈をめぐっては多くの議論があるが、一つの具体的な事実を引き合いに出してこの問題を考えてみればわかりやすい。それは一九四五年の七月から八月にかけて行なわれた、日本の運命を決める「御前会議」での、ポツダム宣言受諾の可否をめぐる政策決定に絡んだ政治責任の問題である。

「ポツダム宣言」が米・英・中三国首脳の署名によって発せられたのは七月二六日であったが、その内容は、日本の軍国主義の駆逐、軍国主義指導者の権力と勢力の永久除去など、太平洋戦争の終結条件と、戦後の対日処理方針を示して、日本軍の無条件降伏を要求するものであった。

当時首相の座にあった鈴木貫太郎は、戦争を終らせることの必要性を感じており、日ソ中立条約（一九四一年調印）の相手国だったソ連邦に対して、連合国との交渉の仲介を依頼する工作を行なっていた。一九四五年四月にソ連が中立条約を延長しないことを日本に通告していたにもかかわらず、鈴木首相が仲介工作をソ連に依頼しようとしたのは、同年二月に米・英・ソ三国首脳が結んだ「ヤルタ協定」に関する情報を持っていなかったからである。ソ連領ヤルタで行なわれた、いわゆる「ヤルタ会談」において、スターリン・ソ連首相は、「ナチス・ドイツの降伏から二月ないし三月以内に対日宣戦布告を行なう」という約束をチャーチル英首相、ローズベルト米大統領と交わしていたのである。当然のことながら、日本の希望はソ連の仲介拒否にあって潰えてしまった。

日本にとってさらに不幸だったことは、「ポツダム宣言」を受けた鈴木首相が、国際政治情報も持たず、客観的・理性的判断能力無しに「本土決戦」を唱える軍部の圧力に屈して、七月二八日、ポツダム宣言を「黙殺する（ignore）」と声明したことである。

その時点から、天皇が八月一四日に「ポツダム宣言」受諾の「聖断」を下すまでの一七日間、御前会議に集まった日本の最高指導者たちは、「国体（＝天皇制）の護持」を唯一の条件として降伏すべきだ、と主張する「宣言受諾派」と、「徹底抗戦派」とに分かれて対立したまま無為に時間を費やした。その間に、広島（六日）と長崎（九日）に原爆が投下され、多くの貴い命が失われただけでなく、八月八日にはソ連が対日宣戦布告と同時に満州、樺太、千島列島に侵攻を開始した。その結果実に多くの在満州日本人が極めて困難な状況に置かれ、また、在満日本軍将兵がソ連の捕虜

として シベリア送りとなり、沢山の死亡者を出す結果となった。さらに、ソ連軍の侵攻によって戦場となった樺太や千島列島では、八月一五日以降も戦闘が続き、住民たちは悲惨な状況に追い込まれたのである。

もしも八月六日以前に「ポツダム宣言」受諾の決断がなされていたならば、原爆投下はなかったであろうし、また、今日もなお解決の目処がたっていない北方領土問題や、残留朝鮮人問題も発生しなかったであろう。われわれ日本人は、この一七日間における決断の不在がいかに重大な結果を生みだしたかを、ハッキリと認識しなければならないのである。

また、原爆被爆問題については、その被害者意識から日本人の目は加害者としてのアメリカに向けられるが、本当の責任は、ポツダム宣言を無視した政治指導者にあったのではないだろうか。にもかかわらず、残念ながら、日本人自身による戦争責任の追及は全く行なわれてこなかった。なぜならば、そこには日本人にとってたいへん難しい、できれば避けて通りたい問題が含まれているからである。

それは、昭和天皇の戦争責任である。天皇は、確かに、八月一四日の聖断を下したことによって、日本帝国の主権者、最高意志決定者としての存在理由を示した。しかし、一七日もかけなければ聖断を下すことができなかった理由は何であったのだろうか？

天皇の責任とマッカーサーの判断　この問題を追及することは、日本人にとってたいへん難しい政治文化上の問題であることに加えて、もう一つの大きな要素が、日本人の意識を真の問題からそらし、問題意識を稀薄化させてしまった。それは、幸か不幸か、日本を占領した連合国最高司令官のマッカーサー将軍が、日本占領を成功させるために採った一つの重要な措置と関係がある。つまり、日本の社会秩序を安定的に維持しながら、占領政策を効果的に実施するためには、統治のシンボルとして、天皇の地位と威信を維持することが絶対必要条件であるとの判断から、占領当初、天皇を戦争犯罪人として極東国際軍事裁判（東京裁判）に訴追すべしと唱えていたオーストラリアなど一部の連合国の意見を退け、天皇を重要戦争犯罪人のリストから除外してしまったからである。さらに、東京裁判の首席検察官だったジョセフ・キーナンは、天皇を裁判の証人としても喚問しないよう大変な努力を行なった。

他方、昭和天皇自身は、敗戦当初明らかに自分の戦争責任を自覚していた。また、天皇の側近で、自分自身A級戦犯として終身禁固刑に処せられた木戸幸一内大臣なども、天皇が「敗戦」の責任を取って適当な時期に退位するべきだ、と考えていたようである。しかし、マッカーサーから免罪符を与えられた天皇は、一九四六年一月一日に発した「詔書」（いわゆる「人間宣言」）の中で「長かった戦争がもたらした甚大な戦渦に心を痛めている」、と述べながら、「敗戦に終わった責任をとって国民に詫びる」姿勢は示さなかった。その後、昭和天皇自身の心の中でも、段々と責任の意識は稀薄化していったように見える。国民もまた、戦禍を恨む気持ちはあったにせよ、戦争責任について天皇を責めるという姿勢はほとんど示さなかった。むしろ、その逆に、八月一五日に総辞職した鈴木内閣の後を受けた東久邇稔彦内閣が唱道した「一億総懺悔《そうざんげ》」のスローガンによって、「全国民が敗戦の責任をとって天皇に謝罪しよう」という姿勢が広がってしまったのである。それから半世紀以上がたった今日の日本においては、なぜ当時の日本人がこのような心境にあったか、を理解することなど全く不可能であろうが、これこそが、日中戦争突入以降、文部省が力を入れた国民教育の柱とも言うべき『国体の本義』（一九三七年）や『臣民の道』（一九四一年）の成果だった。

戦争責任の処理――日本とドイツの比較　日本の戦争責任の受け止め方については、同じ敗戦国として二四名の重要戦争犯罪人がニュルンベルクの国際軍事法廷で裁かれたドイツとの比較が、これまでいろいろ議論されてきたが、両者の間にはかなり大きな条件上の違いがある。まず第一に、ドイツでは、ナチスの総統として独裁権力を振るっていたヒットラーが、一九四五年四月、無条件降伏の直前に自殺してしまったことである。そのヒットラーに戦争責任の大部分をかぶせ、残りをニュルンベルクで裁かれた指導者たち（一二名が絞首刑、その中のゲーリングは自殺）に押しつけることで、責任追及の仕事は一応終了した。

しかし、日本では、「現人神《あらひとがみ》」として、理念的には絶対的な権力を持っていたように見える天皇の立場は全く違ったものであった。一九三〇年代半ばに、大日本帝国憲法の運用を、立憲主義的に解釈した美濃部達吉の「天皇機関説」によれば、天皇の「大権」と呼ばれた権限は絶対ではなく、大臣の補弼《ほひつ》を受けなければ行使できなかった。つまり、「天皇は国家の一機関である」という解釈である。この「天皇機関説」は、満州事変以降の軍部の台頭と、神がかり的国家主義の高まりの中で否定された。しかし、日本帝国陸海軍の最高位にあった、「大元帥」としての天皇の指揮命令権は、内閣の制約を受けない独立した「統帥権」であるとする軍部の主張が支配的となった結果、きわめて逆説的ながら、天皇は「機関」どころではなく、軍国主義者の行動を正当化するための「錦の御旗」、つまり「道具」、となってしまったのである。その最も極端な例は、「本土決戦」を叫ぶ狂気の徹底抗戦論者たちが、「ポツダム宣言」受諾を告げる昭和天皇の「終戦の詔勅」が全国放送されるのを阻止するために、近衛連隊を使って「詔勅」の録音板を奪おうとした事実に見られる。

しかし「統帥権」の独立を盾にして、政策決定に大きな影響力を振るった東条英機その他、軍指導者たちの中にも、ヒットラーに匹敵するような、独裁的権力を行使することのできた者は一人もいなかった。しょせん、日本人は責任の所在が不明確な、集団的意志決定しかできなかったのである。

ドイツと日本の違いを作り出した第二の要因は、両国が同じく連合国の占領下に置かれながら、日本が実質的には米国一国の軍隊による単独占領であったのに対し、ドイツは米・英・仏・ソの四連合国によって分割占領されたことである。特に英・仏・ソ三国が、程度の差はあれナチス・ドイツの侵略・占領ないし空爆の犠牲者だったことは、戦後のドイツ人が、戦争責任問題対して日本人よりも真剣に対応しようとした一つの要因である。

この分割占領の下で、一九四七年半ば頃から明らかになり出した戦後処理をめぐる米・ソの対立は、やがて「冷戦」へと発展し、東の社会主義陣営と西の民主主義陣営が、ドイツを東西に分断して軍事的に睨み合うこととなった。

この冷戦の影響はやがて、東アジアにも拡がってきたが、ここでの対立は冷戦ではなく砲弾が飛び交い、血が流れる「熱戦」となった。しかし、「朝鮮戦争」の勃発（一九五〇年六月）によって、敗戦国・被占領国としての日本の地位は大きく変化することになった。米国が、朝鮮戦争遂行の戦略基地として日本を必要としたからである。この新しい状況は、第二次大戦の後始末としての対日講和条約と、新しい情勢に対応するための日米安保条約の締結（一九五一年九月）を促すと同時に、日本の経済再建にとっての好条件をもたらしたのである。しかし、幸か不幸か、たった六年前まで敵国であり、また占領者でもあった米国が、主権を回復し、新たな同盟国となった日本の戦争責任を追及しなくなってしまったこともあって、日本人自らの意志による過去の戦争責任の追及の動機も、ほとんど消え去ってしまったのである。

■「A級戦犯」合祀問題——歴史と国際的公約についての認識

A級戦犯の合祀が意味するもの

そもそも問題の発端は、連合国軍による日本占領の初期に「平和に対する罪」で訴追され、東京裁判で「A級戦争犯罪人」としての判決の結果処刑された七名と、公判中あるいは服役中に死亡した七名の計一四名の戦時中の指導者たちが、「昭和殉難者」として靖国神社に合祀されたことである。これら一四名の氏名を記載した「祭神名票」(神として祀られる人のリスト)が戦没者の監督官庁である厚生省から靖国神社に送られたのは一九六六年であり、神社側が合祀を了承したのは一九七〇年のことであったが、実際の合祀は、一九七八年秋に松平永芳宮司の決断によって行なわれた。

この合祀の事実が翌年の一九七九年春に公にされたことによって、靖国参拝問題に国際政治に波紋を起こす新たな要因が加わり、中国や韓国から厳しい批判を呼び込む結果となった。なぜ韓国と中国が特に日本の首相による靖国神社参拝を強く批判するのか、その理由はやはり近代日本の歴史と深く関わっている。

日本が七世紀初頭の遣隋使の時代から、あらゆる文物を学び取って来た先進文明国であった中国と、その文物輸入の経路でもあった朝鮮の地位は、時代が進み日本が近代化に先行した段階で変わり始め、日清、日露の両戦争に勝利して大国の仲間入りをした時、地位逆転は決定的となった。それが、日本が道を踏み外し始める契機ともなり、日本人の、中国人、朝鮮人蔑視も始まったのである。

「八月一五日」という歴史的な意味を持つ日付を、上述の視点から見直すならば、ある重要な側面が見えてくる。つまり、一九一〇年から三五年間、日本の植民地として服従を強いられてきた朝鮮民族にとっては、八月一五日は「植民地からの解放」を祝う大切な祝日なのであり、韓国では「光復節」、北朝鮮では「解放記念日」と呼ばれている。しかし、日本人は、これら旧植民地の人々の気持ちを正しく理解する機会を持たなかった。

それは、日本の敗戦によって、満州国や朝鮮は、連合国軍の手によって解放される結果となったからである。もしも日本が、自らの決断と努力によって、植民地の解放という複雑で困難な問題に取り組んでいたのならば、状況は全く違っていたであろう。しかし、その種の作業がいかに難しいかは、第二次大戦後、日本政府が朝鮮における植民地支配に法的に決着をつけた「日韓基本条約」（一九六五年）を韓国政府と結ぶまでには、その外交交渉に一三年もの年月を必要とした、という事実が物語っている。しかも、その結果日韓関係の心理的わだかまりが、すべて解消したわけではないことは周知の通りである。この問題と並んで、日本人の歴史認識、国際政治認識に関わる、もう一つの問題を指摘しておかなければならない。

日本が無条件降伏せざるをえなかったのは、米国の圧倒的な軍事力のせいである、つまり、日本は米国に破れたという意識を持っている日本人は、中国（当時は蔣介石率いる「中華民国」であった）が、対日戦争を戦い、米・英両国と並んで「ポツダム宣言」に署名した国家であること、つまり、中国は対日戦勝国であるという事実をしっかりと認識していない。八月一五日は、中国にとっては戦勝記念日なのである。したがって、八月一五日の靖国参拝は、首相自身が、また日本政府がどのように言いつくろうとも、中韓両国にとっては許し難い行為として受け止められているのである。

靖国参拝問題に対して厳しい否定的反応を示すのが中国と韓国であることは確かであるが、「靖国神社の話をするのは世界中で中国と韓国だけ」という麻生外務大臣の発言（二〇〇五年一一月二六日）は、「誤った歴史認識に基づいており、靖国神社参拝に近隣国と国際社会が示してきた深い憂慮に耳を傾けない無分別な振る舞い」であるとした潘基文・韓国外交通商相の論評は、残念ながら正しい。それにもかかわらず、小泉首相は、二〇〇六年一月二五日の参議院で同じような答弁をしているのである。

これら中韓の対日批判に対して、「内政干渉だ」などと反発する政治家や評論家も沢山いるが、それらは無知か、未熟なナショナリストとしての偏狭で単純な反応であると言わざるをえない。なぜなら、靖国参拝問題が国際政治問題化し、中韓のような反応を引き起こすのは、それだけ十分な歴史的、国際政治的理由が存在するからである。

日本が抱える国際的公約の源泉　太平洋戦争における日本の敗戦によって生じた戦後処理問題との関連で重要な意味を持つ歴史的出来事が三つあるが、それらは、結果的に日本が国家として守らなければならなくなった「国際的公約」とでも云うべきもの源泉となった。

（イ）カイロ会議（普通「カイロ宣言」と言われるが、実際には「宣言」を伴ってはいなかった）――一九四三年一一月二七日、エジプトのカイロで開かれた、米国のローズヴェルト大統領、英国のチャーチル首相、および中華民国の蒋介石総統による歴史的な会合である。ここで三首脳は、日本の侵略を阻止し、罰するために、陸、海、空からする容赦ない戦争を遂行する決意を持って相互協力について協議し、他の連合国とも協力して日本を無条件降伏に追い込む決意を述べたのである。この会議の合意内容で重要なのは、三首脳が、「一九一四年の第一次世界戦争の開始以後に日本国が奪取、または占領した太平洋のすべての島嶼を日本国から剥奪すること」、並びに「満洲、台湾および澎湖島など、日本国が中国人から盗取したすべての地域を中華民国に返還すること」、さらに、「日本によって隷属させられている朝鮮人の状態に留意し、適当な時期に朝鮮を独立させる決意である」ことを確認し合ったことである。

（ロ）ポツダム宣言（一九四五年七月二六日、米・英・中三国首脳が署名）――宣言は一三ヵ条から成っているが、「A級戦犯」合祀問題に直接関連するのは、第一〇条にある「吾等ノ俘虜ヲ虐待セル者ヲ含ム一切ノ戦争犯罪人ニ対シテハ厳重ナル処罰加ヘラルヘシ」という規定である。

日本は、鈴木首相のポツダム宣言「黙殺」声明から、二週間余の時間を無為に過ごした後、連合国に対して無条件降伏した。無条件降伏とは、敵国の要求に対して条件を付けずに降伏するということであり、その結果当然のことながら、ポツダム宣言第一〇条に従って東京裁判が開かれた。ここで日本を戦争に導き、戦争指導に関与した最高指導者達二八名が「平和に対する罪」などで起訴され「A級戦争犯罪人」となったが、収監中に死亡や精神障害で免訴された三名を除く二五名が有罪判決受けた。これらA級戦犯のうち処刑されたのは七名である。

（ハ）対日平和条約（サンフランシスコ講和条約。一九五一年九月八日、日本を含む四九ヵ国が調印、翌年四月二八日発効）――連合国軍に対する無条件降伏に続く占領の結果、非武装化が行なわれ、新憲法の発布を含む諸改革を通じて生まれ変わった日本と、連合国との間の戦争状態に法的に終止符を打ち、日本が主権国家として独立を回復したのが、サンフランシスコで開かれた講和会議で調印された平和条約によってであるが、そこには「戦争犯罪」について規定した第一一条が含まれている。「日本国は、極東国際軍事裁判所並びに日本国内および国外の他の連合国戦争犯罪法廷の裁判を受諾し、且つ、日本国で拘禁されている日本国民にこれらの法廷が課した刑を執行するものとする。……」という規定を受け入れることによって日本は独立を回復した、という事実を認識することが重要である（「戦争犯罪」には①「平和に対する罪」＝A級、②通常の「戦争犯罪」＝B級、③「人道に対する罪」＝C級の三種類あるが、ここでは、B・C級戦犯についてはふれない）。

小泉靖国参拝支持・擁護派の見解とその問題点　靖国神社へのA級戦犯合祀問題について、一貫してこれを支持し、正当化する活動を行なってきた団体に「神道政治連盟」とその支援団体「神道政治連盟国会議員懇談会」があるが、神道政治連盟のホームページには、小泉首相の靖国神社参拝が問題になりだした二〇〇一年当時『〝A級戦犯〟とは何だ！』という小冊子の内容全文二九ページが掲載されていた（現在では同小冊子の四ページ半の、比較的客観的に記述されている部分しか参照することができない）が、その骨子は「東京裁判は国際法を無視した報復裁判であった」との結論であり、A級戦犯の合祀について外国から文句をつけられる筋合いはないとの主張である。

靖国神社自身のホームページにも、大原康男國學院大学教授の《靖国神社・A級戦犯「合祀」の真実と「分祀論」の虚構》という論考が載っているが、その結論は「サンフランシスコ講和条約によってA級戦犯合祀が拘束されるといったようなことは、法理論から見ても全然話にならない」ということである。また、いわゆる「教科書問題」として、日中・日韓関係の阻害要因を作り出している『新しい歴史教科書〔改訂版〕』（新しい教科書をつくる会編纂、扶桑社刊）の東京裁判に関する記述も、同じような観点から書かれている。

確かに、東京裁判については、多くの国際法学者が、それが勝者による裁きであり、公正さに欠けていることを指摘してきたが、それは国際政治の構造から生まれる、国際法の運命的弱点の現れ、とでも言うべきものであり、法治主義に立つ近代国民国家の国内法と同列に論ずることはできない。必然的に「軍事力」と「政治的判断」が大きな要素を占め、法的公正さを維持する条件に欠けているからである。したがって、ここで重視しなければならないのは、「ポツダム宣言」の条件を呑んで降伏し、「対日平和条約」が規定した条件を受容することによって主権を回復した、という歴史的・政治的事実である。「ポツダム宣言」を受諾しなければ、本土決戦は必至であったし、「平和条約」に調印しなければ主権は回復できなかったからである。

さらに、東京裁判が不公正であったとしても、A級戦犯が無罪であることにはならない。東京裁判が不公正であったと考えるならば、むしろ、日本国民自身が、自分自身と国家の将来のために、日本国民だけでなく、多くの近隣アジア太平洋諸国の人々を戦渦に巻き込んで犠牲にした、政治・

軍事指導者の責任を追及する努力を行なうべきだったのである。

■靖国神社の本質と存在理由

靖国神社の存在理由――『軍人勅諭』と『戦陣訓』の呪縛　一九四一年一二月の真珠湾攻撃で太平洋戦争が始まった時、中学一年生であった筆者は、軍事教練で暗記させられた「朕は汝ら軍人の大元帥なるぞ」という言葉で始まる『陸海軍人に賜りたる勅諭』（明治一五年）を忘れることはできない。まだ兵役に服する年齢にはほど遠い男の子が、「軍人は忠節を尽くすことを本分とすべし。〝義は山嶽よりも重く、死は鴻毛よりも軽しと覚悟せよ〟」と教えられたのである。つまり、「兵隊となる義務は大変重いが、人間の命は、鳥の羽毛よりも軽いのだから、戦場に行ったら喜んで天皇のために死ね」というのである。また、戦地に向かう兵士たちにとって必携のマニュアルとも言うべき『戦陣訓』（一九四一年）には、「生きて虜囚の辱めを受けず」という文言があることも教えられた。「生きたまま敵の捕虜になることは恥ずべきことだ」という意味であり、これは、太平洋戦争中、米軍の猛攻撃を受けて逃げ場を失い、「万歳」と叫びながら突撃して死んでいった多くの日本軍の兵士たちにとって、精神的呪縛とも言える心理的動機づけの源だったのである。

当時の日本軍の戦死者たち全員がこのような「万歳突撃」で死んだ訳ではない。また、彼ら全員が、『陸海軍人に賜りたる勅諭』や『戦陣訓』の教えを納得し、国のために勇敢に戦って名誉の戦死を遂げたわけではないだろう。彼らの多くは、自分の意に反して、不条理で、益のない侵略戦争に駆り出され、悩みつつ死んでいった犠牲者であった、と考える方が真実に近いと思われる。

戦時中の日本では国内でも憲兵と特別高等警察（いわゆる特高）が常に目を光らせており、反国家的行動はおろか、わずかな疑念を招くような言動すらも許されない、という大きな心理的圧力が日本社会全体を覆っていたのだから、全国民が犠牲者だった。しかし、そのような異様な状況を作り出した責任を誰が負ったのだろうか？

いずれにせよ、戦死した兵士たちは「英霊」として讃えられ、靖国神社に祀られた。彼らを、国のために命を捧げた「英霊」として讃えることで、残された遺族の悲しみを和らげ、さらには戦争そのものを正当化して、戦争遂行のために国民的支持を取り付けることが別格官幣社としての靖国神社の存在理由だったからである。このことをハッキリと認識するならば、戦死者の遺族たちは、中国や韓国から文句を言われなくても、A級戦犯と一緒に祀られることを拒否するべきであったろう。A級戦犯は、戦場で命を捧げもせず「虜囚の辱め」を受けたのである。しかも、A級戦犯として訴追された軍人のうちで自害した者は一人もいなかった。東条はピストル自殺を試みたとされるが、それはジェスチャーにすぎなかった。戦争責任を負うべき指導者の中では唯一人、A級戦犯ではなかったが、戦犯容疑者の指名をうけた近衛文麿前総理大臣が、服毒自殺しただけであった。

遊就館　小泉首相のパフォーマンスを通じて、彼の「心」の中を読む手法を取った場合、一番重要な手がかりは、彼の参拝の対象あるいは場所となっている靖国神社が、彼が度々弁明してきたように「二度と戦争をしない、戦没者に哀悼の精神を表明する気持ち」を表すのに適した場所であるかどうか、を判断する材料を探すことである。

確かに、靖国神社は、国のために殉じた戦死者の霊を祀る、清楚かつ荘厳な雰囲気を持つ社である。しかし問題は、そのたたずまいの背後に、きわめて自己中心的、国家主義的な政治思想――それはまさに国家神道の精神そのものである――が堂々と主張されていることである。小学二年生の夏に盧溝橋事件、中学一年の冬に真珠湾攻撃を迎え、軍国教育を受けた少年であった筆者にとっても、当時訪れた「遊就館」の、過去の戦争の英雄たちの遺品、戦利品、武器などの血なまぐさい展示は、けっして気持ちのよいものではなかった。

二〇〇一年の夏、六三年ぶりに靖国神社を訪れたとき、ちょうど創立一三〇年にあたっていたが、遊就館は改築中で、隣の靖国会館において「かく戦えり・近代日本」という規模を縮小しての特別展示が行なわれていた。過去の戦争にたいする肯定的態度が色濃く反映されたその展示を見た時、六三年前の印象がまざまざと蘇ってきたのである。

二〇〇二年七月に改築を終わった遊就館は、すっかり近代的な展示館に様変わりした。展示物も、武士の使った武具に始まり、明治維新以降の大砲や「ゼロ戦」などの軍用機、戦車、さらには特攻に使われた「人間魚雷〝回天〟」や「ロケット特攻機〝桜花〟」などがきれいに配置されているが、重点は、維新戦争、西南戦争、日清・日露戦争から最後の大東亜戦争まで、日本が戦ったすべての戦争について歴史的経緯を、パネルに書かれた文章によって説明することに置かれており、かつての「血なまぐささ」は消えたように感じられた。しかし、音と映像による戦闘シーンを再現する六ヵ所の部屋に入れば、昔の記憶は蘇えざるをえない。ただ、その印象は、戦争を経験した事のない世代の観客にとっては、全く別ものになるに違いない。一階の売店で売られている『靖国神社 遊就館の世界』の中で使われている表現を用いるならば、「音と映像を楽しむ」ことになるのだろう。映画館やテレビで戦争物を見るのと同じように！

遊就館の管理者たちは、小泉首相の参拝は歓迎するが、「戦争の反省を踏まえて、二度と戦争を起こしてはいけないという、その気持ちを持って参拝する」という小泉流弁明（二〇〇六年二月二七日記者会見）などは、全く気にしてはいないのである。遊就館がその使命として掲げている説明文を読むならば、建物と展示の様式は新しくなったとしても、その根底にある、自国に都合の良い、自己弁護的な歴史解釈と、過去の戦争についての肯定的解釈は依然として変わってはいない。靖国神社に祀られている二四六万六〇〇〇余柱の英霊を讃える表現はあっても、推定総数一九〇〇万人とも言われる、一九三〇年代以降の日本の戦争の犠牲となって死亡した各国の民間人、軍人たちのことなど、一顧だにされていないのである。

「近代国家成立のため、我が国の自存自衛のため、更に世界史的に視れば、皮膚の色とは関係のない自由で平等な世界を達成するため、避け得なかった多くの戦いがありました。それらの戦いに尊い命を捧げられたのが英霊であり、その英霊の武勲、御遺徳を顕彰し、英霊が歩ま

れた近代史の真実を明らかにするのが遊就館のもつ使命であります。」（靖国神社　遊就館ホームページより）

国家神道の精神を今もなお体現している遊就館を含む靖国神社で、平和を祈ることなどできるのだろうか？　今年三月一六日に、福田康夫前官房長官を含む日韓協力委員会のメンバーが韓国ソウルの青瓦台を訪れた際の、盧武鉉大統領の「日本を訪問したら遊就館を見てみたい」という発言が報道されたが、盧武鉉大統領が実際に遊就館を訪れ、その展示を見て、聞いて、どのような感想を持たれるか、知りたいものである。

大石灯籠　靖国問題を論ずる場合、靖国神社の本殿や拝殿とその周辺のたたずまいを見ただけは不十分である。祭神を具現化したものは本殿奥の霊璽簿《れいじぼ》奉安殿に納められている霊璽簿（祭神の名簿）のみであるし、一般の参拝者は本殿手前にある拝殿までしか進めないのであるから、靖国神社がどのよう性格を持った宗教的施設であるのかを知るには、遊就館の展示内容その他の、具象的な「もの」によって判断する以外にない。

靖国神社の本質を証す大事な「生き証人」とも言うべき「もの」に、これまで新聞記事や雑誌の論評でほとんど取り上げられたことのない、第二鳥居前の参道の左右に建てられている、一対の、高さ一三メートルもの巨大な石灯籠がある。この一対の大灯籠の台座は、八角形に作られているが、ちょうど目に入る高さのあたりは、それぞれ明治以来受け継がれてきた日本帝国の戦争美談を描いた銅板製の浮彫りで取り巻くように飾られている。右側の大灯籠は帝国海軍の戦績を讃える七枚の浮き彫りで飾られているが、正面には、日露戦争の勝利を決定づけた日本海海戦で、旗艦三笠の甲板に立ち、双眼鏡を片手に戦況を見守っている東郷元帥の姿が描かれている。また、左側の大灯籠は帝国陸軍の活躍を描いた七枚の浮き彫りが飾られているが、最も目を惹くのは、上海事変の戦闘で、爆弾を装填した破壊筒を抱えて敵陣の鉄条網を突破して自爆し、軍神と讃えられた「爆弾三勇士」の姿である。

この一対の大灯籠は、著名な建築家、伊藤忠太が設計し、浮き彫りは四人の彫刻家によって作製されたものであるが、昭和一〇年（一九三五年）に、「鉄道王」と呼ばれた根津嘉一郎によって献納された。昭和一〇年と言えば、日本帝国が、満州事変、満州国樹立、国際連盟脱退という、孤立化路線を突き進み、やがて蘆溝橋事件で本格的な対中国侵略戦争の泥沼にはまり込む、一大転換期の真ん中に位置する年であった。つまり、これら一四枚の浮き彫りは、日本帝国の「輝かしい戦争の歴史」に名をとどめている軍神や英雄たちの勇姿を描き、軍国主義鼓吹のための国民教育の象徴として制作されたものであり、靖国神社が果たしてきた国家神道の政治的・教育的役割を具象化した遺物に他ならない。

これら銅の浮き彫りは、敗戦から一年半後の一九四七年二月二八日、警視庁と東京都教育局の指示によって、コンクリートで覆い隠された。このコンクリートが取り除かれて元の姿にもどり、再び参拝者の目に触れるようになったのは、日本がサンフランシスコ平和条約によって独立を回復してから五年後の一九五七年四月一八日のことであった（『靖國神社百年史　事歴年表』靖國神社編集・発行、一九八七年、四九四頁参照）。この事実は、今から半世紀以上も前に日本が置かれていた政治的現実と雰囲気を如実に反映していると言えるだろう。

しかし不思議なことに、一般参拝者が入手できる靖国神社の歴史を記したパンフレットには、これだけ象徴的な意味を持つ大灯籠について、ごく簡単な記述があるだけで、靖国神社の案内図には大灯籠の場所を示すマークさえ見あたらない。現代の政治的・思想的状況の下では、これらの戦争讃歌を合理的に説明することは、靖国神社当局にとってもかなり難しいことを意味しているのであろうか？

■おわりに

小論は、近年日中関係および日韓関係に大きな負の影響を及ぼしてきた、小泉純一郎首相の靖国神社参拝問題について、主として国際政治と歴史の視点から行なった分析に基づいて、筆者の主張を述べたものである。紙面の関係で、もっと突っ込んだ分析が必要であったにもかかわらず、省略し、いささか舌足らずになった個所も多い。また、筆者の能力不足から分析が足りなかったところもあろう。そのことを承知の上で、結論を述べる。

靖国神社は、第二次世界大戦での敗北の結果、平和国家として新生を誓った日本の首相が公に参拝するには、最も適していない宗教施設である。靖国神社が現在もなお色濃く残している国家神道の本質は、明治以降の歴史の僅か三〇年程度の期間を占めた、歴史の汚点とでも言うべき超国家主義思想を象徴するものであり、それは日本の長い歴史の中における宗教的伝統を代表するものでもない。

一国の首相として靖国神社参拝をするべきでないとすれば、当然のことながら、これまでいろいろ論議され、提案されてきた別個の「国立追悼施設」が必要となる。ここでその問題を検討する余裕はないが、少なくと、その施設は、天皇も、首相も、外国人も、誰でもが心おきなく足を運ぶことができるような無宗教の施設であるべきだろう。また、それは、過去の戦争の反省に立って、日本人戦死者だけではなく、日本の戦争で犠牲となった数多くの外国人の死者をも追悼の対象とする施設であってほしい。日本の掲げる平和理念を、世界に向けて発信する象徴的な施設となってほしいと願うからである。

＊この小論の土台となったのは、総合雑誌『潮』二〇〇一年一一月号に掲載された、筆者の「〝戦没者鎮魂記念堂〟の建立を提案する」と題した小論文である。

第4章　アジアから見た靖国

村井吉敬

■はじめに

靖国神社に付設する展示館である遊就館がしばしば話題にされる。韓国の盧武鉉《ノムヒョン》大統領も、二〇〇六年三月一六日、自民党の福田康夫元官房長官らとソウルで会談した際に、遊就館を訪問したいと述べたという（「朝日新聞」二〇〇六年三月一七日）。これは、靖国神社にしばしば参拝を重ねてきた小泉首相への痛烈な皮肉であり批判である。

小泉純一郎は首相に就任する二〇〇一年四月二六日以前の、自民党総裁選の公開討論会（四月一八日）で、「首相に就任したら八月一五日に、いかなる批判があろうとも必ず参拝する」と述べ、首相就任後も「日本の平和と繁栄は戦没者の尊い犠牲の上に成り立っている。戦没者に対する心からの敬意と感謝の気持ちを込めて、八月一五日に参拝するつもりだ」（五月一〇日、衆院代表質問の答弁）、「宗教とかは関係ない。よそ（他国）から批判されてなぜ中止しなければならないのか。首相として二度と戦争を起こしてはならないという気持ちからも参拝しなければならないし、参拝したい」（五月一四日、衆院予算委員会）と参拝への強い意欲を示し、六月二〇日の党首討論会では「靖国神社は戦没者に対する慰霊の中心的施設という受け止め方が遺族に多い。そういう方々の心を無視するのはいかがなものか」（以上、共同通信）と語り、八月一五日を前倒しし、八月一三日に神社参拝をした。以降、五年間五回にわたって参拝を繰り返してきた。

首相は「宗教とかは関係ない」と述べているが、靖国神社は明らかに神道による宗教施設である。遊就館には「靖国の神々」の展示があり犠牲者の遺品や写真が掲げられている。「靖国神社には二四六万六〇〇〇余柱の英霊が御祭神として祀られている。これらの御祭神の大半は、佐賀の乱から日清・日露戦争を経て大東亜戦争に至るまでの、国内外で起こった戦役、事変において戦死した軍人・軍属たちなのである」（大原康男、二〇〇四年、八九頁、傍点は引用者）。柱、神々、御祭神などの言葉そのものがそもそも宗教用語に他ならない。

そして、靖国神社の案内本には「このお宮に祀られている神々は、大昔の神話に出てくるような神さまではない。百数十年前の幕末（ペリー来航）以来、近代日本を建設し、その独立を守り抜くために、尊い一命を捧げた人々である。このような戦没者たちを特に『英霊』と称する」（靖国神社、二〇〇二、一四頁）、「靖国神社は、明治二（一八六九）年、明治天皇の『我が国のために尽くした人々のみたまは、国自ら永久にお祀りすべきである』との聖旨により御創建されて以来、国家が手厚く管理して参りました。しかし終戦後ＧＨＱ（連合国総司令部、正しくは「連合国軍最高司令部」（引用者））の神道指令により国の管理を離れ一宗教法人にならざるをえなかったのです」（同、九八頁）と述べ、さらに『遊就館の世界』では、「戦後の合祀者の選考基準は厚生省によって作られ、対象は国が戦没者として認定した方々とされる。このなかには戦争終結時に自決した軍人、不当な戦争裁判で刑死した軍人、空襲下の活動中に死亡した民間防衛組織の責任者、学徒動員中に死亡した学生や生徒、シベリア抑留中に死亡した人々なども含まれている。こうした、祖国のために命を落とされた方々は、今を生きる私たちにとって、すべてヒーローであり、ヒロインである。」（大原康男、前掲書、一九頁、傍点は引用者）とある。

首相は「靖国神社は戦没者に対する慰霊の中心的施設という受け止め方が遺族に多い」と述べているが、いかに遺族にそのような考えがあろうとも、右の説明にも明らかなように、靖国神社は「決して戦没者の『慰霊』の施設ではなく、『顕彰』の施設である」（高橋、二〇〇五年、五八頁）。ちなみに、空襲で死亡した民間防衛組織の責任者は祀っても、空襲や原爆の戦死者は祀られていない。国家のために戦死した人びとをヒーロー、ヒロインとして讃え、祀る施設が靖国神社なのである。

ある宗教に基づき、個々人がどのような価値判断をしようとそれは自由だろうが、戦没者を「英霊」として讃える一神社に、「戦没者に対する心からの敬意と感謝の気持ちを込めて」首相が参拝するのは憲法上も歴史認識上も、また国際関係上もあってはならない判断であり行動である。

国民国家である以上、国家のために死んだ人びとは、理由は何であれ、それを顕彰したり慰霊したりあるいは感謝したり謝罪する必要がある、国家とはそのようなものだ、との一般論はありうるだろう（本書の安野論文に見られる）。また、過去の罪悪を言い立てるだけでなく、善いこともした側面を歴史教育ではなすべきだとの主張もある（同じく安野論文）。これも一般論である。わたしが本小論で展開したいことは一般論ではない。日本という国民国家が、アジアでなした戦争は、国民国家の枠組みからかなりはみ出た戦争である。宣戦布告もなく一方的に自存自衛を語り、しかけた対中国戦争、植民地だった台湾・朝鮮の人びとをかなり無理矢理に動員した戦争、欧米の植民地であった地域の人びとをもかなり無理矢理に動員した戦争、こうしたいわば例外多き戦争を一般論で語り尽くしうるのかははなはだ疑問である。それでも、「お国のため」に死んだ人は何らかの慰霊、顕彰、感謝、謝罪などが必要だ、あるいはそれは国家を継承する国民の義務であると言い切れるのか。

普遍主義的反戦論や侵略戦争史観、加害者観は、多くの日本人の「心の問題」である靖国問題に説得力を持たないとも言う。だが、国家の装置とはこんなものだ、というだけで、あるいは「心の問題だ」というだけで、理不尽にも侵略され、被害を受けた人びとを説得することができるのだろうか。ましてや「善いこと」も教えるべきである、と言うが、それは誰にとって善いことなのか。

わたしは善いことを教えるとか罪悪を教えるとか言う前に、事実に向き合うことから始めねばならないと言いたい。高校までの日本史の授業ではアジア・太平洋戦争などほとんど生徒は教わっていないのである。多くの歴史教科書にも戦争の実態はほとんど書かれていない。この小論で書いた、アジア人ロームシャ問題、連合国捕虜問題、泰緬鉄道、ニューギニア作戦、朝鮮人軍属・BC級戦犯問題など、教科書ではほとんど触れられていない。仮に触れようとしても検定で削除されてしまうだろう。事実を知り、事実と向きあわずに「心の問題」と言ってしまうのはあまりに一方的ではないだろうか。

■泰緬鉄道から見えてくるもの、靖国に欠落したもの

遊就館を入った玄関ホールには、実物の零戦（零式艦上戦闘機）、大砲（八九式一五センチ・カノン砲、九六式一五センチ榴弾砲）と並んで蒸気機関車（C56型31号）の展示がある。線路、枕木も敷設されている。説明書きには次のようにある。

「この機関車は昭和十一年日本車両で製造され、石川県七尾機関区を走行していた機関車である。大東亜戦争において九十両が南方に徴用されたが、タイで活躍し、この三十一号機は、泰緬鉄道の開通式に参加した機関車である。戦後は、タイ国有鉄道で使用され、昭和五十二年に引退することになったが、泰緬鉄道建設に関係した南方軍野戦鉄道隊関係者が拠金してタイ国有鉄道から譲り受け、昭和五十四（一九七九年）、靖国神社に奉納された」

旧南方軍野戦鉄道隊関係者は、独自の思いを込めて、この実物機関車を靖国神社に奉納したのだろう。そして、今もなお、聞くところによれば、この機関車の管理維持のために靖国神社に定期的に参集されているという。

しかしながら、小泉首相をはじめとして、靖国神社に思いを馳せ、参拝をされる多くの人びとにとって、彼らの言うところの「大東亜戦争」とは何だったのだろうか。泰緬鉄道で示された日本の鉄道建設技術は優秀だったのかもしれない。その想像を絶する突貫工事は賞賛に値するものであったのかもしれない。だが、もし遊就館に、その工事の末端で苦難の労働を強いられた旧連合国捕虜の人びと、アジア各地から集められたロームシャの人びとが訪れ、この機関車を見たらどのように

感じるだろうか。靖国神社や遊就館に致命的に欠如しているのは、自分たちに都合の悪い史実を直視する姿勢がないことである。

小泉首相は、二〇〇五年四月二二日、バンドン会議（アジア・アフリカ会議）五〇周年の際のアジア・アフリカ首脳会議で「我が国は、かつて植民地支配と侵略によって、多くの国々、とりわけアジア諸国の人々に対して多大の損害と苦痛を与えました。こうした歴史の事実を謙虚に受けとめ、痛切なる反省と心からのお詫びの気持ちを常に心に刻みつつ、我が国は第二次世界大戦後一貫して、経済大国になっても軍事大国にはならず、いかなる問題も、武力に依らず平和的に解決するとの立場を堅持しています」と述べ（外務省ホームページhttp://www.mofa.go.jp/mofaj/press/enzetsu/17/ekoi_0422.html、二〇〇六年三月二〇日）、たとえ観念的にせよ、侵略されたアジアの国々への加害の事実を認めている。これは一九九五年八月一五日の村山談話[*1]以降の日本政府の公式な立場になっている。にもかかわらず、靖国神社参拝を続けていることなぜなのだろうか。おそらく言葉だけの反省とお詫びに

＊1　九五年八月一五日の村山首相の談話。そこでは「いま、戦後50周年の節目に当たり、われわれが銘記すべきことは、来し方を訪ねて歴史の教訓に学び、未来を望んで、人類社会の平和と繁栄への道を誤らないことであります。わが国は、遠くない過去の一時期、国策を誤り、戦争への道を歩んで国民を存亡の危機に陥れ、植民地支配と侵略によって、多くの国々、とりわけアジア諸国の人々に対して多大の損害と苦痛を与えました。私は、未来に過ち無からしめんとするが故に、疑うべくもないこの歴史の事実を謙虚に受け止め、ここにあらためて痛切な反省の意を表し、心からのお詫びの気持ちを表明いたします。また、この歴史がもたらした内外すべての犠牲者に深い哀悼の念を捧げます」と述べられている。

すぎないからで、史実と本気で向かう姿勢が欠落しているからであろう。

ここでは、泰緬鉄道の建設を事例に、首相らに欠落した三つの視点を提示したい。これは靖国神社そのものにも欠落した視点である。

まず第一に、連合国捕虜[*2]に関する視点がまったくと言うほど欠如してきたという点である。靖国神社は「不当な戦争裁判で刑死した軍人」も神社に祀られているという。裁判が不当だったかどうかは別にして、戦犯の中には数多くの泰緬鉄道関係者がいる。中でも捕虜虐待のゆえに裁かれた者が多い。遊就館の泰緬鉄道の機関車展示案内には「工事は日本の国鉄規格を基本にして、鉄道第五、第九聯隊を中心に連合国捕虜や現地住民など一七万人が従事し、一年三ヶ月という驚異的早さで、昭和一八年一〇月に開通した。この区間はかつてイギリス軍が構想したが断念したもので、険しい地形と過酷な熱帯気候などの悪条件のもと、敷設は困難をきわめた」と解説されている。「連合国捕虜や現地住民」という言葉は出てくるが、実態についてはいっさい触れられていない。敗戦後の、B・C級戦犯裁判の主要な告発事由は捕虜虐待であった。その捕虜虐待を生み出したのが泰緬鉄道であった。アジアへの加害だけでなく戦時法規（ジュネーブ条約）を無視した連合国捕虜への加害についても語るべきであろう。

次に、「大東亜戦争」以前に日本の植民地に組み入れられていた朝鮮、台湾の人びと、とりあえ

＊2　戦前は、捕虜を俘虜と呼んでいたがここでは固有名詞以外は捕虜とする（内海、二〇〇五、一六頁）。

ずここでは朝鮮人および台湾人軍属の視点が欠如している。彼らの中に戦犯として刑死した者もいる。この立場に立って、泰緬鉄道建設を捉え直してみる必要がある。

そして第三点に「現地住民」の視点がある。泰緬鉄道だけでなく、戦争は膨大な数の「現地住民」を動員している。泰緬鉄道に動員された住民の数すら実ははっきり分かっておらず、そこで死亡した人の数も分かっていない。首相は「アジア諸国の人々に対して多大の損害と苦痛を与えました」と述べているが、泰緬鉄道に動員された多くのアジア人労働者は、多くは賃金すら支給されず、自国に帰してすらもらえなかった者もいる。「大東亜戦争」を自存自衛の戦争と呼び、正義の戦争、アジア解放の戦争と呼ぶのなら、なぜアジア人虐待が問題にされないのか。

遊就館は「近代国家成立のため、我が国の自存自衛のため、更に世界史的に視れば、皮膚の色とは関係のない自由で平等な世界を達成するため、避け得なかった多くの戦いがありました。それらの戦いに尊い命を捧げられたのが英霊であり、その英霊の武勲、御遺徳を顕彰し、英霊が歩まれた近代史の真実を明らかにするのが遊就館のもつ使命であります。」（遊就館サイトhttp://www.yasukuni.jp/~yusyukan/index.html、二〇〇六年三月二九日）と述べている。だとしたら、「それらの戦いに尊い命を捧げられた」アジアの人びともこの神社に祀るべきではないのか。

■泰緬鉄道と連合国捕虜

ハリウッド映画『戦場にかける橋』（The Bridge on the River Kwai、監督デビッド・リーン、一九五七年作品）はフィクション映画であるが、泰緬鉄道の連合国捕虜のおかれた状況をそれなりに物語っている。映画は、収容所を脱走した米兵（ウィリアム・ホールデンが演じる）が、クワイ川（実名はクェー・ノーイ川）にかけた橋を機関車もろとも爆破するという話である。この映画では、英将校ニコルソンが奮迅努力して橋をかけたことになっているがこれは明らかなフィクションで、脱走米兵が特殊部隊を組織して橋を爆破したというのも創作である。

この映画では、日本人の早川雪洲が斎藤大佐（捕虜収容所長なのか鉄道隊隊長なのかが曖昧で、これは日本軍の事情を理解していなかったと思われる）を演じて話題になり、また主題歌「クワイ川マーチ」も日本の巷によく流れていた。私も中学校の運動会で、このマーチに乗って行進させられた記憶がある。ステレオタイプ化した日本軍の描き方、史実とことなるストーリーにもかかわらず、この映画が欧米でヒットした裏には米英豪蘭など旧連合国捕虜の恨みが込められていると見ることもできる。

昭和天皇死去から二年以上経った一九九一年一〇月に来日したオランダのベアトリクス女王は、首相官邸での昼食会でも、宮中晩餐会でも、戦争中にオランダ人が受けた苦痛に言及した。具体的にはオランダ軍捕虜への日本軍による虐待である。日本人は、戦争の被害については雄弁に語ってきた。アジアへの加害についても既に述べたように観念的には認めてきた。

しかし戦勝国への加害についてはすっぽり思考の中から抜け落ちてきていた。無惨な敗北を喫し、日本軍が加害、虐待したことは、極東軍事裁判ですべて帳消しされたくらいに思ってきたのではないだろうか。日本軍軍人たちは「アーロン収容所」（会田雄次、一九六二年）での日本軍人が収容された被害体験にはひどく敏感だったが、泰緬鉄道での捕虜虐待については黙して語ってこなかった。黙したというより、戦争裁判によって裁かれたことばかりを意識し、個々の捕虜への加害意識そのものが欠如していたのではないかと思うほどである。

一九九一年の八月、私はオーストラリアのキャンベラで開かれた「泰緬鉄道建設史国際コロキアム」（オーストラリア大学太平洋研究科主催）と題する会議に出席した。その会議には、かつて日本軍の捕虜となったオーストラリア人五人、その捕虜を監視した朝鮮人軍属（李鶴来氏）、そして戦争に関わらなかった世代のオーストラリアの研究者と日本人研究者、さらにはジャーナリストなどが参加した。私は、この会議で、これまでの日本人の戦争のとらえ方の中で欠落させてきたことが何だったのかを学んだ。[*3]

その一つが連合国捕虜への虐待の忘却であった。オーストラリア社会の中では、泰緬鉄道での捕虜体験、広くは日本との戦争での捕虜体験が「国民的体験」と呼べるほど重要な体験となって今日に至るまで尾を引いているということである。その体験とは耐え難い苦痛の体験、虐待の体験であ

＊3　村井吉敬「アジアでの戦争・賠償・ODA」『軍縮問題資料』第一三四号（一九九二年一月）、四一一一頁、参照。

る。その代表的なケースが泰緬鉄道である。
泰緬鉄道では連合国捕虜約六万五〇〇〇人のうち約一万六〇〇〇人が飢餓と疾病と虐待のために死んでいる。オランダやイギリスでもこの日本軍による捕虜への虐待、民間人への虐待がその後の国民意識にずっと影を落とし続けることになる。だからこそベアトリクス女王は長い間訪日ができなかったのだし、昭和天皇がオランダ訪問をした時（一九七一年）にトマトまで投げられたのである。ジュネーブ条約（捕虜の待遇に関する条約）を日本は批准をしていなかったが、それを準用することを連合国に約束している（一九四一年一二月二七日）。にもかかわらずの労役の強制や虐待であった。
爪哇《ジャワ》俘虜収容所に捕らえられ、後にマルク諸島（ハルク島）に送られた英国の空軍将校デニス・ブライアン・メイスンは、極東国際軍事裁判（東京裁判）で、次のように証言している。[*4]
「この収容所では捕虜は飢え、殴打されました。大抵の者が病気であったにも拘らず、一日に十時間、主に飛行場の構築に強制的に働かされました。着るものも長靴も捕虜達に給与されませんでした。大多数の者が脚気、マラリア、赤痢で悩まされていました。病院の患者は飢え、食事に鼠、二十日鼠、犬、猫、蝸牛を補充しなければなりませんでした。医療供給は全然ありませんでした。開放式溝便所だけしか最初の十二カ月間、使用を許されず、その結果、赤痢の蔓延となりました。

＊4　『極東国際軍事裁判速記録』（全十巻）雄松堂書店、一九六八、一四二号。

十五カ月あまりの間に、三八六人が病気と飢餓の為死亡しました。」

ハルク島に送られた捕虜の数は二〇五〇人、うち二割近くの捕虜が死亡したことになる。

「敵国」市民を抑留した抑留所でも事情は変わらなかった。日本の敗戦後、スマトラの抑留所の状況把握、抑留者解放のために連合国先遣隊として派遣された英軍将校（南ア人）は、はじめて見た日本軍の抑留所を次のように書き記している。

「大ていの者は痩せほそり、ある人たちは文字通り骨と皮ばかりであった。大部分はヨーロッパ系だったが、なかにはいろいろな度合の欧亜混血児もいた。彼女らはあきらめきった様子で黙って立っていた。日本人にどなりちらされるときは、いつもこうなのだろう。着物とは名ばかりで、多くは南京袋でつくった粗末なショーツとか胴衣を身につけ、大半はぼろをまとっていた。手製の木靴をはいている者もあったが、靴をはいている者はほとんどなく、前列にいた若い娘は、着ている服の脇が裾まで長く裂けていた。…病院として特別の施設がないので、さまざまの状態の病人たちが寝棚のあちこちに大勢ころがっていた。このキャンプはまるで蚊の孵化場のような大きな沼沢地帯の近くに建っていた。多くの病人は熱があり、ある者は飢餓のために衰弱し、またある者は死の寸前であった。あらかじめ心の準備はしてきたつもりだったが、来て見てぞっとした。私がもっとも恐れていた状態を、これははるかに越えていた。これらキャンプを管理している日本人の変態的残虐性を見て私は呆然とした。この東方のベルゼン（西ドイツ北東部の村、第二次大戦中ナチの強制収容所があった）は西洋のそれに優るとも劣らぬ、と思われた。」（G・F・ジェイコブズ、一九八七年、

七三、七九頁）

ドイツ軍、イタリア軍の捕虜となった連合国人二三万五四七三名中のうち死亡した者が九三四八名（四％）だったのに対し、「大東亜戦争」においては連合国捕虜一三万二一三四名のうち三万五七五六名（二七％）が死亡したと、東京裁判では証言されている。オーストラリア人捕虜二万二三七六人のうち三五・九％の八〇三一人が死亡したともいう（東京裁判ハンドブック編集委員会、一九八九年、九六頁）。

靖国神社は日本の将兵を「英霊」と讃えるが、その「英霊」たちによって囚われの身となり、絶望的な苦痛を受けた連合国捕虜の苦しみを思い致すことはしてこなかった。

■朝鮮人軍属とB・C級戦犯問題

連合国捕虜虐待との絡みで朝鮮人軍属の問題がある。もっと広く考えれば、日本の植民地だった朝鮮と台湾の人びとの戦争動員の問題である。李鶴来さんは、先のキャンベラの会議に出ることをずいぶんためらったが、意を決して参加した。彼は泰緬鉄道での捕虜虐待の罪に問われ、シンガポールのオーストラリア軍事法廷で死刑の判決（後に二〇年の有期刑に減刑）を受けたB・C級戦犯である。会議には李さんが監視の任にあたったオーストラリア人捕虜が出席することが分かっていた。かつて捕虜の使役、時には酷使を受け持たされた日本軍軍属と、使役、酷使され、多くの同僚を失った人の四六年ぶりの対面は確かに劇的な対面ではあった。だが、李さんの心中は察するに余りがある。李さんはかつての非を何度も謝罪した。私たち日本人は朝鮮人軍属が置かれた状況を説明した。日本軍の命令は「朕の命令」、拒むことは死を意味する、ビンタは日本軍の「習慣」など、李さんの立場を少しでも分かってもらいたかった。だが、オーストラリア人捕虜たちの心は頑なであった。なかなかほぐれた空気は生まれてこない。しかし、かつての捕虜部隊の将校だったダンロップ中佐が現れ、李さんとの劇的対面を果たし、彼の死刑は重すぎるので、告発の書類に署名しなかったなどの発言がなされた。やがて、李さんの、このような会議にあえて出席した「勇気ある行為」が讃えられた。

「大東亜戦争」は予想を超えた連合国捕虜・抑留者を生み出した。この捕虜、抑留者を専ら監視する目的で、朝鮮人と台湾人が俘虜監視員の軍属として「徴用」された。最もいやな仕事である。朝鮮人・台湾人軍属たちには、ジュネーブ条約の存在さえ知らされていなかった。そもそも、「南方占領地行政実施要領」の基本目的の中には「作戦軍現地自活の確保」が決められていた。連合国軍のすばやい反撃で、日本軍は戦争のかなり初期から既に苦境に陥っていた。食糧、医療の補給の途絶えた（というよりはじめから補給の意図などなかった）最前線で、占領地住民も捕虜も、抑留者も「重圧」を忍ばねばならなかった。その重圧を加える最先端に植民地の人間が配置されたのである。

日本人軍人でB・C級戦犯として起訴された者の数は約五三七九人、日本人軍人総数をかりに三〇〇万人で計算すると、せいぜい五〇〇人に一人（〇・一八％）が起訴されたことになる。うち有罪者は四三六六人、軍人数比率は〇・一五％である。一方、「南方」に捕虜収容所監視要員として派遣された朝鮮人軍属は三二二三人、そのうちB・C級戦犯として一四八人が起訴されており（五・一％）、一二九人（四・〇％）が有罪判決を受けている（うち死刑は一四人、無期刑一〇人、有期刑一〇五人）。B・C級戦犯有期刑のうちの七％は朝鮮人・台湾人軍属だったのである。

英軍・豪軍によるシンガポール法廷は泰緬鉄道関係で六九人に有罪判決を出している。このうち、実に半数近くの三三名が朝鮮人軍属だった。死刑になった二五人のうち九人が朝鮮人軍属だった。泰緬鉄道関係での戦犯は一一一人、そのうち捕虜収容所の戦犯が六九人、うち朝鮮人軍属は三三人（死刑八人）、泰緬鉄道関係戦犯の三人に一人が朝鮮人軍属だったのである。これは理不尽としか言いようがない数字である（数値は、内海、一九八二年、東京裁判ハンドブック編集委員会、一九八九年、による）。

これを「東亜解放」の戦争だと言えるのだろうか。

日本はポツダム宣言を受諾することで植民地朝鮮および台湾の主権を放棄した。このことは植民地支配の責任を放棄してよいことにはならない。だが敗戦日本は、旧日本軍軍人・軍属だった朝鮮人、台湾人の戦時補償までをも「放棄」してしまった（一九五二年に公布された「戦傷病者戦没者遺族等援護法」では旧植民地出身者を排除している）。これは何も軍人・軍属だけの問題ではない。在日韓国・朝鮮人の戦後の処遇全体にも、植民地支配への無自覚、無反省の姿勢が貫かれている。植民地、植民地軍の問題を「大東亜戦争」全体像のなかにはっきりと位置づける作業が求められるのではないだろうか。

遊就館は先に見たように「我が国の自存自衛のため、更に世界史的に視れば、皮膚の色とは関係のない自由で平等な世界を達成するため、避け得なかった多くの戦い」と述べている。「アジア解放」を強く意識した言葉である。にもかかわらず、戦争の最末端の責任を朝鮮人・台湾人軍属に転嫁し、そのことの責任を放棄してきている。

私たちは植民地の人間に戦争の責任を不当にとらせ、戦後の補償すらほとんどしてこなかった。私は会議での李さんの姿を見ながら恥ずかしかった。とても居づらかった。なぜ日本軍の当事者がこの場にいないのか。なぜ日本政府は捕虜にも朝鮮人軍属にも心ある応対をしてこなかったのか。日本政府といっても、それは私たち自身の問題である。李さんたちは、半世紀にもわたって日本政府に補償を要求し続けてきた。しかしその要求はほとんど無視されてきた。にもかかわらず、これら戦犯で刑死された朝鮮人軍属は靖国神社に、遺族の承諾もなく合祀されている。もし合祀するなら、最低限遺族の承諾が必要だし、それ以上に日本人軍人軍属とおなじ戦後補償が必要であろう。

九一年一一月一二日、李さんたちは業を煮やし、日本国家を相手どって補償と謝罪を求める裁判を起こした。最高裁の判決までおよそ一〇年、補償と謝罪を日本の司法は認めなかった（最高裁判決言渡、上告棄却・判決確定。最高裁は立法府に対する付言はつけたが、棄却の判決）。日本に在住するこれら朝鮮人軍属の多くは既に亡くなってしまった。李鶴来さんらわずか残された人びとが立法化によって謝罪と補償を勝ちとる闘いを続けている。

泰緬鉄道の任務を遂行した鉄道隊がこの鉄道完成を誇りに思うこと、靖国神社に機関車を奉納することは自由であるのかもしれない。彼らにとっては、苦しかった鉄道建設は「青春の証し」かもしれない。「私たちだって苦しかった。（虐待は）やむを得なかった」と彼らは言う。しかし死んだ捕虜にとっても、遺族にとっても、同僚を失った将兵にとっても、そんな言葉は何の慰めにもならない。先の会議で元オーストラリア人捕虜たちは、捕虜時代の苦難・苦痛を語る時、時に言葉をつまらせ、時に怒りに身を震わせていた。連合国の被害者の問題は東京裁判やサンフランシスコ講和条約で終わったのではないことをあらためて痛感させられる。

■泰緬鉄道のアジア人ロームシャ

一九九〇年二月、タイのカンチャナブリー（映画『戦場にかける橋』の舞台）近郊のサトウキビ畑から、七〇〇体以上の遺骨が掘り出された。かつてこのあたりは、アジア人ロームシャ（労務者）の収容所であったという地元の人の証言により、これらの遺骨は、元ロームシャのものであると推定された。日本兵が、地面に掘られた穴に死体を投げ込んでいるのを見たことがあると証言した者もいる。彼らのほとんどは、苛酷な労働を強いられ、十分な手当てもなされぬまま、熱帯性潰瘍やマラリアで死んだと思われる（「毎日新聞」、一九九〇年一一月二〇日、「朝日新聞」、九一年五月一日）。

先のキャンベラの会議で、思いもかけなかったことだが、ロームシャの遺体を埋葬したという元オーストラリア人捕虜に出会った。デイビット・バレット氏はシンガポールで日本軍の捕虜となり、一九四三年の初めから泰緬鉄道の医療救急班員として働いた。カンチャナブリーが勤務地だった。医療設備も医薬品もほとんどなかった。彼の任務はアジア人ロームシャの遺体を埋葬することだった。埋葬班は四人だった。縦一・八メートル、横一・二メートル、深さ二メートルほどの穴を四〇から五〇センチ間隔で掘り、そこに毎日五〇人以上の遺体を埋めていた。全部で三〇〇〇人にも及ぶ遺体を埋めた。マレーから来たタミール人が多かったという。中にはまだかすかながら生きている人もいた。日本の軍人に「まだ生きている」と言っても無駄だった。ロームシャは「デス・ハウス」（死の家）と呼ばれる小屋に収容されていた。犬が穴を掘り返したり、大雨の翌日など、遺体がまた地上に出てくることもあった。みんなガリガリに痩せ、平均すれば三〇キロ位の体重だったという。

「ロームシャ」という言葉は、東南アジアの人々、特に高齢者の間では、今でもまだいまわしい言葉である。この言葉は、彼らに、日本軍事占領下における悲しく苛酷な体験を呼び起こさせるのである。インドネシア語の辞書には、この言葉が掲載されている。「ロームシャとは、強制労働を意味し、すなわち、日本占領下の間、重労働を強いられた人々のことを示す」（Tim Penyusun Kamus Pusat Pembinaan dan Pengembangan Bahasa,1988,p.753）とある。

日本の占領下におけるロームシャの体験は、悲惨で苛酷なものだったにもかかわらず、日本では、今日までその包括的な研究はほとんどなされてきていない。靖国神社にも見られるように、それは主として、日本（人）のアジア人に対する加害意識の欠落とかかわっている。また資料文書も不足していることともかかわっているだろう。こうした資料は、日本軍の手により消却されたか、あるいは、日本政府が今まで隠ぺいしてきた可能性もある。しかし、幸いにも、いくつかの重要な研究が、日本の研究者によりなされている。倉沢愛子氏による、ジャワ人元ロームシャ一八人への取材（倉沢、一九九二年）、吉川利治氏がまとめた、泰緬鉄道についての報告（吉川、一九九四年）、後藤乾一、一九八九年、中原道子、一九九五年、などがある。

犠牲者の人数を正確に知っていた者は、その当時誰もおらず、その数は残念ながら今日でもはっきりとはしない。第二鉄道監部の参謀将校で、鉄道の立案にたずさわった者の一人でもあった広池俊雄氏は、ロームシャの全体数をのべ約二〇万人（最盛期で約八万人）と見積っている（広池、一九七一年、二三六頁）。ロームシャの人数を正確に計算することは、彼らの中の多く（特にタイ人とビルマ人）が作業キャンプから逃げ、そして死んだとも思われるために難しい。またロームシャの中には、自分の家族を一緒に連れてきた者もおり、このことも日本人を混乱させたかもしれない。その上に日本軍は、ロームシャとの間にアジア人監督官を置き、死者や逃亡者の数に余り注意を払っていなかったとも考えられる。

表1に示された、日本人、連合国捕虜、ロームシャの数は、カンチャナブリー県警察とカンチャナブリー県知事によって報告されたものである。

表１　泰緬鉄道建設に従事した日本兵、連合国捕虜、ロームシャ*（1943年11月25日）

日本兵	25,423
連合国捕虜	34,820
ロームシャ	49,494
中国人	9,075
マレー人	36,754
モン人	2,050
ビルマ人	4,000

出所）吉川利治.1995.264-265.
*この数値は、タイのカンチャナブリー県内の数値。

この表の中国人の範疇は、タイ在住の華人や、あるいはマレー在住の華人も含んでいるかもしれない。タイは独立国だったために、タイ人ロームシャを募るのはとても難しかったので、日本人は泰国総商会に華人ロームシャを募るようにと要求した。しかし、労働条件があまり良くなかったこともあり、この徴募は成功にはいたらなかった。一九四二年七月一五日から八月三一日の間には、一万二九六八人のタイ華人ロームシャが日本軍に受け渡されるはずだったが、わずか五六四一人しかカンチャナブリーの収容所には来なかった。残りの者は輸送の途中で逃亡したという。

タイのロームシャの中で最大のグループは、マレー人であった。だがこのグループには、おそらくマレーシア人、ジャワ人、ジャワ人以外のインドネシア人、インド系マレー人やベトナム人も含まれていた可能性もある。今となっては、これらの各民族別の割合を知ることはほとんど不可能に近い。

タイ人ロームシャとビルマでのロームシャ数は、この表には含まれていない。タイ人ロームシャの人数は不明である。ノーンプラドックとカンチャナブリー間の鉄道建設には、約五〇〇〇人のロームシャが登録された（一九四二年九月と一〇月）。カンチャナブリー県では、約七〇〇人のロームシャが日本軍によって雇用された（一九四二年一〇月）。しかし、一九四二年一二月一八日、タイ人ロームシャと数人の警官がバーンポーンの日本軍基地を攻撃し、この後タイの人々は、ロームシャになることを渋り始めるようになった。

ビルマ側でも、ロームシャの人数を推計することは同様に難しい。ある日本の資料は約七万人という数を出しているが[*5]、これは、たいへん低い見積もりとも考えられる。ビルマ研究家の田辺寿夫氏によればビルマ政府によって三年間に徴用されたロームシャ数の推計は、一七万七〇〇〇人に達するという（田辺、一九八一年）。しかし、この中でビルマ側の鉄道の基点となったタンビュザヤまで到着したのはたった九万一人三六人でしかなかった。多くのビルマ人は、低賃金と重労働のため、タンビュザヤに行く途中や建設現場から逃げた。そして、最低三万人のロームシャが死んだと推定されている。

タイ、ビルマ、マレーシア、インドネシアおよびベトナムから徴募されたロームシャの中で、ビルマ人、華人とジャワ人が比較的大きな民族集団を構成した。

＊5　広地、一九七一、二三六頁。ヒュー・クラークは、"Asian civilian Laborers"の数は二七万人であると記述している（Hugh V. Clarke, 1986,p49）。

アジア人ロームシャの合計人数は、少なく見もっても二〇万人以上と推算できる。広地氏は、ロームシャの犠牲者数は約三万三〇〇〇人としているが（広池、一九七一年、三五七—三五八頁）、この数を裏づけることができる確実な証拠はない。ビルマだけでも、三万人以上のロームシャが死んだと言われている。オーストラリア人研究者のヒュー・クラークは、死者の数を七万人と推計している（Hugh V. Clarke, 1986, xv）。これらの数値は、いかに泰緬鉄道の建設がロームシャにとって悲惨だったかを明示している。

多くの人々は、現地の役人により突然どこかへ連行され、ロームシャになることを「承諾」せよと強要された事実を証言している。多くの場合、彼らは、自分たちがどこに連れていかれて、また何をすべきか、まったく知らされていなかった。倉沢氏のインタビューに答えたある西ジャワのインドネシア人は、次のような経過で泰緬鉄道で働かされた（倉沢、一九九二年、二〇〇頁）。

サディンは、チレボンで二週間働くために、クニンガンから徴発されました。しかし、そこで働いていたある日、チレボン港からこっそりクニンガン出身の一五〇〇人ほどの仲間と一緒にタンジュン・プリオクへ送られました。そこで、マレーへ行く大きな船に移されました。サディン自身はタイへ送られました。

日本は重症の者や労働できないくらい衰弱している者は、生きながら埋めてしまうというほど残酷でした。ついに堪忍袋の緒が切れて、ロームシャたちは反日抵抗を起こしましたが、わけなく鎮圧されてしまいました。サディンは運よく日本側の復讐をのがれた数少ない者の一人でした。サディンがインドネシア政府のお金でようやくジャワへ戻ることができたのは、一九五九年一月、戦後一四年目のことでした。

ジャワ島は、その人口密度の高さや、連合軍からの直接攻撃を受けなかったこともあり、ロームシャの最大供給源であった。二〇〇万人以上が、ジャワ島でいわゆるロームシャとして徴用されたと推測されている。これはすなわち、労働人口（一五〜四〇歳の労働可能人口）の八％、そして移動させることが可能な人口の一七％がロームシャになったということを意味している。[*6]ジャワ島における日本軍政の初期の段階では、ロームシャは普通の行政組織によって募集されていたが、民衆がロームシャのひどい待遇を知ったあとは、この方法で彼らを募集するのが困難となった。このため日本人は、伝統的な縦割り行政組織に頼って、新しい募集と宣伝制度を創り出し

*6　一九四四年のジャワの総人口は五〇四二万人である。労働人口は二四九八万五六三〇人で、移動可能人口は一二四九万七八一五人（男性、五七九万四〇一四人）である。一九四四年一一月に行なわれた日本軍の調査によると、労務者は六種に分類されている（一．兵補、二．義勇軍、三．常備労務者、四．臨時労務者、五．技能者、六．勤労士）。厳密に言えば、三と四だけが本当のロームシャである（後藤乾一、一九八九、八三－八九頁、倉沢、一九九二、参照）。だが労務者とほとんど同じ体験をした者も兵補のなかにいたという（福家洋介、一九八一、一〇四－一一三頁）。

た。これが労務協会である。ジャワの各省に労務協会本部が結成された。省から県、郡、そして村へと組織化された。この労務協会のピラミッド式編成は、能率的に機能するはずだった。また、ロームシャのイメージを向上させるために、新しい言葉が使われた。これらの言葉は、労働戦士（poeradjoerit pekerdja）とか、経済戦士（poeradjoerit ekonomi）というものであった。しかし人々は、ロームシャの本当の運命を既に知っていた。

募集の最終責任は、ロームシャを村人の中から選ぶことを強いられた村役人に負わされた。通常、orang kecil（＝小さな民）と呼ばれた、土地のない農業労働者や教育を受けていない者、小商人、乞食や都市の失業者たちがロームシャに選ばれた。時には誘き寄せの手口も利用された。たとえば中部ジャワ、ジュパラ県のある若者は、市場に農産物を売りに行く途中で「留学」しないかと勧誘された。彼はわずか三年間の小学校教育しか受けていない。彼はそくざにこの提案を承知し、自分の名まえを登録した。そして数千人の同胞と共に船で、タンジュン・プリオク港へロームシャとして送られたのである（倉沢、一九九二年、二二一頁）。

ロームシャは、農業関連のインフラ施設、飛行場、鉄道、防空壕、塹壕等の建設のために働いた。また、軍事工場や炭坑でも働いた。彼らはスマトラ、スラウェシ、英領ボルネオ、パプアニューギニア、マレー半島、シンガポール、インドシナ、タイ、ビルマ、アンダマン諸島やガダルカナルなどの、ジャワ島外の島へ送られた。鉄道技術師のカスミヤン・ヨソプラプト氏は、技能者として泰緬鉄道建設現場へ送られた。彼によれば、一九四三年三月に約一万五〇〇〇人のジャワ人ロームシャが彼と一緒にタイへ行ったという。鉄道完成後も、彼らは働き続けなければならなかった。今度は、鉄道の燃料のための木材を切らされたのである（倉沢、前掲書）。

日本軍の推計によると、約二七万人のロームシャがジャワ島外の島や外国に送られたことになっている。だが、この数値には一九四四年四月以前に送られた人の数は含まれない。つまり、それ以前に送られ、鉄道で働いたロームシャの数は含まれていないのである。ジャワから泰緬鉄道の工事現場に送られたロームシャの数は、いまだにはっきりしていない。しかし明らかにわかっているのは、その大部分の者は日本の敗戦まで母国に帰れなかったということである。推計によれば、ジャワ島外の島や外国に送られた二七万人のロームシャのなかで日本の敗戦前に母国へ戻れた者は、たった七万人しかいない。

日本軍の泰緬鉄道に関する労務規定によれば、ロームシャは、二五名からなる班、四班からなる組、五組からなる分隊により編成された。最大の組織は、一〇〇〇人の労務者からなる区隊であった。労務規定の中には、次のような規定がある。

・労務者には、最高一〇日までの休暇が与えられる。
・労務者が死亡した際は、丁重に葬られる。
・毎月三日の休暇が認められる。
・日給――一般労務者一バーツ（一・六円）、班長二バーツ、組長二・五バーツ、分隊長三バーツ、区隊長三・五バーツ。
・公傷病者の貸金は、十分に保証される。
・マレー人とジャワ人労務者の留守家族には、月々一五バーツが与えられる。
・超過勤務、夜間勤務、帰郷などの手当も与えられる。
・五棟の病院を設置し、各病院の収容能力は二〇〇〇ベッドとする。

だがロームシャのおかれた境遇は、これとまったく異なっていた。松井やより氏は、マレー系華人ロームシャの体験について、次のように報告をしている（「朝日新聞」、一九九一年五月二日）。

中国系の宋日開さん（七五歳）たち七八〇人は一九四二年八月四日、セレンバンから連れて行かれた。帰還できたのは四九人……。

一人ひとり、背番号をつけられた一団は、インド系、中国系がほぼ半々、マレー人が二、三%という構成だった。宋さんは「六六九番」だった。

カンチャナブリーまでは汽車やトラックで、そのあとは一六日間も歩いてビルマ（現ミャンマー）国境のテーモンターへ。「雨期で豪雨の中を歩き続けた。途中で、道端にころがっている死体や、半ズボンで皮膚病だらけのやせ細った捕虜たちを見て、怖くなった」。

集められたアジア人労働者は、二〇〇〇～三〇〇〇人はいた。毎日乾燥イモばかりで、材木を切り、土を掘り、レールを運ぶ。昼夜兼行の重労働は、雨の日も続いた。休めばムチがうなった。下痢やマラリアで倒れる者が続出し、自殺した人も。捕虜が墓掘りに来て、死者を埋めた。連合軍の空襲もひっきりなしだった。

戦争が終わった翌年、生き延びた約三百人とやっとマレー半島に帰った。

「日本軍は三ヵ月間働けば帰れるといったのに三年八ヵ月も苦しめて、その上給料も払わなかった。それを支払え、と日本政府に要求しているんです」

これが「共生同死」を訴えたアジア人の姿であった。「東亜の解放」の実態であった。こうした事実を顧みることなく、「祖国のために命を落とされた方々は、今を生きる私たちにとって、すべてヒーローであり、ヒロインである」として、その人びとを祀る靖国神社とは何なのだろうか。それを参拝する首相とは何なのだろうか。

■むすび――「雪が降った」マノクワリから

インドネシアのパプア州マノクワリ郊外密林の中に日本人戦死者慰霊碑がある。一九五六年、厚生省（現厚生労働省）が遺骨収集とともに建設した碑である。日本文と英文の碑である。その後、一九九〇年にインドネシア語碑文の記念碑ができた。私は、一九九六年三月に初めてそこを訪問した。そして一〇年後の二〇〇六年三月に再訪した。驚いたことに碑文は日・英・インドネシア語すべてはがされていた。碑文を囲んだタイル張りの壁だけが残っており、赤いペンキの落書が生々しかった。鬱蒼たる密林が少しだけ開かれ、海が臨める。ここに眠った兵たちはどのような思いで死んでいったのか。

マノクワリは、加東大介『南の島に雪が降る』の舞台だった。ニューギニア作戦は敗走につぐ敗走、二〇万将兵の九〇％が命を落としたと言われる場所である。マノクワリまで逃げ延びた将兵たちの多くは飢え、病気にさいなまれていた。幸いにも連合国は、ビアク島を総攻撃したのち、フィリピン、沖縄、本土をめざしていった。マノクワリは爆撃こそ受けたものの、大きな痛手を受けることがなかった。だからこそ、このマノクワリに「マノクワリ歌舞伎座」ができ、死ぬ間際の兵たちに最期の演劇を見せることができた。東北出身の兵たちはパラシュートの布地の「雪」を見て号泣したという。その後に絶命した兵もいた。

加東は書いている。

「マノクワリには、はじめ陸軍を主として、海軍、台湾義勇軍、ジャワ兵補をふくめて約四万が集結していたが、ビアク、ヌンホル島の玉砕組、ソロン地区への転進（途中で敵上陸部隊との死闘）、バボへの行進などで、みるみる激減し、残った一万余のなかからさらに三千人ちかくが倒れていた」（加東、一九六二年、一五六頁）

「わたしたちは、この島に、どれだけ多くの戦友を埋めたことだったろう。自分の手で土をかけたとき、次第に見えなくなっていった遺体のあれこれが、まざまざと、ジャングルの緑とオーバーラップした。……わたしはやたらと土中の遺体のことばかり考えていた」（同書、二六六頁）

このニューギニアに眠ったままの兵の遺骨がまだ多数ある。台湾義勇兵も多数死んでいる。ジャワ兵補などはどれくらい死んでいったのかの記録すら定かではない。ましてや、ニューギニアの人びとの被害などまったく分かっていない。

「戦没者追悼を正す会」が作成したデータでは、対中国戦、太平洋戦、シベリア抑留での戦死者の数は約二四〇万人、未帰還遺体の数は一一六万人となっている。実に四八％の遺骨がいまだに掘り起こされぬまま放置されている。

靖国神社は、先に述べたように「戦後の合祀者の選考基準は厚生省によって作られ、対象は国が戦没者として認定した方々とされる。このなかには戦争終結時に自決した軍人、不当な戦争裁判で刑死した軍人、空襲下の活動中に死亡した民間防衛組織の責任者、学徒動員中に死亡した学生や生徒、シベリア抑留中に死亡した人々なども含まれている」（大原康男、前掲書、一九頁）とし、「ご祭神のお名前を記した『霊璽簿《れいじぼ》』は、和紙を綴じた二千冊あまり」があり（靖国神社、二〇〇二年、二八頁）、「幕末から大東亜戦争までの英霊二四六万六千余柱」が祀られているという（同書、二六頁）。そして「大東亜戦争」の柱数は二一三万三九一五柱（二〇〇二年一〇月一七日現在、「支那事変」「満州事変」を加えると二三四万二三四一柱）（同書、二二四頁）とある。

靖国神社は国家（厚生省、現厚生労働省）からの戦没者通知に基づいて戦死者を祀っている。遺骨の存否は問わない。パプアの幽界を彷徨っていようがいまいが、戦死と厚生省が認定すれば、「英霊」として祀られてしまっているのである。戦後、別格官幣社から、一神社に過ぎなくなった宗教法人に、厚生省はなぜ戦没者を通知しなければならないのか。プライバシーの侵害であるし、今で言えば個人情報保護法に違反してはいないのか。

戦争で亡くなったのは軍人・軍属だけではない。東京空襲で亡くなった一〇万余の人びと、原爆で亡くなった二〇万余の人びと、沖縄戦で亡くなった一二万を超える住民（沖縄戦の「ひめゆり部隊」「鉄血勤皇隊」、魚雷攻撃で沈没した対馬丸に乗っていた疎開に向かう七〇〇人の小学校児童などは靖国神社に祀られている）、これらすべての人びとは靖国とは無縁である。靖国神社の主旨が軍人・軍属の祭祀であり、それは一宗教法人としてやっていることにすぎないとしても、そこに首相が参拝するとなると話は違ってくる。首相はバンドンのアジア・アフリカ会議五〇周年の式典でも「我が国は、かつて植民地支配と侵略によって、多くの国々、とりわけアジア諸国の人々に対して多大の損害と苦痛を与えました。こうした歴史の事実を謙虚に受けとめ、痛切なる反省と心からのお詫びの気持ちを常に心に刻みつつ」と述べている。このような認識の延長線上に靖国神社参拝がありうるのだろうか。誰が神さまなのか、誰が英霊なのか、誰が顕彰されているのか、誰を見捨てているのか、ほんの少しでもそのことに思いを致すことのできぬ政治家が多いことを嘆くしかないのだろうか。

テッサ・モリス・スズキは、首相の靖国神社参拝は、国家神道が果たしてきた機能を社会的に再生産することだという。そして新しい追悼施設建設（戦犯の分祀を含め）も、それが国家的な場である限り、「われわれの死者」と「彼らの死者」との境界線を乗り越えるものにはならず、二一世紀の日本に一九世紀の「普通のナショナリズム」を持ち込むだけだとする。では第三の道とは何なのか。それは「『われわれ』」と『彼ら』の死者の境界線を乗り越える道だ。『彼ら』を排除しないまま戦死者を記憶する方法をこそ、模索すべきだろう。殺した敵を一人の人間として見る視点が、平和には大切だからだ」と言う（「朝日新聞」、二〇〇五年六月二一日）。

二一世紀の平和を創る、靖国すら克服できない私たちの課題はなお重い。

引用・参考文献

会田雄次『アーロン収容所』中央公論社（中公文庫）、一九六二年
内海愛子、G・マコーマック、H・ネルソン（編著）『泰緬鉄道と日本の戦争責任』明石書店、一九九四年
内海愛子『日本軍の捕虜政策』青木書店、二〇〇五年
大原康男監修『靖国神社　遊就館の世界』産経新聞社、二〇〇四年
加東大介『南の島に雪が降る』光文社（知恵の森文庫）、二〇〇四年
倉沢愛子『日本占領下のジャワ農村の変容』草思社、一九九二年
後藤乾一『日本占領期インドネシア研究』龍渓書舎、一九八九年
高橋哲哉『靖国問題』筑摩書房（ちくま新書）、二〇〇五年
東京裁判ハンドブック編集委員会編『東京裁判ハンドブック』青木書店、一九八九年
中原道子「東南アジアの『ロームシャ』——泰緬鉄道で働いた人々」、大江志乃夫他編『岩波講座　近代日本と植民地』第五巻、岩波書店、一九九五年
広池俊雄『泰緬鉄道——戦場に残る橋』読売新聞社、一九七一年
福家洋介「日本軍に動員されたアジアの民衆」、『軍事民論』第二三号、一九八一年
村井吉敬「アジアでの戦争・賠償・ODA」『軍縮問題資料』第三四号、一九九二年一月
靖国神社監修『ようこそ靖国神社へ』近代出版社、二〇〇二年
吉川利治『泰緬鉄道』同文舘出版、一九九四年

リンヨン・ティッルウィン著、田辺寿夫訳『死の鉄路――泰緬鉄道ビルマ人労務者の記録』毎日新聞社、東京、一九八一年（原本は
Lin Yone Thit Lwin, Yodaya-Myanma Miyahta-Lam Kodwe Chwayadat Hmattan, Duwun Sarpay, Rangoon, 1968)

G・F・ジェイコブズ著、原もと子訳『モンスーンへの序曲――スマトラ連合国人抑留所解放記』勁草書房、一九八七年（原本は
Gideon F. Jacobs, Prelude to the Monsoon:Assingnment in Sumatra,Univ. of Pennsylvania Press,1982.)

Hugh V. Clarke, *A Life for Every Sleeper*, Allen & Unwin, Sydney, 1986.

Tim Penyusun Kamus Pusat Pembinaan dan Pengembangan Bahasa, *Kamus Besar Bahasa Indonesia*, Balai Pustaka Jakarta, 1988.

第5章　国民国家の論理と靖国問題

安野正士

■はじめに

靖国問題は、憲法の政教分離原則に関わる問題であり、歴史認識の問題であり、また外交上の問題であると言われる。そのことに異論はないが、私は靖国の問題は基本的には日本の「市民宗教」に関わる問題だと考える。市民という言葉の響きは靖国神社にそぐわない、というなら、公民宗教と言い換えても構わない。端的に言えば、「心の問題」だということである。念のために言えば、私は、靖国問題が「心の問題」だから憲法判断になじまないとか、外交問題とはなりえないとか、歴史の事実とかけ離れたところで論じられていいと言っているのではない。憲法論、歴史認識、外交論はそれぞれに意味を持つが、靖国問題が根本的に「信仰」の問題である以上、信仰の「外部」の立場から、首相の靖国参拝の違憲性を証明しても、靖国神社の歴史認識の問題性を指摘しても、あるいは靖国参拝が日本の国益を害することを説いてみても、それだけではこの問題に対する解決にはならないだろう、と言いたいのである。

私は、首相が靖国神社に、多少とも公的な意味をもつかたちで参拝するのは、原則として望ましくないと考えている。[*1] 憲法上の疑義に加え、本書の蠟山論文、村井論文が指摘しているように、靖国神社が遊就館などをつうじて表明している歴史観には問題が多すぎ、こうした立場を政府が支持

*1 「原則として」というのは、国際政治には戦術的駆け引きがあり、政治哲学や倫理だけで判断できない場合があると考えるからである。

していると受け止められるような行動は避けるべきだと考えるからであり[*2]、また、首相の靖国神社への参拝が日本にとっての外交的弱点を作り出すからである。

しかしながら、私は、本書の他の章で表明されているものも含めて、靖国参拝反対論の一部には、疑問を感じてもいる。その理由は、こうした反対論に表明されている国家論、政治理論、歴史論に、そう簡単には首肯できない浮薄さを感じるからである。靖国神社参拝反対論の中には、「靖国神社の歴史観には問題がある」とか、「靖国は民間の宗教法人であって、無宗教の公的施設ではない」といった日本的特殊事情を指摘して批判するにとどまらず、自国戦死者の追悼・顕彰という、近代国民国家に共通する制度に疑問を呈し、またそれを否定する姿勢を示しているものがしばしば見受けられる。高橋哲哉氏の『靖国問題』はこうした議論の代表的なものであり（高橋哲哉、二〇〇五年）、本書の中では村井論文の末尾にそうした姿勢が見られる。こうした批判論は、絶対平和主義や、抽象的・普遍的正義、あるいは「アイデンティティーの多元性」の立場から国民国家体制を批判し、また相対化するのが眼目になっているが、その多くは、現実に機能している制度を批判し、その正当性を掘り崩すのには成功しても、提示する代替策において十分に考え抜かれておらず、その意味で建設的でない批判になっていることが多い。

＊2　小泉首相は、国会答弁で「靖国神社に参拝することが靖国神社の考えを支持しているんだというふうにはとらないでいただきたい」と述べているが（二〇〇五年六月二日衆議院予算委員会での発言）、首相個人の意図とは別に、参拝がこうした印象を作り出すことは否めない。

また、国民国家システム全般を批判しないまでも、靖国参拝反対論の中には、靖国に祀られた将兵は、その多くが「侵略戦争」ないし「帝国主義」に加担した人々であることを力説し、そこから直接的に参拝反対の議論を導いているものが見受けられる。確かに、満州事変以後の戦争は当然としても、それ以前の戦争についても、今日の基準に照らして、そこに不正義や「犯罪」の要素を見つけるのは困難ではない。しかし、国民国家というものの性質を考慮するならば、政治的主体としての日本国民が自国の戦死没者に対する際、考慮に入ってくるべき条件は、彼らが戦った戦争が「客観的正義」に合致するか否か、ということには尽きないはずだ、と私は考える。政治的主体としての日本国民は、日本国家の主権の相続者として、過去の日本国家や、その関わった戦争での死者たちと特殊な関係に立つものであり、日本の戦死者たちに対しても、戦争の善悪正邪の判断とは別に、この「相続関係」に基づく一定の責任を負っていると考えられるからである。

　こうした点についてより深く考察し、靖国参拝に関する問題点の整理に資するため、本稿では、国民国家の論理、ことに戦死者の追悼・顕彰という制度を支える原理について若干の検討を加えることとしたい。以下では、まず、国民国家による戦死没者顕彰・追悼の論理を説明し（第1節）、個人が国家のために死ぬということにまつわる問題点を検討した上で（第2節）、国家が戦死者に対して取るべき態度について考察する（第3節）。それを踏まえて第4節では、靖国神社参拝問題に関する若干の提言を行ないたい。

　先取りするならば、本稿では、「国家のための死」という問題が、政治にとって本質的な、避けがたい問題であるということを論じてみたい。「国家のための死」はそれ自体けっして称揚されるべきものではないし、いかなる「正義の戦い」であっても、徹底した倫理の立場からすれば、地上の不義にまみれたものとされざるをえないであろう。にもかかわらず国家は、その独自の課題を果たすために「必要な戦い」がありうる、と主張せざるをえないし、そうした戦いにおける死には意味があるのだ、と主張せざるをえない。日本における戦死没者への追悼や顕彰も、こうした認識を踏まえて議論すべきである。靖国神社は国による公式の戦死没者追悼の場としては問題があるが、批判するだけでなく、今日にあった戦死没者追悼・顕彰のあり方を鍛え直していくべきだ、というのが私の主張である。

1 国民国家による戦死者追悼・顕彰の論理

国民国家による戦死者追悼・顕彰の論理は、社会には、（軍隊・警察に限らず、生産現場、建設現場、医療現場その他もろもろの仕事において）秩序の維持その他の「公共」の観点から必要不可欠な目的のために、やむをえず生命を危険にさらすことを要する任務が存在する、という前提から出発する。国家の機能の根幹である社会秩序の確立とその防衛は、まさにこうした任務にかかわる。危険な職務の中でも、レーサーや職業登山家、スカイダイビングのインストラクターの職務は一般社会にとっての不可欠性が低く、趣味的な要素が強いと判断され、職務における死は社会的な問題とならない。しかし警察官や消防士、そして兵士の職務は、社会全体にとっての必要性が高い「公務」であると判断される。このように社会的に必要だが危険度の高い職務が存在し、軍人の職務もそれに属する、というのがここでの出発点である。

こういう前提から話を始めることに対しては反発もあるだろう。第一の反論としては、「戦争(や犯罪)が起こったらどうするかと考える前に、まず戦争が起こりにくくする方策を考えるべきではないか」、という議論が予想される。確かに、紛争の平和的解決、平和構築に向けた積極的努力は大切である。平和を守るはずの軍備が、かえって国際紛争を激化させ、戦争を引き起こしてしまう危険性にも目を向ける必要があるだろう。しかしこのことは、軍隊・警察機能の動員が必要な事態が全くありえなくなったことを意味しない。国家の機能不全ないし「逆機能」を批判する人のうちでも、軍隊・警察組織が全く不要だという人はごく少数派であって、「公共のために必要だが危険な任務」のために軍隊や警察組織が必要とされる状況は基本的には変わっていないのである。第二に、「戦争が起こった時一番弱い立場に置かれるのは軍人ではなく民間人ではないか」という反論もあるだろう。現代の戦争においては、非戦闘員の死者が軍人の死者を大きく上回っている場合が多いから、[*3] こうした批判にもあながち理由がないとは言えない。しかし、戦闘員と非戦闘員の死者の比率が変わったことは、戦時において、軍人よりも民間人の死亡率が高い、ということを意

---

*3　メリー・カルドアの計算によれば、二十世紀の初頭には戦時の軍人と民間人の死者の比率は八対一であったが、一九九〇年代の戦争では一対八に逆転したという。(Mary Kaldor, 1999, p.8)

味するものではない。テロはともかく、戦争では敵の戦闘員を攻撃するのが軍事的に見て合理的であり、率で見るならば軍人の方が民間人より沢山死んで当然なのである。第三の論点として、軍隊や警察が守っている社会「秩序」は、往々にして強者に優しく弱者に厳しい不公正な秩序だ、という批判もあるだろう。しかし、国家権力が一定の秩序維持に成功し、また国内で住民の虐殺等を行なっていない限りにおいては、悪しき秩序であっても無秩序や戦争には勝る場合が多いだろう。秩序の維持と防衛は、すべての人に平等に裨益するわけではないにしても、やはり「公共財」としての側面を持つのである。

社会秩序の維持・防衛のために軍隊・警察力が必要だということを認めるならば、次にそれをいかにして供給するかが問題となる。治安の維持や外敵からの防衛の仕事は、それに携わる人々にとっても、しばしば生命の危険を伴うものだからである。自ら選択して警察官や兵士になる人はいるだろうが、そうした人たちも、自ら死ぬことを願ってこうした職業に就くわけではない。だから、犯罪者や敵の銃口に直面した時、彼等が逃亡することを防ぐためには、特別の誘因が必要となるのである。

そもそも、啓蒙主義の伝統に立ち、個人の自由と権利を重視する近代の進歩主義の政治理論からすれば、「実際に戦争や凶悪犯罪が起こった際、誰が、どういう理由で国や法秩序を守るのか」という問題はなかなか回答の難しい問題である。ジョン・ロックは、「市民政府論」において、戦時には、政治的共同体の他の成員を守るため、司令官が兵士に向かって死の危険を冒すよう命令でき、反抗する兵士は処刑できる、と論じている（第一三九段）。しかし、ロックの政治理論は、個々人の自己保存の欲求にその基礎を置いている。司令官は国全体のことを考えて、多数のために少数者を犠牲にするだろうが、自己保存の欲求を持つ兵士が、なぜ自らを犠牲にするだろうか。「反抗すれば処刑される」というのは理由になるが、これは個人の自由という前提からあまりにかけ離れている。内閣法制局は、「徴兵制度は日本国憲法一八条に禁じる『意に反する苦役』にあたり違憲である」という解釈をとっているが、個人の人権の立場からすればこれはけっしておかしな解釈ではない。

しかし、自衛隊法第五二条が隊員に、「事に臨んでは危険を顧みず、身をもつて責務の完遂に努め生命の危険を顧みず職務を遂行する」ことを求めているように、軍隊や警察組織はその性質上こうした「人権」に反する可能性のある要求をせざるをえない。徴兵制度をとるにせよ、志願兵制度を採用するにせよ、治安や社会秩序を守るために生命の危険を冒すことは、個人の自己利益の観点から自らは容易に正当化し得ないことであり、また給与の支給によって十分に償われることではない。自らの生死を越えて任務の遂行に赴くためには、その任務に個人の生死を越えた「意味」が感じられなければならないだろう。近代の国民国家は、それぞれに固有の「公民宗教」を発達させることで、こうした要求にこたえようとしてきた。

「公民宗教」ないし市民宗教というのはルソーの社会契約論に見える用語であり、ルソーはこれを「主権者がその箇条を定める権限を持つ、純粋に市民的な信仰告白」だとし、その内容としては「法律と正義を誠実に愛すること」と「緊急の際に義務のために生命をささげること」を挙げている（平岡昇編、一九七八年、三五五頁）。公民宗教は国によってさまざまな形を取るが、その核心は、国を「守る」ために闘うことは勇気ある、尊いことであり、また「国のための死」は無意味ではなく、国のために死んだ将士は、死後も国民共同体の記憶の中に生きつづける、という点にあり、この点で各国の公民宗教は共通している。国家のための死を称える思想は、古代ギリシアのように、市民が直接政治を担う体制や、近代国家のように、支配者と被支配者を包摂する公共の秩序が存在するという前提に基づく体制のもとで発展しやすい。古代ギリシアの例としては、ペロポネソス戦争の際、ペリクレスが行なった「葬送演説」が有名であり、その中でペリクレスは、アテナイの自由と繁栄を称え、そのために生命を捧げた戦士たちには賛辞を、残された家族には「哀悼ではなく慰藉を」捧げている。

近代の国民国家もまた、生命の危険を冒して闘った将士には勲章などのかたちで名誉を付与し、また殉職にあたっては、その死は国のための「尊い犠牲」であるとして、追悼し、またこれを顕彰する。こうすることで、兵士たちが危険を顧みず死地に赴く誘因を作り出しているのである。これが軍隊・警察要員供給の第二の方法であり、近代の国民国家で原理的に採用されている方法である。因みに、国民国家にとって重要なのは、兵士が戦死することではなく、危険を顧みず死地に赴いて勇敢に戦うことである。したがって、国家は生還した将兵に対しても、昇進や叙勲という誘因を用意しており、軍人に対する叙勲制度は、戦死者の追悼・顕彰と一体をなしている。しかしある意味で、国家のために死んだ戦死者は、生還した将兵以上に国民国家にとっては象徴的な存在である。なぜなら、国民国家は政治的な共同体であり、そうした共同体を想像する上では、共同体の一員が、他のメンバーのために生命の犠牲を捧げうる、ということが、きわめて重要な意義を持つからである。国民国家とは、お互いを守るため、自らの生命を危険にさらす可能性がある、という想像を共有する共同体であるといっても、あながち間違いではないのである。[*4]

また付言すれば、「公共の目的に必要な危険な任務」は、別に軍隊や警察の任務に限るわけではない。日本では公共性が「官」と同一視されがちな伝統もあるが、日本においても、国家は公共性の唯一の担い手ではけっしてなかった。近代社会には他にも鉱山や建設、医療現場など、社会的に不可欠でありかつ危険な職務が多数存在し、こうした職務に倒れた人々は、「産業殉職者」としてやはり公共的追悼の対象となる。[*5] しかし、自由経済体制の下では、民間企業は国家の命令で働くわけで

＊4　このことは、国家のために生命を捧げた人であれば、たとえ外国人であっても、追悼・顕彰の対象となることがありうることを示している。靖国神社においても、日露戦争時、海軍に徴用された輸送船、「常陸丸」の沈没で死亡したジョン・キャンベル船長以下三名の英国人が合祀された例がある。したがって、本書の金杭論文にある、「靖国神社は、護国の神は血統上の日本人だということを前提としていた」という主張は必ずしも正確ではない。

＊5　日本では、厚生省所管の独立行政法人であり、労災病院を運営している労働者保健福祉機構（元の労働福祉事業団）が、産業殉職者の「慰霊」のため、一九七二年に東京の高尾山に「高尾みころも霊堂」という施設を建設し、毎年、首相や厚労相からの弔辞を受けて「合祀慰霊式」を行なっている。霊堂の中心には、殉職者の名前を

はないから、国家による直接の顕彰の対象は軍人その他に限られることになる。

国民国家による戦死者の追悼・顕彰は、第一には国家と国民の関係に関わる問題であるが、これを主権国家システムの発展との関連において考察することもまた可能である。一七世紀から一九世紀までの主権国家システムは、戦争における正邪を区別しない無差別戦争観の発展によって特徴付けられているが、その背景には、戦争を君主間・国家間の「決闘」と捉えてこれを騎士道精神によって律する、という考えがあった。そこでは、戦争は正邪の問題ではなく、利害と名誉の衝突であった。ビスマルクが普墺戦争を評した言葉を借りるならば、「われわれがオーストリアに出した要求は誤っていなかったが、オーストリアがそれに反対して戦ったこともまた正当だった」のである。（A.J.P. Taylor,1961 , p.9）

こうした世界で尊ばれたのは、自己の利害や名誉のために危険を恐れず戦う姿勢であった。交戦権が各国に平等に認められ、自国の利害と名誉のために戦うことが肯定されている以上、各国は等しく自国の戦死者に敬意を払う権利を持つ。また、その延長として、国家が他国の戦死者に敬意を払うことも行なわれた。その元にあったのはやはり騎士道精神であろう。生命を賭して戦うことの厳しさを知るものは、敵であっても同じ立場にある人間の勇気や自己犠牲の精神に対して共感し、敬意を払いうる、ということである。[*6] 騎士道精神に基づく無差別戦争観は、二〇世紀の総力戦

記した「御霊簿」を収めた厨子が置かれているが、別に仏壇のほか神棚、キリスト教の祭壇が設けられている。

＊6　したがって、騎士道精神に基づく他国の戦死者への敬意は、「自尊に基づく他尊」という性格を持っており、

の時代に至って次第に崩れ、「侵略国」の概念を軸とする新たな正戦論が発展していくこととなったが、同時に総力戦は国民国家による戦死者の追悼・顕彰をも一般化させた。それを背景に、第一次大戦以後、元首や大使、駐在武官などの外国の公人が、訪問先の国の無名戦士の墓などを訪れて敬意を表することが一般化した。戦死者に対する追悼・顕彰は、国際儀礼として定着し、戦死者の追悼・顕彰は、世界的な主権国家体制の一要素ともなってきたのである。靖国神社についても、戦後、またA級戦犯合祀後を含め、駐在武官を中心に外国公人の参拝が行なわれている。[*7] また、日本の天皇や首相が外国を訪問した際に、戦没者墓地や無名戦士の墓を参拝することも行なわれている。[*8]

---

*7 自国における戦没者の公的追悼・顕彰を前提として、その延長として、他国の戦没者にも敬意を払う、という構造になっている。他国の戦死者に敬意を払うことはあっても、あくまで自国の愛国者という立場から、他国の愛国者に敬意を払うのである。

しかし、国家元首級の参拝が比較的少ないのは、靖国神社の歴史認識が理由となっているのかも知れない。一九五三年にはニクソン副大統領が訪日時に靖国参拝を要請されて拒否したし、一九七五年のエリザベス二世女王訪日時には、女王が戦没者追悼を千鳥が淵で行なうか靖国で行なうかもめた上、結局伊勢神宮見学に落ち着いたという経緯がある。

*8 昭和天皇も今上陛下も、米国訪問の折にはアーリントン国立墓地で献花されているし、一九九八年には天皇皇后両陛下が英国で無名戦士の墓を参拝されている。二〇〇二年の二月、自民・公明・保守の与党三党の幹事長が韓国を訪れた際、韓国の戦没者追悼・顕彰施設である顕忠院を訪れた例もある。

2 個人は「国のため」に死ねるか

以上、国家による戦死者の追悼・顕彰の論理を、国家の必要という観点から説明してきたが、戦争を実際に戦うことになる（かもしれない）国民や、その家族の側から見た時、「国のための死」というものは、国家が言うような意味を持ちうるのだろうか。この点についても考察しておくことが必要だろう。「国家のための死が個人にとって意味を持ちうるか」という問題に関しては、設問自体に対する拒否反応が強いかもしれない。国家のための死こそ、戦後日本がその出発点において否定したものであり、また豊かな産業社会における価値観の変化や少子化の傾向、先進産業諸国間での非戦共同体の成立、といった事情は、個人が集団のために生命を犠牲にする、といった観念を、ますますわれわれの生活感覚とかけ離れたものにしているからである。しかし、こうした問題を回避していては議論は前に進まない。特に靖国問題を考える上で、この問題を避けて通るわけにはいかない。

死は悲しむだけでよいか　「国のための死」を否定する議論として、まず最初に考えられるのは、死が生の終わりという以上の意味を持つことを否定する立場である。この立場からすれば、死は悲しむべき出来事であって、それに積極的意味付けを与えようとすることは、かえって無益な死を増やす結果になる、とされる。高橋哲哉氏は、われわれが「靖国信仰にとらわれない」ための条件として、「悲しいのに嬉しいと言わないこと…悲しさ…を埋めるために、国家の物語、国家の意味づけを決して受け入れないこと」を挙げている（高橋哲哉、前掲書、五一頁）。戦死が無意味な出来事と認識されれば、個人は国家のために戦うことを拒否するだろう、というわけである。しかし、果たしてあらゆる戦死が無意味なのだろうか。高橋氏は「国家の意味づけ」に代わる死の哲学を展開しておらず、また同書中で表明されている徹底した不戦・平和主義の立場を勘案すれば、氏の立場は、何よりも個人の生命を尊重し、そのためにとにかく「非業の死」は避けるべきだ、という立場であるとも読める。

しかし、死を悲しむべきものとしてのみ捉え、非業の死の意味づけを一切拒否することは、結局個人の生命が他のすべての価値に優先すると考えることである。こうした立場を貫くならば、仮に多くの人の人権が踏みにじられ、奴隷的境涯におかれることがあっても、人々の生命が保証されている限り、自らの生命を危険にさらして圧制と戦うことはしない、ということになるだろう。そのような立場には、ヘーゲルが「ブルジョア」に与えた嘲笑的な定義こそふさわしい。すなわち、「みずからの政治的無為の代償を平穏と収益という成果のなかに…発見し…その結果、勇敢さを捨て去り、『非業の死』という危険を免れていたい人間」（ヘーゲル『自然法の科学的扱い方』、カール・シュミット、一九七一年、七六頁からの再引用）であると。しかし、これは不戦平和論者の本意ではあるまい。一貫した平和主義の立場は、むしろ非暴力抵抗の思想に収斂する。「いかなる不正にも、暴力を用いず、ただ柔和な言葉と愛にあふれた行動によって立ち向かえ」。これは偉大な宗教の理想と合致する立場だが、現実政治上の立場としては疑問符がつく。更に言えば、非暴力抵抗の思想は、少なくとも自らが非業の死を遂げることを覚悟するのでなければ実践できない。「国家のための死」を拒否する人も、そうした「非業の死」の持つ意味を否定する人は少ないであろう。結局、戦死の意味を否定する理由は、それが非業の死であるという点ではなく、まさに国家のための死である、という点にあるのだろう。

国のために殺せるか　ではなぜ、非業の死のうちで、国家のための死を取り立てて拒否するのだろうか。その大きな理由は、国家という組織の持つ性格にあるのだろう。不戦・平和主義を批判する人はよく、「国のために死ぬ」ことの意味を説くが、戦争とは、国のために死ぬだけでなく、国のために殺すことをも意味している。これはきわめて恐ろしいことである。今日の知識人の言説において、国家や国民の評判は必ずしも芳しくない。同じ人間が作る組織でも、ＥＵのような超国家的主体や、国の下にある「地域」、ないしは「非政府組織」が、あたかも国家より倫理的に優位にあり、人類のより良い未来を担う組織であるかのように語られる傾向がある。このことはおそらく、国家が強制力を有し、殺戮にかかわる組織である、ということを反映しているのだと思われる。

一貫した平和主義の立場は、自らの奉ずる価値を守るために死ぬ可能性は否定しないが、そのために他人を殺戮するのは拒否し、その点で「国家のための死」、より正確には国家のための殺人を拒否することになるだろう。実際に、非政府組織などの様々な活動の中には、危険を賭して世界の紛争地域に赴くが、決して強制力には訴えない、という方針を貫いているものも多い。こうした活動が今日、医療や貧困問題の解決、難民への対処など、国家の果たしえない重要な機能を担っていることは確かである。

但し、こうした活動が、国家その他の強制力を用いた秩序維持組織のないところで可能かどうかには疑問符がつく。また、例えば、遠隔地から大量殺戮兵器を使用してくる敵がいた場合、非暴力の立場がいかなる可能性を持つであろうか。こうした良心的な立場の可能性は、一つには技術的条件に依存している。相手を殺傷することなく長期間にわたって無害化するような兵器の開発は、こうした立場を可能にするかもしれない。しかし、自分の奉ずる価値に対する暴力による大規模な侵害を防ぐ方法として、相手を殺傷するのが一番効率的だ、という状況がありうる限り、われわれが「敵」を殺傷することは限界的可能性として認めるほかない。

もちろん、こうした可能性が存在するからといって、紛争を可能な限り平和的に解決し、更に進んで積極的に平和のための条件を整備する努力が不要になるわけではない。しかし、自己や自己にとって近しい人々が、大量に非業の死を遂げるような事態を受け入れ難いと考えるのであれば、われわれはこうした事態に組織的な強制力によって対処することを考えておかなければならないし、そのためには「敵」を殺す可能性も覚悟する他はない。

人類のためなら死ねるか　自ら奉じる価値を守るために死に、また殺さねばならない可能性を限界的事例として認め、そのためには強制力を行使する組織が必要なことを原理として認めるにしても、わざわざ国のために死に、また殺すことはない。少なくとも今の政府のもとで戦う気はしない。人類や人権、正義のためなら死を賭しても戦うが、訳のわからぬ目的のために死ぬのは嫌だ、という人も多いだろう。確かに、国はその政策において、往々にして間違いを犯すから、国のためと言われて死んでは無駄死になることもある。それを避けたいというのは人間として自然の心情であるが、実際には戦争における「無駄死」の事例は非常に多い。それでは、強制力を行使して秩序を維持する組織が過ちを犯さないようにするにはどうすればよいのだろうか。

これについては三つの解決策がある。第一は国内の民主化や教育によって政府が政策を誤らぬようにすること。第二は国家がその政策決定に当たって、外交的対話を重視し、国際機関や中立的な専門家、より広くは「国際世論」を考慮に入れること。第三には世界政府の設立である。このうち第一の解決策は、国内からの統制によって政府の誤りをなくそう、という方策であって、「国のために死に、また殺す」可能性を全面的に否定するものではない。これに対して第二、第三の解決策は、国家が自らの「敵」を自主的に決定して戦う「交戦権」の観念に根本的な懐疑を表明し、正当な強制力行使が超国家的な権威のもとでのみ行ないうることを主張したものと言えるだろう。

しかし、強制力行使の決定権を国家から超国家的単位に（部分的にせよ）移すことで問題は解決するのだろうか。確かに、国際機関や専門家会議、「国際世論」の判断は、一国のイデオロギーや国益のみを基準とした議論に比べれば、より多様な理念や利害を反映している分だけ、偏りの少ない見解を提供する場合がありうる。その意味で、国家が国際社会と協調して行動するのは望ましいことである。しかし、国際機関の「普遍性」を担保する理念や利害の多様性は、同時にこうした機関の手足を縛る枷ともなりうる。集団安全保障機能を担うべき国際機関が、大国間の不一致に妨げられて機能しないことは国際連盟と国際連合の歴史の主要な教訓である。平和主義の立場から言えば、大国が簡単に武力に訴えられないようにその手を縛ることは、けっして悪いことではない。しかし、その結果は、大規模な人権侵害に直面した際の不作為であるかもしれないし、大国に国際機関を無視する誘因を与えることであるかもしれない。国際機関の普遍性と有効性の間に存在するこうしたジレンマは、世界国家ができれば一応解決することにはなるだろう。しかし仮に世界国家が出来たとしても、大規模な反乱が起こってそれを鎮圧する場合など、誤った政策が実行されることがありえないとはいえない。

国の誤りに付き合うのは御免だが、世界国家が誤ったなら喜んで付き合おう、という人もいないではないだろうが、人間の作る組織はしょせん無謬ではない。世界国家を作っても、誤ったと考えられる任務のために死地に赴くことを余儀なくされる可能性は、なくなりはしない。今日、「国のためなら理由が何でも死ぬ」などという考えを支持する人はいないだろう。国家が戦争に訴える時、その必要性や意味を問い続けることは常に必要である。しかし、事態は国民国家を世界国家に、国民を「人類」に差し替えても、根本的に変わるわけでは必ずしもない。「人類」の政府に対しても反抗する人はいるだろう。そうした「反乱」が「鎮圧」される場合、世界政府側は、自らが人類全体を代表する、という自負があるだけ、反乱軍に対して思い上がった傲慢な政策を取るかも知れない。そうした政策のために動員されることがあれば、それは国民国家の誤りに引きずり込まれることと差がないだろう。

政治から不条理を追放することは可能か　結局、個々人が、誤っていると考える目的のために死地に赴くことを要求されないようにするためには、何が正義の戦いであるかの判断を、個々人に委ねるほかはないだろう。国民国家の論理からしても、個々人が自らの思想に基づいて自由に判断しつつ、しかも自発的に国のために危険を冒す、というのが理想的極限形態であって、ラ・マルセイエーズを歌ったフランスの義勇軍やアメリカ独立戦争時のミニットマンに見るように、義勇兵がナショナリズムにおいてしばしば重要な役割を果たすのはここに理由がある。

しかし義勇兵の論理を突き詰めれば、結局、法の執行や和戦の判断、さらには戦時における攻撃や退却の判断は、個々人に委ねられることになる。国家予算が市民の自発的寄付で賄えればそれに越したことはないが、実際には税金なくして国家は立ち行かない。同様に、個人の判断のみに依拠した義勇兵制度は言うべくして行なうべからざる理想論である。現実には強制組織が有効に機能するためは一定の指揮系統に従って動かすことが条件とならざるをえないであろう。

強制力は、正しい目的に則ってのみ使用されるべきだが、強制力を有効に発揮するためには組織を作らざるをえず、そして人間の作る組織というのは多かれ少なかれ間違いを犯すのである。だから、ウェーバーも指摘したように、「暴力を拒否しないものは悪魔と手を結ぶ」ことになる。しかし、暴力を拒否すれば、他の暴力を拒否しない組織に世界を委ねることにもなってしまう。ここに、政治の持つ根本的な問題性がある（マックス・ウェーバー、一九八〇年、九一―一〇一頁）。近代の進歩主義的政治理論は、理性によって不正や無駄を排し、政治の根底にあるこうした問題性から政治を解放しようと努めてきた。そうした努力の成果には偉大なものがあるが、にもかかわらず、われわれは、政治の論理と倫理の要求の矛盾を解決する方法を未だに見出してはいない。倫理的要求に従って政治の合理化を図ることは望ましいが、倫理を貫徹することによって、政治の根底にある矛盾を解決しうると考えるのはおそらくは幻想である。

「とれば憂しとらねばものの数ならず捨つべきものは弓矢なりけり」。国のために死に、殺すことは、倫理的には疑わしい行動であるといわざるをえない。だから、国のために死ぬことに意味を認める信仰は擬似宗教に過ぎない、という主張は全く正しい（李仁夏論文を参照）。では、国家はしょせん自らは倫理的価値の源泉でないことを告白し、国のために死ぬのは無意味だと公言すべきなのだろうか。そうではあるまい。国家の所業には倫理の立場からする批判がある。しかし、国家は政治組織として、倫理とは別の、政治に固有の課題を持つのである。現代世界の課題は、かつてビスマルクが述べたように、「鉄と血」によってのみ解決されるのではない。否、今日、「鉄と血」のみでは、政治に固有の課題さえ、有効に解決することは到底できないのである。しかし、それを認めた上でなお、強制力によって内外の犯罪者や敵を排除することが必要な可能性はやはり考えておかなくてはならない。だから国家としては、「国家のために死に、また殺すことは意味のあることだ」と公言せざるをえない。われわれが政治の地平に留まるならば、「国のために死ぬことには絶対に意味がない」、という主張はもはや支持し得ないのである。

3 国家は戦死没者にどのような態度をとるべきか

政治の世界に生きる人間にとって、国（ないしそれに代わる政治体）のために死に、また殺すということが、極限的には排除できない選択肢であるとしよう。そうした前提に立つ国家が、秩序維持や防衛の任にあたる人を募るため、「国家のために死ぬことは無意味ではない」という公民宗教を発展させ、そのもとで兵士を動員して戦い、戦死没者が出たとしよう。この場合、国家は、戦死没者に対していかなる態度をとるべきなのだろうか。以下ではこの点について検討しよう。

国家は追悼・顕彰を「強制」できるか　国のために死ぬことが、政治的世界において意味を持ちうる、と主張することは、必ずしも、個人がそうした信仰を受け入れねばならないということを意味しない。絶対的平和主義から、あるいは宗教的信仰から、「国のために死ぬ」ことを原理的に拒否する人も多いだろう。われわれが個人の自由を尊重しようとする以上は、こうした立場を取る自由は、可能な限り尊重されなければならない。こうした観点からは、徴兵制よりも志願兵制度が望ましいし、少なくとも良心的兵役拒否制度の存在が望まれる。

では、国家による戦死者の公的追悼・顕彰についてはどうだろうか。国家が戦死に関して一定の意味づけをするとしても、それを個々人が受け入れるかどうかは別の問題である。国のために死ぬことを要求された上、自らの死の意味についてまで国家に決められてはたまらない、という思いを持つ人も多いだろう。ここには二つの問題がある。第一は、国家が自国の戦死者を公的に追悼・顕彰することは、そのこと自体、特定の信条を個人に押し付けるものでのぞましくないか、と言う点であり、第二は国家に追悼・顕彰されることを拒否することはできるか、という問題である。

第一問の答えは否定、第二問は肯定である。近代国家が特定の信条や価値を支持しないといっても、国家が価値や信条といっさい無縁でいることはありえない。どんな国家も特定の秩序を支持し、その紊乱に対しては断固とした態度をもって臨む。犯罪者や侵略に直面した際には、国家は迷うことなく自らの秩序を守るのであり、その時点で国家は特定の価値を擁護しているのである。戦死者の追悼・顕彰はこうした価値の擁護を支える装置であって、国家にとって最小限必要な以上の価値へのコミットメントを表すものではない。但し追悼・顕彰が特定の宗教的様式によって行なわれる場合は別である。第二点に関しては、国民国家はひとつの制度であって、それは一定のイデオロギーに基づいて運営されざるをえない。しかし保障しうる限りにおいて個人の自由は保障されるべきだ、という観点からすれば、制度のイデオロギーは中立的であるほうが望ましく、また必要以上に強制されるべきではないだろう。国家によって追悼・顕彰されることを拒否する人に国家のイデオロギーを押し付ける必要はない。*9

英霊と怨霊の間――誰が追悼・顕彰に値するのか　さて、国のために生命を危険にさらす必要な場合がありうるのは認めるとしよう。それに対して国が公的に追悼・顕彰を行なうことの意味も承認するとしよう。しかし、そのことは靖国神社における戦死者追悼・顕彰のあり方を是認することではないだろう。むしろ、靖国神社の問題は、追悼・顕彰のあり方にある、という意見にも根強いものがある。三度目の登場を願うことになるが、高橋哲哉氏は『靖国問題』の中で、靖国神社は、本来悲しむべきことである戦死を「感情の錬金術」によって聖化し、積極的理想として主張した、と批判している。言い換えれば、一時期の靖国神社は、戦死をやむを得ないこととして受け入れ、戦死を恐れなかった精神を称えるにとどまらず、戦死して英霊になることそのものを青年が目指すべき最高の目標とした、ということである。

*9　金杭論文が指摘するように、靖国神社では、戦後、朝鮮・台湾人の日本国籍が一方的に剥奪されたにもかかわらず、朝鮮・台湾人の戦死者は――これまた一方的決定により――合祀されてきた経緯がある。戦争中の皇民化政策を通じ、植民地人の帝国内での地位向上の期待を与えておきながら、戦後になって一方的に国籍を剥奪し、軍人恩給受給資格をも剥奪したことは、大日本帝国史上最後の汚点であって、正当化できるものではない。

確かに、戦前戦中の一時期の日本におけるように、戦死自体が理想として称えられ、戦死の必要性に対する疑問が封じられてしまえば、政策に対する批判や反省は封印され、国家が舵取りを誤る可能性は大きくなるだろう。実際、国民は「一銭五厘」の赤紙一枚で、無謀な戦争に動員されて多大な犠牲を払い、また当時の日本の敵国および同盟国に、大きな惨禍をもたらしたのである。やむをえない自衛戦争であれば、その中で倒れた将兵を国家の功労者として顕彰することにも意味はあるだろうが、国家が誤った戦争において内外共に多数の犠牲を出した戦前の日本のような場合、国家が戦死者を「顕彰」することに意味はあるのだろうか。日本国家が死に至らしめた幾多の怨霊が、これを許さないのではあるまいか。[*10]

国家の戦死者に対する態度の類型学　この問題を検討するためには、国家が戦死没者に対してとりうる態度について、より細かく整理してみる必要があるだろう。私はここで、こうした態度について崇拝、顕彰、追悼、感謝、謝罪の五つの可能性を類型的に区別してみたい。

「崇拝」　戦死者に対する「崇拝」は、戦死を国民の積極的理想として称え、戦死者を「護国の

---

*10　田中丸勝彦は、もともと靖国に祀られていた戦死者たちの霊は「御霊」と呼ばれ、国家に対して恨みを持って死んでいったものである可能性が考えられていたにもかかわらず、次第に彼らの霊は「英霊」と呼びかえられ、国家に貢献して死んだものとされるようになった、と論じている（田中丸勝彦、二〇〇二年）。

神」として崇める態度を指している。戦死者が「カミ」ないしそれに近い存在になる、という思想は例えば北欧神話のヴァルハラなどにも現れているが、身近なところでは、戦死者崇拝の態度は、戦前戦中の靖国神社に典型的に現れていると言っていいだろう。ここでは、宗教の力を借りることで、戦死は悲しむべき失敗から戦士たちが目指すべき理想へと転化し、残された者たちは嘆き悲しむ代わりに彼らを崇拝する。

「顕彰」　多くの近代国家の公民宗教は、戦死を積極的理想と称え、戦死者を「国家の神」として祀るには至らなかった。西洋諸国で支配的な一神教の教えから言っても、戦死者をカミとして崇めるような信仰を受け入れる余地は少なかっただろうし、世俗的な近代国家にとっては、国民の戦死は「失敗」であると考える他なかった。しかし、このことは、戦死に積極的な意味が与えられてこなかったことを意味するのではない。多くの国民国家は、自国の戦死者を「顕彰」する態度をとってきた。類型的に言えば、「顕彰」とは、戦死自体を悲しむべきこととしつつも、死を恐れず危険に立ち向かい、国の必要に応じて自己犠牲を捧げた将兵の勇敢な精神を称え、後の世代の国民への模範として示すことを指している。

ペリクレスの葬送演説は、戦死した兵士たちを、「身は戦いの巷に倒れようとも、おのが勇徳を国のために惜しむべきではないとして、市民がなしうる最美の寄進をさしのべた」と称え、市民たちに「戦いの危険にたじろがず」、「果敢にもおのれの義務をつらぬいた」兵士たちに倣え、と説いている。現代の国民国家も、その多くが自国の戦死者達を顕彰する方針をとっている。韓国の国立施設「顕忠院」には宗教色はないが、忠義を尽くした兵の功績を顕かにする、という色彩は明白であり、六月六日は「顕忠日」として国の祝日となっている。中国の人民英雄記念碑は、戦争だけでなく、広い意味での革命（一八四〇〜一九四九）に身を捧げた英雄に捧げられているが、その顕彰的色彩は明らかである。台湾の忠烈祠も同様である。米国アーリントン国立墓地の無名戦士の墓の碑文は「神のみぞ知る亡きアメリカ軍人、名誉ある栄光のうちにここに眠る」（傍点は引用者、以下同様）であり、英国の第一次大戦後の戦没者の記念碑、セノタフには、「栄光ある死者」と刻まれている。[*11] こうした施設では、戦死者はカミとして崇拝されているわけではないが、「国のため」に敢えて危険に立ち向かい、生命の犠牲を捧げた精神が顕彰されているのである。靖国神社は、神社であるから戦死者を「カミ」として祀る性格を持ってはいるが、今日では、戦前戦中と違って戦死自体を積極的理想と考えているとはいえず、むしろ戦死者の顕彰（および慰霊）を中心とする施設になっていると言えるだろう。[*12]

＊11　各国における戦没者追悼・顕彰施設の概要については、以下のウェブサイトが簡潔な概観を与えている。http://www.kantei.go.jp/jp/singi/tuitou/dai7/7gijisidai.html

＊12　靖国神社の「社憲」（昭和二七年）の前文も、神社の設立目的について、「本神社は、明治天皇の思し召しに基づき、嘉永六年以降、国事に殉ぜられた人々を奉斎し、永らくそのみたまを奉慰し、その御名を万代に顕彰するため、明治二年六月二九日に創立された神社である」と記している。なお、戦死者の「顕彰」施設という

英霊の崇拝と戦死者の顕彰は、その宗教性と戦死の位置づけにおいて異なっているが、戦死者もしくは彼らの精神を称え、後世の国民の続くべき模範とする点においては同一である。戦死者を「後世の模範」として称えるためには、自国の戦争がすべて「正義」の戦いだと考える必要はない。戦争について正邪の区別を放棄しても、自国のために犠牲を捧げることそれ自体を尊いことと考えるならば、英霊の崇拝や戦死者の顕彰は成り立ちうる。しかし、戦死者が後世の模範とされる以上、戦死者の崇拝や顕彰は、彼らが戦った戦争に対する否定的な判断とは、緊張関係に立つことになるだろう。そうした判断は、英霊の「護国の神」としての聖性や、顕彰されるべき死者の「功績」に影を投げかけるからである。一国の戦争が道義的に誤ったものと判断され、あるいは国益の観点から無益なものと考えられる場合には、戦死者を崇拝したり顕彰したりすることは困難になる。彼らの勇気を称えるにしても、なぜ彼らは不義の戦争、無益の戦争に反対せず、国に殉ずることを選んだのか。当時の状況からすればそれ以外の選択肢がなかったにしても、彼らは今日のわれわれの模範とはなりえないのではないか、という疑念が生じてくるからである。

「追悼」　顕彰と並んで、戦死者に対する公的な態度として一般的なのが追悼である。「追悼」とは、「死者の生前をしのんで、悲しみにひたること」であり（松村明監修、一九九五年）、戦争と

性格からすれば、靖国神社が軍人・軍属を対象とし、民間人戦没者を祀っていないのは怪しむに足りない。

いう文脈を離れても、死者に対する態度としては、最も一般的なものであろう。死者に対する追悼は、戦死自体を喜ぶべきこととする立場とは両立しがたいが、死者が後世にとっての模範であるか否か、という判断とは別次元の問題である。したがって、戦死者の顕彰と追悼は両立するし、また「不義・無益の戦争」で戦死者の「顕彰」ができにくいような場合でも、追悼は可能である（戦争犯罪人については後に論じる）。戦死者の「慰霊」も、死者が「霊」と観念されている点で、「追悼」よりも宗教的色彩を強く持っているが、死者が後世にとっての模範であるか否かとは別問題である、という点においては追悼と共通の性格を持っている。靖国神社を含めて、多くの戦死没者顕彰施設は、同時に追悼・慰霊の機能を担っていると考えられる。また、追悼に特化した施設も見られる。日本の例で言えば、千鳥が淵戦没者墓苑は、戦死者の追悼施設としての性格が強いであろうし、米国のアーリントン墓地でも、ベトナム戦争戦没者の碑などは、追悼的色彩が強い施設と言えよう。

「謝罪」　戦死者に対する公的態度として、顕彰と追悼が共に表明される場合には、国民国家の論理は一定の完結性を持つことになる。戦死者は、その死を悼まれると同時にその精神を称えられ、遺族は国家がその悲しみを共にしたこと、また近しい者の死が、国の必要に殉じた尊いものであったと認められたことに、幾分かの慰藉を求めることができるからである。しかし、戦争が「不義・無益のもの」と判断され、国家として戦死者に対する顕彰を行なわない、ということになると、この論理は崩れてしまう。追悼とは、悲しみにひたることであり、死に対して積極的意義付けをするものではない。戦死は常に「非業の死」であり、そうであるがゆえに、自然死よりも強く、何らかの意義付けを要求する。従って、戦死者の死について、国家による公的な意義付けがなされない場合には、死の無意味さは際立ったものとなるだろう。そして、無意味な死に対する遺族の怒りが時に国家に対して向けられることになる。ここに自国の戦死者に対する「謝罪」の可能性が登場する。国家もしくは政治指導者が、自国の戦死者に対して公式に謝罪するということはまず例を見ないが、戦争責任に関する言説の中では、「誤った戦争」に関して、自国の戦死者に対して謝罪することが求められるのは珍しいことではない。[*13]

「感謝」　しかし、国家が自国の戦死者やその遺族に謝罪するということは、国家の政策が誤っており、戦死が無意味な出来事であったことを認めることでもある。政策の正誤に関する判断は、時代と共に変わりうるから、戦死者たちが正当だと信じ、少なくともやむをえないものだと信じて戦った戦争が、後世の判断で「誤った戦争」とされることも大いにありうる。靖国神社をめぐる問題の一部はちょうどこうした状況になっている。こうした場合、仮に国家が戦死者に謝罪したとし

＊13　例えば加藤典洋、一九九七年を参照。日本でも第二次大戦の敗戦時には、五〇〇名以上の自決者が出たが、その多くは天皇に対して敗戦責任を取ったものだった。但し航空機特攻作戦の主唱者であった大西瀧次郎中将が、「死を以て旧部下の英霊と其の遺族に謝せん」として自決したように、例外もある。

ても、死者の想念と、国家の対応の間にはズレが生じてしまう。古代ギリシアの詩人、シモニダスがテルモピレーの戦死者に捧げた碑文に言う、「旅人よ、行きてラケダイモンにかくは告げよ、我等国法に遵いて死して此処に在りと。」戦争を信じて死んでいった戦死者たち（そしてその遺族たち）は、後世のわれわれの「謝罪」にかえって困惑するのではないか。こうした問題にわれわれはどう対処すればいいのだろうか。

一般に、一人の人間の持つ事実認識や価値判断は、時期と共に変化していくものである。人間は現在に生き、将来に向かって企てていく存在であるから、過去の認識や判断が誤っている、と考えるならば、自己の認識と判断をその時々での最新のものに「アップグレード」して生きていかざるをえない。人間はまた、最新の認識や判断によって、自らの過去の経験を読み直し、それによって新たに自己形成を遂げていく存在でもある。だから、過去の経験について、過去の自分とは違った判断を持つようになることはごく普通のことである。しかしながら、現在の自己が過去の自分と全く無関係でない限り、新たな認識や判断によって自らの過去のすべてをその都度新しく上書きし直すわけにはいかない。われわれの認識や判断は、過去の自分をその都度消し去って上書きすることによってではなく、むしろ過去を否定しても消し去れないものとして受け入れた上で、対話を積み重ねていくことによってこそ鍛えられていくものであろう。

もし、こうした対話を通じた自己形成が国家にも当てはまるものだとするならば[*14]、われわれは、現在の時点での判断を、必要以上に過去に押し付けることは慎むべきだ、ということになるだろう。過去の戦死者たちが「戦争は正当だ」という判断を持っていたからといって、今日のわれわれはそれに縛られる必要はない。現在のわれわれが、「その戦争は誤りだった」という判断を持つならば、そうした判断を現在のわれわれの立場として表明していけばよい。現在の基準で過去を裁くことをいっさい拒否するような極端な歴史主義の立場は、戦争責任に関する保守派の言説にはよく見られるが、こうした立場を突き詰めれば、われわれは過去の遺産を否定することも肯定することもできず、将来への見通しを失うことになるだろう。しかし、その反対に、現在の価値基準を絶対視して過去に押し付ける立場もまた、皮相な普遍主義という批判を免れない。男尊女卑の時代、「女三従の教え」に従おうと励んだわれわれの祖母たちに接する際、われわれは、彼女たちの価値

＊14　個人についての議論をそのまま国家に当てはめることには疑問もあるだろう。ポストモダン的国民国家批判論に立つ人なら、「国家や国民を個人との類推で捉え、過去と現在の国民の対話を想定することは、個人としてのわれわれの存在を、国家の物語の中に回収してしまう抑圧的な機能を果たす」と言うかもしれない。しかし「大文字で書かれた物語」を拒否し、われわれのアイデンティティーの「揺らぎ」や「多義性」のみを強調することに積極的な意味があるとは私には思えない。人間はおそらく神話や物語なしには生きられない存在であり、「国民の物語」は、批判にさらされ、揺らぎや多義性を含みつつも、今後とも語られ続けていくことであろう。

観を受け入れずとも理解して、その労苦や忍従の中に現れた豊かな人間性を学び取るべきであって、彼女たちの価値観が誤っていることを訳知り顔に説くべきではないだろう。このように考えるならば、われわれが誤っていたと考える戦争を信じて死んでいった戦死者に対する時、顕彰とも追悼とも違った「感謝」の態度の可能性が開かれてくる。

戦死者に対する「感謝」とは、戦死者が「国家のため」と信じて死地に赴き、生命の犠牲を捧げたことについて、戦争の正邪、戦死者の「後世への模範」としての意義の有無にかかわらず、戦死者がその生命を捧げた国家の継承者として、礼を尽くすことを指す。戦死者は、戦争の意義を信じている場合には、自らの犠牲が国の将来に資すると信じて自らの死を意義付けるであろうし、戦争に意義を見出せない場合にも、国の将来に希望を託して死んでいく場合は少なくない。そこには、まだ見ぬ者も含めて、国の将来を担う人々に幸あれかし、と願う心が働いている場合が多い。こうした思いは、まさに後代の国民に対して向けられているのであって、後代の国民（ないしその代表者）が戦死者に感謝することは、国家の相続人として、こうした思いに答えることに他ならない。戦死者への感謝は、戦死者の顕彰や英霊の崇拝とも両立しうるが、戦争に対して否定的評価をする場合にもとりうる態度であり、この点で追悼と共通する。しかし、追悼においては、死に対して悲しみが表明されるのみで、死者が「国のため」と信じて死んだ思念は答えのないままにおかれるのに対し、戦死者への感謝においては、戦死者の行動への評価とは別に、戦死者が国の将来を思って自己の生命を犠牲としたことに対して、謝意が表明される。こうした「感謝」は、国に「殺された」ことを恨んでいる戦死者や遺族には受け入れ難いものだろうが、国の誤った政策を信じて（あるいは信じずとも受け入れて）戦死した戦死者の思いに答える道を開くものである。

国家が戦死没者に対してとるべき態度

以上の類型を念頭において、国家が、自国の関わった戦争での戦死没者に対してとるべき態度について検討してみよう。その際、私が判断の原則とするのは以下の三点である。第一に、①国家は、戦死没者に対する態度決定に当たっては、国家として現時点で持っている認識・判断・評価を放棄すべきでない。しかし第二に、②それに反しない限りで、国家は、戦死没者・遺族への「約束」を果たし、その思いを尊重すべきである。国民国家にとって基本的な約束は、その国民との約束であるが、国民国家が国際社会に生きる存在である以上、外国の政府や戦死没者の遺族との「約束」（ことに国際条約などに成文化されたもの）もここに含まれる。③国家はまた、現時点での認識・判断・評価を放棄しない限りで、戦争が持つ複雑性に配慮した対応をすべきである。戦争はきわめて複雑な現象であるから、同一の戦争でも道義的にみて正当な局面と不当な局面が共存することがあり、同一の戦争に参加した戦死者（またその遺族）でも、各人の思いは異なる。更に言えば、同一の戦死者が相反する複雑な感情を抱いて死んでいったり、遺族の持つ思いが、時期によって変化したりするということはままあることである。したがって、以下で展開するような類型的区別にはもとより限界がある。その意味で、具体的にどの戦死没者に対してどのような態度をとるのかを、国家が逐一明確に表明するよりも、どのようなカテゴリーの人

表1　自国の一般の戦死者（指導者、戦争犯罪人を除く）に対する追悼・顕彰等のあり方

戦争に関する国の判断＼戦死者・遺族の判断	正当（不当でない）	不当
正当（不当でない）	顕彰と追悼	感謝と追悼 （国に被害感情ない場合） 追悼 （被害感情がある場合）
不当	感謝と追悼	感謝と追悼 （国に被害感情ない場合） 追悼と謝罪 （被害感情がある場合）

に、どういう理由でどういう態度を表明するのかを明らかにした上で、誰がどういうカテゴリーに属するか、という問題については、A級戦犯のような高度に政治的な場合を除いては、明らかにしない方が良策であるかもしれない。

自国の戦死没者の場合　上記の原則を確認した上で、まず自国の戦死者の場合について見てみよう。ここでは指導者や「戦争犯罪人」のケースはとりあえず除外して考えている。この場合は、戦争（ないし個別の戦闘）の正当性に関する、われわれと戦死者・遺族の側の判断によって、四通りの場合に分けられる（表1）。まず、われわれが今日正当であった（ないし不当でなかった）と考える戦争に、戦争が「正当」であると信じて赴いて死亡した戦死者の場合。この場合には、ペリクレスがそうしたように、死者には顕彰と追悼を捧げるのがふさわしいだろう。正当な戦争に赴いて生命の犠牲を捧げることは、国家にとって顕彰に値することであり、と同時に勇敢な将兵の死は惜しみ、追悼さ

れるべきことだからである。例えば、抗日戦争に倒れた八路軍兵士や、対独戦争に倒れたロシア人兵士を中国やロシアが追悼・顕彰することには十分な根拠がある。

しかし、われわれが今日正当と考えている戦争での死者であっても、戦死者自身が「不当な戦争にやむをえず動員されている」と考えて戦っていたのであれば、彼らは国家に「顕彰」されることを望まないだろう。また逆に、戦死者自身がその戦争を信じて戦っていたとしても、今日われわれがその戦争を不当と考えているのであれば、彼らをわれわれとして「顕彰」することには躊躇があるだろう。第二次世界大戦における日本軍の戦死者の中にはこれに当てはまる場合が少なくない。[*15]こうした場合、戦死者には感謝と追悼を捧げるのが適切である。やむを得ず動員されて死んでいった戦死者であっても、国家の命に従って死んだ人々に対しては、国家主権の相続者として感謝を捧げるのが当然であり、[*16]逆に、われわれが不当と考える戦争であっても、当時の国家に殉じ、戦争を正当と信じて倒れた戦死者の思いに対しては国家として感謝で応えるのが相応しいからである。付

＊15　本書の蠟山論文では、日本の第二次大戦での戦死者のうちに、軍人勅諭や戦陣訓による「精神的呪縛」の下にあったものと、「意に反して、不条理で、益のない侵略戦争に駆り出された犠牲者」の二類型を指摘している。しかし、迫り来るB29編隊を迎撃中に撃墜された「紫電改」の操縦士や、数千もの特攻作戦での戦死者は、「強制」と「精神的呪縛」のみでは説明できまい。彼らの中には、自分なりに自らの任務を「納得」して死地に赴いた者もあったはずである。

＊16　但し彼らが自らを国家の「被害者」と見ていて「感謝」を受け付けないような場合には、国家は追悼を表すのみ、ということになるだろう。

言すれば、国家が自国の戦死者に対して感謝を表明することは、国家のその戦争に対する肯定的倫理的判断を含意するものではなく、また、国民に対して「戦死者に続く」ことを呼びかけるものでもないから、不当な戦争で倒れた戦死者であっても、国として感謝を表明することについて、他国から干渉される筋合いはない。但し、「侵略戦争の参加者である」といった漠然とした基準より狭い、具体的な意味での戦争犯罪人の場合については後述する。

われわれが不当と考える戦争に、戦争を不当と信じつつも動員されて倒れた戦死者の場合も基本的にはこれに準ずる。不当な戦争に止むを得ず赴いて死んだ戦死者であっても、もし悲劇的な運命を受け入れ、国の再生を願って死んでいった将兵であれば、われわれは追悼と共に感謝を捧げるべきである。[*17] 但し、彼らが自国に対して被害感情を持って死んでいったのであれば、追悼と、感謝ではなく謝罪の態度で臨む必要があるだろう。

自国の民間の戦没者についてはどうだろうか。国民国家は元来、エリートのものとして成立した国家に、民衆が何らかの形で動員され、また参加するという過程を経て成立したものである。した

＊17 有名な例では、吉田満氏の『戦艦大和の最期』に記録された臼淵磐大尉の言葉がある。「進歩のない者は決して勝たない。負けて目覚めることが最上の道だ。日本は進歩ということを軽んじすぎた。…敗れて目覚める、それ以外にどうして日本が救われるか。今目覚めずしていつ救われるか。俺達はその先導になるのだ。日本の新生に先駆けて散る。まさに本望じゃないか」（吉田満、一九六八年、三七頁）。

がって、国民国家においては、軍人以外の「一般人」も、危急の際には、国家を防衛したり、ないし圧制国家を転覆したりというかたちで、戦争・内乱を含む権力闘争に積極的に参加することが可能性として考えられている。しかし同時に、国際法の発達は、戦闘員と非戦闘員の区別をはっきりさせ、その処遇に差をつけてきた。軍人・兵士が、国家のために生命の危険を賭しても闘うべき存在であると観念されているのに対し、非戦闘員にはこのようなことは期待されていない。総力戦下では、非戦闘員も戦闘員に準ずる役割を果たすことがありうるが、そうした場合を除き、自国の非戦闘員の死は、称揚すべき自己犠牲ではなく、残念な失敗と認識される。したがって彼らに対する国家の態度は、追悼・慰霊ではあっても、顕彰ではありえない。「安らかに眠ってください、過ちは繰り返しませんから」（広島原爆の碑）。なお、厳密な意味での戦死没者ではないが、不当な戦争に対して反抗して立ち上がり、国家によって処刑された人々には、追悼と謝罪に加え、その勇気を顕彰することが適切だろう。

他国の戦死没者の場合　他国の戦死没者に対する態度はこれとはまた別の問題を孕んでいる。国民国家が、勇敢に戦って死んだ戦死者には、敵であっても敬意を捧げてきたことについては前述した。しかし、こうした騎士道的な麗しい慣習は、元来、無差別戦争観のもと、戦闘員によって戦われた古典的戦争に適合的なものであって、第二次世界大戦中にも皆無ではなかったものの、[*18]今日ではその適用範囲は限られている。したがって、他国の戦死没者に対する態度についても、より一般的な考察が必要なのである。

まず他国の戦死者の場合について考察しよう。彼らに対するこちら側の対応は、三つの点に依存するだろう。まず、①われわれは、自国の側から見て戦争が正当なものであると考えているのか否か。また、②われわれは、他国の側から見て戦争が正当であったと考えているのか否か。以上二点に対する回答によって、戦争の性格は古典的戦争(どちらにとっても正当)、相手方の侵略戦争、こちら側の侵略戦争、両側において不正な戦争(帝国主義戦争など)の四つに区分される。その上で、③敵の戦死者は、自国の戦争を正当なものと考えていたのか否か、ということが問題になりうる。表2は、これらの点を考慮して、こちら側が相手方の戦死者に対して取るべき対応について整理したものである。基本は前述した古典的戦争の場合であり、相手方戦死者には敬意と追悼が払われる。こちら側の侵略戦争の場合は、それに謝罪が加わることになろうし、相手方の侵略戦争の場合は、相手方の「確信犯」的戦死者には、敬意も追悼も払わないことになるだろう。しかし、こうし

*18　第二次大戦中の例としては、オーストラリア軍が、特殊潜航艇で長駆シドニー軍港に侵入し、豪軍艦を攻撃中に爆死した日本軍将兵の武勇を称えた例などが知られている。戦後、米海軍のチェスター・ニミッツ元帥が、一部ダンスホールとして使われていた戦艦三笠を、昨日の敵日本海軍の名誉のため、私財を投じてその保存に尽くした、といった例もこうした騎士道精神の残映として言及に値しよう。

表2　他国の戦死者に対する追悼・敬意表明・謝罪のあり方

敵戦死者の自国に関する見解 ＼ 自国の見方			正当	不当
敵の正当性（自国の見方）				
自国正当性	正当	正当（古典的戦争）	敬意と追悼	追悼
		不当（相手国の侵略）	なし	追悼
	不当	正当（自国の侵略）	敬意と追悼と謝罪	追悼と謝罪
		不当（帝国主義戦争）	追悼	追悼

た区別はあまり精緻化しても意味が薄いかもしれない。

より大切なのは、相手国非戦闘員の戦没者の場合である。戦争法上、非戦闘員の殺害は可能な限り避けることが交戦国には求められており、常識的に考えても、非戦闘員の殺害は正当化し得ないから、ここでは謝罪が対応の中心とならざるをえない。自国の戦争が全体として正当なものであっても、相手国に対して仕掛けた特定の攻撃（例えば都市に対する無差別爆撃）が不当なものであり、その結果非戦闘員の死者が出た場合には、相手方に謝罪すべきである。但し、相手国が自国に対して不当に攻撃を仕掛け、それに対する自衛や報復として相手国の軍事目標を叩いた結果、軍事目標以外にも被害が及んだような場合には、こちら側としては謝罪ではなく、犠牲者を追悼することになるだろう。自国が不当な侵略戦争を起こして他国の非戦闘員を殺害した場合は、なおさら謝罪が必要になるのはもちろんである。第二次世界大戦中の日本もこれに当てはまる。

近年、戦死没者追悼について、日本の仏教の伝統の中に、「怨親平等」の立場から、敵味方に関係なく戦死者を弔った例（例えば元寇後の鎌倉・円覚寺の建立）があることに着目しつつ、自国と外国の区別なく戦死没者を追悼する施設が必要だ、という議論が盛んである。実際こうした発想に基づいた施設は既に存在しており、[*19] また政府の「追悼・平和祈念のための記念碑等施設の在り方を考える懇談会」が二〇〇二年に内閣官房長官に提出した報告書においても、追悼の対象について、「過去に日本の起こした戦争のために命を失った外国の将兵や民間人も、日本人と区別するいわれはない」として、外国人と日本人、敵味方の区別なく追悼する、という考えが示されている。確かに、追悼は人の死に対する普遍的な対応であって、敵味方の区別を超えるのが比較的容易な態度である。しかし、過去の戦争における敵味方を越えた追悼は、戦士の間の騎士道的な相互尊敬に支えられていた部分もあるだろう。日本が加害国と認識されている戦争において、こうした「敵味方を問わぬ追悼」が、どれだけ相手国に受け入れられるだろうか。少なくとも現在の状況では、「敵味方を超えた」追悼施設は、加害者と被害者の間に十分な区別を設けていない、という批判を招くのが

＊19　沖縄・摩文仁の「平和の礎《いしじ》」記念碑（一九九五年建立）や、埼玉県越生町の世界無名戦士の墓（一九五四年建立）はそれにあたる。

必至である。こうした施設を作るにしても、被害者への謝罪は、別途必要なのである。

但し、謝罪に関するこうした教科書的議論には、二つほど注釈が必要だろう。第一点は、戦闘員と非戦闘員の区別が曖昧な場合である。例えば第二次大戦中の中国のいわゆる便衣兵は、戦闘員でありながら民間人との境界を意図的に曖昧にした存在であり、国際法理論的には違法性が高い。便衣兵の登場を余儀なくせしめたのはそもそも日本側の侵攻であり、また便衣兵が存在するからといって、日本側による民間人の無差別的殺害が正当化されるものではけっしてないことは言うまでもない。しかしまた、便衣兵の登場が民間人の殺害を招く結果になることはアメリカのイラクにおける経験も示すところである。こうした状況下で、戦闘員と非戦闘員の截然たる区別に基づく教科書的議論を機械的に適用できるかには少々疑問符がつく。

第二点は、謝罪のあり方に関する点である。日本は、第二次世界大戦において中国などの諸国に侵攻し、多大な惨禍をもたらしたこと、また生体実験から捕虜虐待までの種々の戦争犯罪をおかしたことについて責任を負い、それについて反省し、謝罪せねばならない。この点は繰り返し強調しておいて良い。しかし、政治と倫理は同一ではない。純粋な意味での正義は、特定の国家の独占物ではないし、おそらくは、政治の対立の中に身を置いているものには、誰であっても手の届かず、中立的な法廷を俟って初めて判定しうる種類のものなのである。だから、被害国が被害を受けたという理由で、その立場がそのまま正義である、ということには必ずしもならない。加害国は、自ら謝罪すべきと考えることについては謝罪し、また言葉を選んで、自ら主張すべきことは主張すべきである。

また、謝罪は倫理的な行為であるが、国際政治上の謝罪劇が純粋な倫理的ドラマであることは少ない。倫理は「過去の悪を償え」とわれわれに要求するのに対して、政治は「将来に向かって最善の結果を来たすように行為せよ」と要求し、この二つは必ずしも一致しない。被害国側の要求は、倫理の言葉で語られてはいても、将来への政治的考慮を反映している場合が多い。加害国が謝罪をするにあたっても、単に倫理の立場から謝罪をすればよい、というのはおそらく単純に過ぎる。謝罪をするにあたっても、いかなる形での反省や謝罪の表明が、最も政治的効果が高いのか、ということを計算して、政治的決断を行なうことが必要である。

戦争犯罪・戦争責任と戦死没者の追悼・顕彰　最後に、国家が自国の戦争犯罪人、および他の戦争責任を有する人々[*20]に対してとるべき態度について、第二次世界大戦における日本の例に絞って論じておこう。戦争犯罪人等に対して国家がとるべき態度は、一般に、以下の三点に基づいて決まってくるであろう。①戦争犯罪の嫌疑は正当なものであるか否か。言葉を代えれば、その人は旧敵国・

＊20　戦争犯罪は、主として敵国や第三国（の国民）に対して犯される犯罪を指す。しかし、戦死没者追悼を考える際には、戦争犯罪をおかさずとも、自国民に対して多大の苦痛をもたらした指導者の責任も考えないわけにはいかない。そのためにここでは戦犯以外の「戦争責任を有するもの」についても考え、両者をあわせて「戦犯等」という。

第三国国民に対する犯罪をおかしているのか。②その人のおかした戦争犯罪は、どこまで上官の命令によるもので、情状酌量の余地があったのか。③これらの人々は、国内法上の犯罪をおかしているか。またそうでなくても、戦争について国民に対して責任を負っているか。以下では戦犯に関する「国際的公約」について検討した上で、戦犯等の国民に対する責任について論じ、それに基づいて彼らに対して取るべき態度について論じる。

戦犯にまつわる「国際的公約」　戦争犯罪は、犯罪の構成要件が国際法によって定められる特殊な犯罪であって、その裁判は、伝統的国際法理論によれば、戦争状態が継続している間に、敵国側の軍事法廷（もしくは軍律法廷）で行なわれる。ニュルンベルク、東京その他の軍事裁判も、連合国による占領下、法律的には戦争状態が継続する中で行なわれたものであって、占領中の他の政策と同様、その効力は、講和が結ばれて主権国家が独立を回復すると共に消失すべきものである。[*21] なぜなら、一国の法廷で、他国の主権の発動としての戦争行為が裁かれる、ということは、伝統的な主権国家の平等原則には反することであり、戦争・占領といった例外状態においてのみ認められるに過ぎないことだからである。[*22] だから、日本の戦争犯罪人を裁いた軍事裁判の効力も、伝統的国際法

＊21　一般に国際法上、占領軍の軍事裁判所が言い渡した判決については、平和条約中に反対の規定がない限り占領終結と共に効力を失うものとされている（足立純夫、一九七九年、二四七頁）。

＊22　実際、独立後の日本は、この伝統的な法理を武器にして連合国と交渉し、ほとんどの国から戦犯の早期釈放を

理論による限り、講和と共に消滅するはずであった。蠟山論文が指摘しているように、日本はサンフランシスコ講和条約第一一条で、「連合国戦争犯罪法廷の裁判を受諾し、且つ、日本国で拘禁されている日本国民にこれらの法廷が課した刑を執行するものとする」という条項に同意しているが、この条項は、連合国が、戦犯裁判の効力が日本の独立と共に本来消滅するはずであることを承知していて、それを防ぐために挿入した条項とも見られる。そのように考えるならば、この条項について「単に、日本に対して、既に執行された刑を正当なものとして受諾し、また残りの刑を忠実に執行するように求めたに過ぎないもので、東京裁判に現れた戦争についての見方を受諾することを求めたのではない」という狭い解釈も成立する。

したがって、蠟山論文のいう、戦犯についての「国際公約論」は、法律論としては隙のないものではない。ここに、靖国参拝支持派の戦犯無罪論が登場する。この戦犯無罪論によれば、東京裁判その他の連合国の裁判は、一方的な「勝者の復讐」であって正当性を欠いており、その効力は独立回復と共に（講和条約で課された刑の執行義務を除いて）消滅している。いずれにせよ戦犯達は既に罪に問われ、処刑されたり刑期を終えたりしており、国際法的にも彼らの法的責任は解除されている。国内法的に言えば、彼らは犯罪者であったことがなく、また独立回復後に採択された国会決議によって、刑死者を国内法上の犯罪者と見なさず、遺族が軍人恩給の対象となることが決定されており、国内法的には彼らを他の人々と区別する理由がない、ということになる。[*23]
しかし、こうした議論は、仮に法的な正当性があるとしても、政治判断としては妥当性を欠いている。法技術論に依拠すれば、戦犯とされた人々を免責するのは可能であるかもしれないが、それは国際政治の観点から見て容易ではない。確かに戦犯裁判は「勝者の正義」の実践であり、その不備を指摘するのはたやすい。しかし、旧連合国における国民感情を考慮し、また講和条約の条文が、読み方によっては蠟山論文のような広い解釈も許すことを考慮すれば、日本が国家として東京裁判の正当性を公式に否定することは、米中露を含む、旧連合国との関係を一気に緊張させることになりかねない。仮にいわゆる「東京裁判史観」の修正を目指すのであれば、そこには長期的戦略がなければならず、突然日本政府が「戦犯は犯罪人でない」と宣言するのは下策の下である。

戦争犯罪人等の国民に対する責任　また、戦犯は国内法上犯罪人ではない、という議論についても、反論が可能である。戦争犯罪の構成要件は、第一義的には国際条約（例えば捕虜の待遇に関するジュネーブ条約、陸戦の法規慣例に関するハーグ条約）によって定められていたが、こうした禁止事項の一部は国内法である陸海軍刑法にも盛り込まれて具体化されていた。例えば陸軍刑法および海軍刑法（一九〇八年制定）には、略奪罪、略奪強姦罪に関する規定があり、一九四二年には、中国戦線等で

＊23　こうした議論の例としては、上坂冬子、二〇〇六年、一二五―一三七頁。

の強姦の問題に対応して、戦地強姦罪が新設されている。また、司令官レベルの犯罪についても規定がある。陸海軍刑法は、第二章で「擅権ノ罪」として、「第三五条　司令官外国ニ対シ故ナク戦闘ヲ開始シタルトキハ死刑ニ処ス。　第三八条　命令ヲ待タス故ナク戦闘ヲ為シタル者ハ死刑又ハ無期若ハ七年以上ノ禁錮ニ処ス」と規定している。これらの規定は、A級戦犯で死刑となった板垣征四郎や土肥原賢二にはそのまま適用しうる規定ではないか。

最も激しい議論の対象になってきたのは開戦にまつわる政治責任であろう。太平洋戦争の開戦責任について、東条英機首相が最大の責任者として論じられる状況には私も疑問を抱く。昭和天皇の責任の問題もあるが、首相のうちで言えば、もはや日米戦争を避けることが困難になっていた時期に首相に就任した東条よりも、日中戦争を全面戦争へと拡大させ、日独伊三国軍事同盟締結を推し進めた近衛文麿の方が責任が大きいだろう。東京裁判で裁かれた政治指導者のうちには、広田弘毅や重光葵のように、本当に戦犯と言えるのか怪しい事例もある。だから、A級戦犯をそのまま「悪の根源」として忌避するような言説はあまりに単純というべきである。しかし、A級戦犯として処罰、ないし起訴された者のなかには、誤った政策をとって国民に多大の被害をもたらしたものがいることもまた確かである。

戦争犯罪者等に対して取るべき態度　以上を踏まえて、日本が第二次大戦中の戦争犯罪者等に対して取るべき態度を類型的にまとめたのが**表3**である。戦争犯罪人にせよ、その他の戦争責任

表3　戦争犯罪者等に対して国家が表明すべき態度

	戦犯		冤罪戦犯	非戦犯
	処刑	戦死没・自決等		
対自国民有責者	なし	なし	（追悼）	（追悼）
	板垣・土肥原など	近衛・松岡など		
対自国民免責者	追悼と感謝（謝罪）	追悼と感謝	追悼と感謝	考慮対象外
	B・C級刑死者	B・C級違反者	伊藤法務少佐＊	

＊伊藤信男法務少佐は、対都市無差別爆撃を行なって不時着したB 29の飛行士（明らかに戦犯にあたる）を裁く日本の軍律法廷の審判で、検察官を務めた。その責任を問われ、戦後横浜の戦犯法廷でB・C級戦犯として裁かれ死刑判決を受けた（後に終身刑に減刑）。

を有するものにせよ、彼らを「顕彰」することは、国内外に対する責任からして不可能である。「感謝」の念も、他国に対する具体的な戦争犯罪をおかしたものに対しては、表明するわけにはいかない。しかし、戦争犯罪人であっても、上官の厳命など情状酌量の余地が大きく、また国民に対して害を与えていないB・C級戦犯の実行犯などに関しては、感謝（国に対する被害感情があれば謝罪）を表明することは許されるかもしれない。開戦に大きな責任を持つ指導者たちについては、冤罪で戦犯とされている場合は除き、「追悼」も困難かもしれない。これらの指導者も、大きな目で見れば、当時の日本の置かれた状況、個人にはいかんともし難い流れの中に置かれて、平和時であればなくて済んだ過ちをおかす役回りに置かれた人々と見ることができよう。その意味で彼らが国民の追悼の対象となる可能性がないわけではない。しかし戦争が他国にもたらした惨禍を思えば、国としての公的な追悼の対象からははずさざるをえないであろう。彼らに同情する国民が個人の資格で彼等に追悼や感謝の念を表すことは、もとより自由なはずである。

4 靖国神社参拝問題への提言

本論を通じて私は、国民国家にとって、戦死没者の追悼や顕彰、ことに自国の戦死者の追悼・顕彰が非常に重要な意義を持つことを論じてきた。私はまた、国家の戦死者に対する態度は追悼のみで尽くせるものではなく、不当な戦いであっても、国の将来を思って死んでいった戦死者の思いには、感謝をもって答えることが望ましいことを論じてきた。他方、私は、戦争犯罪人等、ことに指導的地位にあった人々については、冤罪でない限り、公的な追悼や顕彰の対象から外すべきことを主張してきた。本節では、こうした議論を元として、靖国神社参拝問題に若干の提言をして結びとしたい。

国民国家は公的な仕方で、自国の戦死没者を顕彰し、追悼し、あるいは彼らに感謝すべきものである。国家はもちろん自らの関わった戦争における他国での戦死没者に対しても責任を負うが、国民国家はしょせん普遍的な存在ではなく、普遍的人類社会を代表するかのように振る舞うべきではない。その限りにおいて、国民国家が、まず自国民の死者に目を向けるのは自然であり、非難されるべきことではない。日本国民が外国の戦争犠牲者に対して一定の責任を有するのは、今日の日本国民が、自国の死者を含めて、自国の過去と特別な関係に立つからである。その意味で、今日の日本国民にとっては、まず自国民への追悼や顕彰が先にあって、その後に初めて外国の死者との関係が発生する、という加藤典洋の議論は正しい（加藤典洋、前掲書）。

靖国神社は明治の創立以来、永きにわたって日本における戦死者の顕彰・追悼・慰霊を行なう中心的な施設であった。日本の多くの戦死者のかなりの部分は、死ねば靖国に入り、国家（と天皇）の手によって祀られることを期待して戦地に赴いていった。靖国とはそうした過去からの思いが集積した場所であって、このことが、戦没者追悼・顕彰の中心を靖国以外の施設に移すことが困難な理由である。

しかし、現在の靖国神社は、いくつかの理由で、国家による公的な戦死者追悼・顕彰施設としてはふさわしくなくなっている。その第一の理由は政教分離にまつわるものである。上に論じてきたように、国民国家は畢竟合理的な利益社会ではありえず、一定の「信仰」に結ばれた共同体的要素を持つ集団となるほかない。その意味で、自由主義の単純な解釈から、国家による追悼や顕彰自体を拒否するのは、皮相な議論だと言える。しかし、靖国神社が神社という形態をとっている限り、首相の公式参拝には、国家の神道に対する特別な扱いを示すことになる、という疑念が付きまとうし、戦死者の信仰と無関係に戦死者をカミと祀ることは、戦死者の思いに答えることでないし、彼らの権利を侵害することにもなりかねない。

靖国神社の建物や祭祀はそのままにした上で、靖国参拝を宗教以前の「純粋な市民的信仰告白」とみなす試みは戦前にもなされたが（リンダ・グローブ論文）、靖国が宗教法人となった現在これは無理な試みである。靖国神社を宗教でなくすために「靖国社」ないし「靖国平和堂」などと改名する試みも、戦後の、靖国国家護持をめざす法案の審議過程で検討された。しかし、神社でなくなれば靖国はその本質を失ってしまう。靖国神社は宗教法人として存続するほかないし、そうである以上国家が公的に戦死者の追悼・顕彰を行なう場所としてはふさわしくない。総理大臣が「私的に」参拝するということは、言葉の上からは問題がないように見えるが、靖国を取り巻く内外の関心からして、首相の靖国訪問は、たとえ「私的」と銘打ったものでも、意図にかかわらず公的な意味を持ってしまう。だから、もし靖国の戦死者の霊に感謝と追悼を捧げたいのなら、首相経験者が、首相の職を離れてから参拝する、といった形が最も現実的かもしれない。その際、千鳥が淵の戦没者墓地を、「無名戦士の墓」と読み替えて、首相が公式に表敬し、戦死者に対して追悼と感謝を捧げる、といった形が望ましいかもしれない。もし外国人も含めた戦死没者の追悼碑を新たに設けるならば、千鳥が淵墓苑の一角、ないしはそれに近接する場所に設けるのが適当であり、全く新たな施設とすることは、公的追悼の場を過度に分散させることになる点からして賛成できない。

靖国神社については、公的な意味を持つ参拝がなくなり、純粋の民間宗教施設になるのであれば、その信仰や歴史観についてとやかく言う筋合いはない。しかし、首相の参拝の有無にかかわらず、靖国神社は多くの人の意識の中で戦死者追悼・顕彰の中心施設としての意義を担い続けるだろう。そうであるなら、靖国神社にも提言したいことはある。それは、首相が靖国に行けない第二の理由である、歴史観の問題である。私が想像するに、靖国神社を日本における戦死者追悼・顕彰の中心施設と位置付ける人々の多くは、必ずしも近代日本の戦った戦争を、すべて正しい戦争だったと思っているわけではないし、ましてや戦死を若者の目指すべき理想として褒め称えているわけではない。また、A級戦犯を犯罪人としてしまうことには割り切れぬものを感じてはいるが、彼らにしても、当時の指導者が日本を無茶な戦争の道に押し出して行ったことを知らないわけではない。多くの人は、ただ、われわれの祖先がかくも多くの犠牲を払って守ろうとしたものが、誤りであり、彼らの死も、国家にとって、「残念な失敗」という以上の位置づけが与えられないことを恐れているのではあるまいか。われわれは「英霊」の声を聞き、それに答えるべきだが、聞いた声をそのまま鸚鵡返しにする必要はない。われわれは彼らに対して感謝と追悼を捧げればよい。それは、

　近代日本の戦争を、すべて正しい戦争だったと強弁しなくても十分可能なことなのである。

最後に、靖国神社問題を含め、日本に歴史問題で厳しい自制を求める人々に向けて一言述べておこう。歴史問題は外交問題であり、学問的認識の問題でもあるが、根底においてそれは心の問題である。「心の問題」が、憲法論議や歴史論議、政治的決定になじまぬわけではないが、心の問題は、その論じ方において、一定の配慮を要するのである。

例えば、日本の戦争犯罪と歴史教育の問題について、批判的な人は言う。日本の戦争犯罪に対す

る認識が足りないから、もっとしっかり教えるべきだと。しかし、自国の過去の犯罪については日本の市民として知っておくべきことだと考えながら、自国の先達が施した善行について、もっとしっかり教えなければならない、という声があまり聞こえてこないのは、いったいどうしたわけだろう。確かに、自分や「自分の国」にとって都合の悪い事実を承認できるようにすることは、市民として健全な批判精神を養うためにも必要なことであるに違いない。批判的な人はあるいは、人間は放っておいても自分にとって都合の良いことは見つけ出して主張するから、都合の悪いことを重点的に教えておけばよい、と思っているのかもしれない。しかし、歴史教育の目的は国民的自己主張の抑制だけではない。「歴史を鑑とする」ということは、先人の失敗に学ぶことだけを指すのではあるまい。むしろ彼らの良き者に倣って、それを自ら実践していけるようにすることこそ、歴史を鑑とすることの本来の意味ではあるまいか。

歴史問題に関する批判的な人々の見解は、今日われわれが考えるところの抽象的・普遍的「正義」の立場から過去の事実を眺め、自国や自民族がおかしたさまざまの「不正」について反省を深める、というスタイルをとっていることが多い。本論文中の言葉で言えば、それは正義のアップグレードと共に、歴史も遡及的にフォーマットしなおしていこう、という立場であるように見える。しかし、こうした立場が真に歴史から学ぶに際してふさわしい姿勢であろうか。過去の不正は次々と暴かれ、祖先たちの信仰や物語は、犀利な理性の光に照らして、「作られた」「押し付けられた」「大文字の」「神話」として暴露され、われわれはただ理性の光と、共同体の束縛から解き放たれた個人的欲望と、生活実感のみを頼りとして生きるようにと告げられる。このような道が、果たしてわれわれの望むような社会を築く道なのであろうか。

エドマンド・バークは『救貧法論』の中でこう書いている。「罪なくして苦しんでいるすべての人の悲しみをともにすることは、われわれの人間性の寛大で、良い部分を表すものであって、こうした傾向は発達させられなければならない。しかし我等の人間性を養うべき基盤を、われわれが家郷で発達させたさまざまな紐帯から切り離すのは良いことだろうか。われわれと一緒に育ち、またうまれた時から恩を受け、世話になってきた人々に対する愛着心を失い、徒に見知らぬ愛着の対象を求めてさまよい歩くとしたらどうであろうか。それはわれわれの義務の順序を逆さにするものではないだろうか」。ここでバークは、人間に対する愛着は、われわれに近しい具体的な諸個人を通じて養われるのであり、正義に対する抽象的な考察から来るのではない、という保守主義の基本的立場を開陳しているのである。

抽象的な正義の立場から自国の不正を暴くのに執心することは、学問研究上の趣味として、あるいは個人の政治的使命として追求するには何の不都合もない。しかし、学校教育や、世論の「啓発」を使命とする人にとっては、それはおそらく間違った戦術である。なぜなら、「抽象的なコスモポリタニズムは…われわれの現実の隣人たちに対する侮蔑の念を生み出す危険性がある。我等の隣人たちが、自分たちのちょっとは偏った見方を抜け出て、コスモポリタニズムの高みに達する可能性は少ないからである。同じ理由で、抽象的コスモポリタニズムは、他国の多くの良き人々に対しても、侮蔑の念を育てることになりかねない。彼らも、自分達の偏りから抜け出ることはありそうにないからである。現実に存在する文化には、一つとして完全にコスモポリタンなものはなく、それぞれが独自の偏りを持っているのである。だから倫理的なコスモポリタンは、世界のどこでも安住できる人ではなく、むしろ世界のどこでも自己の倫理的優越性を感じる人なのである」（Michael W. McConnell, 1996, p.82）。

われわれが、真に人類愛を持った「世界市民」を育てようとするならば、われわれは、自国の過去の過ちにばかり拘泥することなく、むしろ自国でも他国でも、過去に生きた人々の善行についても大いに学び、それに倣ってわれわれもまた立派な人間になるように努力すればいいのである。もちろんわれわれは、盲目的なナショナリストを育てるべきではないし、戦争犯罪等についても基本的な事実はおさえるべきである。しかし、抽象的正義から来る批判的理性は、人類愛も、祖国愛も育てはしない。理性は、われわれの愛の歪みを正し、弛みを鍛えなおすだろうが、われわれに人を愛することを教えはしない。日本軍の戦争犯罪を授業で列挙して、それが正義に反することを逐一証明する。これが歴史教育のあり方だろうか。むしろ、当時の日本政府や軍指導部のこうした問題についての立場について理解させ、侵略や残虐行為が起こった背景を理解させた上で、兵士の手記や、犠牲となった相手国側から書かれ、人の心の機微に分け入るような文学作品でも読ませたほうが、よほど気が利いてはいまいか。そうすれば学生たちは、抽象的な正義の高みに立って（あるいは立ったふりをして）日本軍を批判する口吻のみを学ぶ代わりに、[24] 事態を日本側からも、相手国側からも理解することができるようになり、人間性の幅が広がるだろう。

靖国問題の解決にあたっても、同様のアプローチが必要である。靖国問題は国際問題であるだけでなく、日本国内においても、戦後日本人の心の棘になっている。[25] こうした問題の解決には、攻撃的な言辞ではなく、棘を抜く作業が必要である。靖国への信仰は、現代日本の公民宗教としては、不十分で、理性によって鍛え直されなければならないものである。しかし、理性によって父祖たちの信仰を暴くだけでは問題は解決しない。私は、靖国参拝支持の論客たちに、反対派を「非国民」や「裏切り者」呼ばわりすることはやめてほしいと思う。しかし、批判的な多くの人々に対しても、国民国家を支えてきた、まがい物として切り捨てるにはあまりにも強い信仰を、先入見なしに眺め、できうることならば共感を持ってそれを内側から理解し、その上で、この国の心を鍛えなおす共同の作業に加わるよう呼びかけたいと思う。ここで縷説してきた戦死者追悼・顕彰問題の分析がそれに資することがあれば、本論の目的は達成されたことになる。

＊24　このように、自ら直接かかわりを持たぬ事柄に対して、問題解決に尽力することなくして外側からの倫理的判断を下し、自らを「正義」の側において、自己があたかも当事者達よりも倫理的に高い地位に立ったかのように想像することを、私は「利己主義」をもじって「義己主義」と呼ぼうと思う。

＊25　この表現は篠沢秀夫、一九九九年から借用した。

参考・引用文献

足立純夫『現代戦争法規論』啓正社、一九七九
カール・シュミット『政治的なものの概念』未来社、一九七一年
加藤典洋『敗戦後論』講談社、一九九七年
上坂冬子『戦争を知らない人のための靖国問題』文春新書、二〇〇六年
篠沢秀夫『愛国心の探求』文春新書、一九九九年
高橋哲哉『靖国問題』ちくま新書、二〇〇五年
田中丸勝彦『さまよえる英霊たち――国のみたま、家のほとけ』柏書房、二〇〇二年
平岡昇編『ルソー』中央公論社、一九七八年
マックス・ウェーバー『職業としての政治』岩波文庫、一九八〇年
吉田満『戦艦大和』角川文庫、一九六八年
A.J.P. Taylor, *The Origins of the Second World War*, London: H.Hamilton, 1961.
Mary Kaldor, *New and Old Wars: Organized Violence in a Global Era*, Stanford UP, 1999.
Michael W. McConnell, "*Don't Neglect the Little Platoons*", in Martha C. Nussbaum, et al, *For Love of Country: Debating the Limits of Patriotism* ,Boston: Beacon Press, 1996.

＊私事ながら本稿の準備と執筆に当たっては、内容的な面も含めて、妻アユ子の助けに負うところが大きかった。記して謝意を表する。

第6章　北東アジアの平和と「靖国」問題

李《イ》仁夏《インハ》

■はじめに――「靖国」と私

私自身の二〇歳までの自分史を語らずして、私は今日の靖国問題を論じることはできない

私が生まれた一九二五年、朝鮮半島は既に日帝の植民地支配下にあった。植民地支配への抵抗のピークとも言うべき一九一九年の三・一独立運動は、日本の植民地統治者をして、武力統治から同化政策に転化させたが、その一二年後に私の初等教育が始まっている。民族語の朝鮮語は二年次までで教科から外されて、「国語」という日本語一色となり、学校では母語による会話も禁止された。

一九三七年に日中戦争が始まると、「皇国臣民の誓詞」が学校教育に導入された。

一ツ、私共ハ　大日本帝国ノ臣民デアリマス
一ツ、私共ハ　心ヲ合セテ　天皇陛下ニ忠義ヲ尽シマス
一ツ、私共ハ　忍苦鍛錬シテ　立派ナ強イ国民トナリマス

毎日、朝礼でこのような天皇への忠誠を誓う誓詞を斉唱し、東方に向かって宮城遥拝をさせられ、仕上げには、毎月一度、裏山に建っていた神社に全校生が参拝させられた。最敬礼の号令にまごついたり、頭が高かったりすると、鞭が飛んだ。

皇民化教育の最たるものが「創氏改名」の強制実施だった。昨年、日本のある大臣が朝鮮人がそ

れを望んだからだと発言したが、そんなことはありえない。私の記憶では、ある日唐突にその布告が出されたのである。

創氏改名の体験を描いた小説がある。一九五〇年代、朝鮮戦争後に渡米したリチャード・キムの『名を喪って』（Lost Names）である。

ある日、教師が新しい名前を持たない者に挙手をさせ、家に帰れと言う。家に帰り、父に伴われて警察署に行くと、署の前に朝鮮人が列を作っている。自分の順番が来ると、「おまえたち、まだか」「この中から選べ」と言われて、紙を見せられる。そこには、日本人の苗字が並んでいた…。

リチャード・キムはアメリカでこの『名を喪って』と『殉教者』（The Martyred）という小説を出版し、パール・バック女史からドストエフスキーに連なる作風と激賞された。このさわりの部分は日本の高校の英語教科書にも載っている。

わが民族にとって最も大切なのは、「族譜」である。同じ李姓でも本貫《ほんがん》（姓の発祥地）の同じ者の通婚は今でもありえない。その本貫をひそかに残すため、わが家は新羅の慶州李氏なので、たどればそれがわかる「岩城」を採り、私の名前は岩城政雄として戸籍に載ることになった。本当は名前まで変える必要はなかった。岩城仁夏でもよかったのである。それなのに、私は父に言って岩城政雄にしてもらった。おそろしいことに、皇民化教育がいつのまにか私の中に浸透していたのだ。

今、日本の憲法と教育基本法の改定の動きの中で「愛国心」の導入が自民党の主導で国会に上程され、その前触れとして、教育の現場で日の丸と君が代の強制が始まっていることに戦慄を覚える。強制的な「愛国心」は多くの場合、排他的優越意識を生み出すのだ。

私が岩城政雄名で入学を許された私立中学校は、一年を終えた時、朝鮮総督の命令で閉校処分を受けた。一九四一年の三月はじめ、私たちは警察と憲兵によって入校を禁じられた。翌日、全校生徒が集められ、校長は血涙をしぼるような経緯説明をした。この学校の理事と教師全員が朝鮮人だったことから、「皇民化」に沿わない教育をしていると判断されたらしい。校長が敬虔なキリスト者だったことも神社参拝と抵触すると考えられたのだろう。

結局、生徒には、「満州」の延辺にある学校に転入学する道と、地元の日本人警察署長の温情で五〇名程度が日本に留学する道が示された。

一九四一年春、日本渡航を選んだ一五歳の私は福井県の敦賀港に上陸、京都の真言宗系の私立東寺中学（現洛南高校）の二年に編入を許された。

その年の一二月八日、日本は太平洋戦争に突入した。既に小型兵営化していた中学校の校庭に整列した生徒たちに、校長は「一命は天皇陛下に捧げる決意をせよ」と檄を飛ばした。京都師団司令部派遣の配属将校は日本刀の束に手をかけて睨みをきかせていた。その時の下半身がぶるぶる震えた感覚を今でも忘れることができない。

日本に来て二年目の春のことだった。学校から帰ると、下宿のおばさんに「川端署のおっさんが来はって、岩城さんの部屋に入って帰らはったよ」と言われてピーンときた。二階の自分の部屋の戸を開けると、ノート類が畳の上に散らばっていた。特高警察の査察だった。民族的抵抗の意思がどこかに残っていないかという思想調査だったのだろう。一八歳の少年にまで監視の目が届いていた。私は岩城政雄に徹するほかなかった。

三年次から私はクラスの級長に指名され、毎週、軍事教練の時間には、指揮者として、腰にサーベルを吊るすことになった。四年次になると、夜を徹して行軍したあと、琵琶湖の北にある饗庭野《あいばの》陸軍演習場で実戦さながらの戦闘訓練をやらされた。私は小隊長として、腰のサーベルを抜いて「突撃」の号令をかけ、白兵戦の先頭に立った。サーベルをかざした私は得意になっていた。私はまさしく、E・エリクソンの言う、劣等意識の裏返しとしての優越排他意識の「擬似種族（スード・スペシース）」になっていた。それは朝鮮人としての屈折を振り払う振る舞いだった。

一九四四年、学徒動員令は朝鮮人学生にも及んだ。秋も深まったころ、二・八独立宣言（三・一独立宣言の前触れとして東京朝鮮ＹＭＣＡでの決起集会で朗読）の起草者で著名な作家でもある李光洙が、創氏改名の香山光朗となって京都を訪れた。彼が八〇名ほどの朝鮮人大学生・高専生を前にして「日本人としての心根未だしの非難を、事実をもって一掃せよ」、「君たちの行く道はこれ以外にない」と檄を飛ばしたということが、私のような中学生にまで伝わってきた（姜徳相、一九九七年）。

私は既に朝鮮半島にも敷かれていた徴兵検査に合格し、中学卒業の際には配属将校に目をかけられて、もう一人の日本人とともに甲種幹部候補生の推薦すら受けていた。卒業後、文科系の専門学校に入っていたが、授業はなく、召集令状を待ちながら学徒勤労動員令で宇治の海軍の工場で働いた。八・一五を迎えたのはこの工場である。

正午、工場の広場でいわゆる玉音放送を聞いたが、ラジオの音が悪く、聞き取りにくかった。やがて小声で「日本は負けたらしい」と囁きあうのが聞こえ、泣き声がさざなみのようにひろがった。その瞬間、私は泣けない自分に驚いた。仲間の日本人学生に悪いから、泣くふりをした。

人が去った広場で呆然としていた私に大阪帝大の先輩が二人近づいて、手を差し伸べ、「君、おめでとう」と言った。朝鮮民族が解放されたことを喜んでくれたのだ。あの当時、日本人にあそこまで歴史を理解できるリベラルな学生がいたのは驚きである。しかし、私の心にわが民族解放の喜びが湧いたわけではなかった。虚無的空洞が「岩城政雄」のなれの果てだった。私はもっとも深刻なアイデンティティの破綻を味わったのである。

この年、秋ごろから私は重い罪責感に苦しんだ。「なぜ、私の心情はあそこまで行ったのか」。なぜ、被支配者の私が支配国家の植民地支配とアジア侵略という動きに乗せられ、銃を中国人とアメリカ人に向けることのできる人間になりさがっていたのか。

その罪責からの脱出を助けてくれたのは、生涯の恩師、今は亡き和田正である。和田先生は、英語が敵性言語として教えられなくなった時、自宅を開放し、英語のバイブルをテキストに朝鮮人留学生を聖書の世界に導いてくださった。

恩師から贈られた聖書の「土の器に納めた宝」（『コリント後書』四章七節）という言葉が私をとらえた。捨てられるような土器に納まっている宝とは、死人に等しい罪人も甦らせる神の力である。私はキリスト・イエスの十字架と復活にあやかって（『ローマ書』六章五節）、自分も生まれ変わることができるのだという光を見た。この世の国家権力によって作られた優越排他意識の擬似種族が死んで、李仁夏という名前と実体の人格が創り直されるのだという希望が示されたのである。

翌年、私は東京の神学校に転じた。そして、今の私がある。どんな人間集団、国家、宗教すらも擬似信仰体系になりうるので、そこからの自由と同時に、人々にどう仕えるかが、それからの私の日常的な問いとなった。

私は曲がりなりにも一七歳の時受洗したキリスト者だったので、中学時代、靖国に代わる地方版の護国神社には集団で参拝させられた時には、それが偶像崇拝になりはしないかと悩んだ。しかし、「皇国臣民の誓詞」にあるような「心を合わせて、天皇陛下に忠誠を尽くします」という人間にいつの間にか変貌させられた岩城政雄がそこにいた。

私は、被支配者が見事に支配国家の一員になろうとした心情が靖国の思想に通じていたという深い悔恨を語らないで、現在の靖国の諸問題の討議には入れない。

■「靖国」が呼び起こす「反日」運動

二〇〇五年は日本と朝鮮半島との関わりで節目の年だった。一九〇五年の「乙巳の保護条約」と呼ばれる第二次日韓協約一〇〇周年にあたるからである。その前年、一九〇四年の第一次協約で日本軍の駐留が決まり、国防権が日本に移った。そして、第二次協約で大韓帝国の外交権が奪われ、この年、日本の植民地支配はほぼ完成した。

しかし、イラクで米軍に対する抵抗運動がさまざまな形で続いているのを見ればわかりやすいが、朝鮮植民地支配がすんなりと進められたわけではない。明治政府の中枢にいた大物政治家、伊藤博文が、その翌年、初代の統監として赴任したが、国軍解体後の義兵運動を指揮していた安重根にハルピンの駅頭で射殺された。日本が、朝鮮だけではなく、中国の北東部「満州」の植民地支配に乗りだしていた最中のことだった。それが、日清・日露戦争の勝利による日本のアジア侵略の流れだった。

一九四五年は日本の敗戦と降伏の年で、昨年はその六〇周年にあたるが、朝鮮半島側から見ると、植民地支配からの解放を祝う光復節の六〇周年目となる。当時の東西冷戦構造から半島は三八度線により分断され、北にはソ連軍、南には米軍がそれぞれ駐留して、日本軍の武装解除にあたった。半島分断の遠因は日本の植民地支配であったことを忘れてはならない。一九四八年、南に大韓民国、北に朝鮮民主主義人民共和国が成立したが、一九五〇年から南北の人々が血で血を洗うような朝鮮戦争を足かけ四年も経験し、今も両者は三八度あたりの休戦ライン上で睨み合っている。しかし、南北統一の民族国家にしたいという願いがあの戦争であった。離散家族一〇〇〇万人を抱える分断国家の痛みと植民地支配の責任を日本人が共有しない限り、北東アジアの平和はありえない。

二〇〇五年はもう一つの記念すべき年だった。北の朝鮮民主主義人民共和国を外して、日韓の国交正常化を謳った日韓条約が交わされたのが一九六五年だった。建前であれ、大韓民国を朝鮮半島唯一の合法政権と認めたこの条約締結の四〇周年にあたる。

さて、韓日両国首脳は前年の二〇〇四年を日韓友情年と定め、知名度の高いタレントを友情大使に任命して、はなばなしく新たな門出を祝った。両国の経済交流は自由貿易（ＦＴＡ）の話し合いとなり、文化面では韓流と日流現象が友情の深化に拍車をかけた。日本では地方の空港にまで韓国への直行便が入り、羽田と金浦にシャトル便まで飛ぶようになった。ＦＴＡ交渉に対して韓国の農民の反対運動はあったが、政治外交面で両国の間に軋轢が生じる気配はまったくなかった。

しかし、友情の年だったはずの二〇〇五年、両国の関係が突然きしみはじめ、あっという間に「反日」感情が韓国人にひろがった。それは、二月に島根県議会が竹島（韓国では独島《ドクド》と呼ぶ）領有条例を可決したことが引き金だった。島根県議会の根拠は次のようなものだ。

一〇〇年前の乙巳保護条約により大韓民国の外交権が剥奪される前に、島根県は竹島の領有を主張し、外務省がこれを認めて、一年間どこの国からもクレームがなかったから、日本固有の領土とした。

しかし、大韓民国は紀元五一二年の三国志記により独島を自国の領土であると主張しようにも、日本軍の占領下では外交のチャンネルを失って、どうしようもなかった。一〇〇年前のこの年が日本の植民地支配の仕上げだったのだ。島根県議会の竹島領有条例可決は時期が最悪だった。国民だけではなく、韓国政府も烈火のごとく怒り、激しい抗議声明を出した。島根県と姉妹関係にあった慶尚北道はこれを破棄し、抗議の声明を出した。

「反日」の伏線は、一九八〇年代から始まる教科書問題にある。歴史教科書検定の歴史的事実の歪曲は、一九八二年に続いて、二〇〇五年にピークに達した。二〇〇五年の文科省による教科書検定でどんなことが起きたか――。「新しい歴史教科書をつくる会」の中学生公民の教科書（扶桑社発行）の原本には「竹島の領有については日韓の間に争いがある」と記述されていたのに、検定を経て出されたテキストにでは「日本固有の領土なのに韓国が不法占拠している」という趣旨に変わっていたのである。これが、文科省と外務省を含めた日本政府の公式見解なのである。日本の駐韓国大使も、この立場に固執して、韓国を離れなくてはならなくなった。

日本が連合軍に占領された時、GHQは一九四六年一月二九日付覚書六七七号で「日本の範囲から除かれる地域は鬱陵島、独島（竹島）」と通告している。また、漁業問題と関連した同年六月二二日付覚書は「日本の船舶および船員は独島から一二カイリ以内に近づいてはならない」と明確に通告している。日本側の言い分は「一九五二年のサンフランシスコ平和条約では竹島は外されていた」というものだ。しかし、無人の岩礁からなるこの小さい島のことは、占領政策で日本領土から除かれると明言された以上、あらためて言及されるまでもなかったと考えるのが自然ではなかろうか。

日本政府の確信犯的言動は、朝鮮半島南北両方の政府と民衆に一〇〇年前の侵略の再現かと疑わせるに十分だったのである。

韓国の「反日」感情は、日本人一般ではなく、小泉首相を取り巻く政治権力とそれを支えているネオ・ナショナリズム層に向けられている。今世紀に入って有事立法を成立させ、憲法九条を改定して戦争のできる国へと舵を切った流れの象徴的行為が、小泉首相の靖国神社参拝だったのである。日韓首脳相互訪問は、盧武鉉大統領の日本訪問が実現されないまま終わった。二〇〇五年一一月、ＡＰＥＣの開催国だった韓国の釜山での儀礼的両首脳会談で盧大統領は小泉首相の「靖国」への固執を韓国への挑戦だと語った。

小泉首相は「靖国は心の問題だから外交の争点にはならない」としきりに言う。しかし、それは中国の「反日」運動を呼び起こし、国連の常任理事国入りは経済大国日本としては当然のことなのに、中国とアジア諸国を、反対あるいは消極的な立場に向かわせた。

一二月、マレーシアで行なわれたＡＳＥＡＮ、中・韓・日三国に米国の意を受けたニュージーランド、オーストラリア、インドを加えた首脳会議は、初めてアジアの共同体を目標に掲げる声明を発表した。しかし、中・韓・日三国の首脳会談は延期され、三国の投資協定交渉という経済問題にまで影響が出た。これは「『靖国』波及、暗礁に」（「朝日新聞」二〇〇六年一二月七日）と報道されるほど大変な政治問題なのに、政権交代の動きもなく、今は小泉首相の任期が終わるのをただ待っているだけだ。メディアの責任でもあるが、国民は偽装建築とライブドア事件にばかり振りまわされている。

一九七二年の日中国交回復のベースは、国家を誤って導いた政治指導者の下で日本の一般国民も犠牲になったという認識だった。だからこそ、アジアの侵略と植民地支配を主導したA級戦犯を合祀して、あの戦争を聖戦化しようとするいかなる営み——それは靖国神社を支える日本遺族会と厚生省のたくらみである——も中国は許すことができないのである。それを単に中国のナショナリズムのせいにするのは明らかに間違っている。

中国人もそうだと思うが、韓国人の立場から私が伝えたいことがある。私が「反日」とカッコに入れたのには理由がある。あの歪曲された検定教科書の採択率が結局一パーセントにも満たなかったのは、日本人市民の健闘があったからではないか、という評価が韓国から届いている。民主化闘争で鍛えられた韓国の市民運動は、日本の市民運動との連帯を求めている。現に、「反日」運動のただ中でもさまざまな市民運動は継続していた、私の居住地、川崎市は同じ立地条件（首都と港を結ぶ地点）の富川市と姉妹都市になっているが、その交流は途絶えることがなかった。

独島問題が湧き起こった時、今は亡き歴史学者梶村秀樹の韓国の立場を認める冷静な分析は、堀和生、高崎宗司、島根大学名誉教授内藤正中諸氏に受け継がれた。戦後、朝鮮史の皇国史観（他律史観）からの脱皮を促し、内在史観（朝鮮人による自立史観）を唱えた梶村の早逝が惜しませる。私も、川崎の地元でいっしょに仕事をしている日本人スタッフも彼に負うところが多い。

■天皇制国家と擬似宗教としての靖国

「靖国」を論ずることは簡単ではない。高橋哲哉『靖国問題』の冒頭に、日本人対アジア人（被植民地国、被侵略国）の感情の相克が見事に分析されている。歴史認識、宗教、文化の諸領域から総括的に論じた「靖国」の入門書として推薦できる。

私は明治政府が進めた国家神道の成立文脈の中で靖国神社の位置づけを問う歴史的考察が必要と思っている。

明治新政府のリーダーたちが倒幕の革命に走る動機づけは尊皇攘夷だった。しかし、江戸幕府によって既に日米和親条約（一八五四年）と対西洋開国の通告（一八五九年）がなされていたので、一八六八年の明治維新新政府は、欧米の先進国に学び、近代国民国家を形成しようと試みた。明治天皇は「朕爰《ちんここ》に建国の体に基き、広く海外各国の成法を斟酌《しんしゃく》し、以て国憲を定めんとす」という勅語を下した。

最初の憲法草案（一八八〇年）は天皇制をドイツ流の立憲君主制と同じにしようとしたが、岩倉具視などの反対にあって葬られた（高木八尺・末延三次・宮沢俊義編、一九五七年）。その九年後に生まれた大日本帝国憲法（明治憲法と呼ばれる）は、ヨーロッパの立憲君主制を超えて、神権主義的な君主制の色彩がきわめて強いものであった。

第一条「大日本帝国ハ万世一系ノ天皇之ヲ統治ス」では、主権在民ではなく、主権は天皇にあると宣言している。第三条にいたっては、神の子としての天皇の神格化をうたい、「神聖ニシテ侵スヘカラス」と定められ、第四条では天皇は「国ノ元首ニシテ統治権を総攬」する者、立法・司法・行政をすべて掌握し統治する権限を有するものとされた。天皇の神格化が「神の意志」だという明治憲法の精神は、日本書記が伝える皇祖天照大神の神話時代からの継承だった（芦部信喜、一九九九年）。それがやがて現人神の信仰を生み、私自身のような統治された植民地出身者の歪められた人格形成にまで影響を及ぼしたのである。

そのような現人神の信仰は一朝一夕に仕上がったわけではない。明治憲法にあるような天皇を頂点とする統治機構を確立するために、皇室神道を中核とする神道国教化政策を進めるのに、一番邪魔になったのはキリスト教だった。一八七三年二月まで「切支丹邪宗門の儀は堅く御禁制たり」という高札が立てられていた。キリスト教徒は「兎角日本の神を辱しめ風俗を乱し父子兄弟不和を醸し候様の義有候」と見なされた。

キリスト教だけではなく、幕藩体制を支えた仏教も早くから排除の対象とされ、維新政権確立とともに神仏判然令（お寺と神社を明確に分けるというもの）が出され、全国に廃仏毀釈の動きが広がった。それは天皇神格化のための祭司的役割を国教神道に担わせるという政権の決断によってだった。

政府は祭政一致の政治機構としての神祇官《じんぎかん》を置き、一八七一年に神祇省《じんぎしょう》、一八七二年に教部省《きょうぶしょう》と改められた。そして、天皇崇拝と聖旨遵守のため国民教化を計り、廃仏政策を改めて、神仏二教を推進することとした。しかし、それは「信教の自由」を保障する近代国家になじまないということで、神道国教化政策は巧妙になり、一八七七年、政府は神社を宗教から分離し、もっぱら天皇神格化に仕える道具としてこれを利用した。こうして神道は素朴な宗教性を喪失し、国家宗教に変貌した。そして、明治憲法二八条の「信教の自由」は次のように規定された。

「日本臣民ハ安寧秩序ヲ妨ケス及臣民タルノ義務ニ背カサル限ニ於テ信教ノ自由ヲ有ス」

信教の自由は国体に背かない限りにおいて存立を許されたのである。神社非宗教論が仏教とやがてキリスト教をも天皇神格化の国体に組み込むことになった（土肥昭夫、一九八〇年）。

私の少年時代の朝鮮植民地にも、朝鮮神宮（と未鎮座に終わった扶余神宮）を官幣大社とし、更に各道に国幣社の設置を進める国家神道が導入され、公立学校と地方の公務員集団は参拝を強制された。神社参拝が皇国臣民の証のように喧伝された。

この難問にぶつかったのが朝鮮キリスト教だった。一九三五年に平安南道（道廳は平壌市）知事が公私立中・専門学校の校長を会議に招集した際、一斉に平壌神社参拝をうながした。長老派が創立したミッション・スクールの平壌嵩美専門学校校長G・S・マキューン博士と嵩義女子高学校校長V・スヌーク女史は平壌神社参拝を拒否して、やがて校長の身分を剥奪された。

それを契機に、神社参拝強要が激しくなり、ついに、朝鮮の近代教育に尽くした長老派のミッション・スクールの多くは自ら廃校の道を選んだ（李省展、二〇〇六年）。

しかし、一九三八年の秋、朝鮮耶蘇《イエス》教長老会総会は官憲列席の前で「われらは、神社は宗教に非ず、かつ、キリスト教の教理に反かざる本意を理解し、神社参拝が愛国的国家儀式なることを自覚す。よって、ここに神社参拝を率先励行し、……時局下における銃後国民として赤誠をつくさんことを期す」と、反対もあったが、多数決で決議した。そして、その代表の総会長と数名のリーダーは、朝鮮神宮の宮司の案内で、国家神道の中心である伊勢神宮に参拝させられた、という記録が残っている（小池健治・西川重則・村上重良編、一九七八年）。

しかし、この決議にもかかわらず、それに抗う牧師、信徒リーダー約二〇〇〇名は投獄され、朱基徹牧師ら約五〇名は結局、殉教の死を選んだ。国家神道が国家権力の暴力の道具とされたのは、植民地においてもっとも明らかな姿をとったと私は思う。

韓国のキリスト教はかような弾圧をくぐりぬけ、亡国の悲運の中に、民衆とともに苦悩を体験しつつ、今日の人口の約四分の一を占めるほどに成長した。普遍性を持たない国家宗教の神社は朝鮮半島にその影すらない。

説明するまでもなく、靖国神社は上記の国家神道形成の文脈でその本質が明らかにされる。天皇制国家の政治的決断により、国家のため犠牲になった軍人と軍関係者のみを祭神として東京招魂社が建立され（一八六九年）、やがて別格官幣社の靖国神社となった（一八七九年）。こうして明治以降の数々の侵略戦争の聖戦化、英霊を顕彰する国教化が進められた。

私を含めて、韓国人、台湾人の心情を複雑にするのは、皇軍に動員された韓国人と台湾人の戦死者が約五万人も合祀されていることである。戦後、それを民族的屈辱と考える遺族等の合祀取り下げ運動は神社側の拒否にあっただけでなく、そのための法廷闘争も成功した事例がない。戦後、日本人自衛官の公務中の事故死が山口県護国神社に合祀されたことを拒否することを訴えたキリスト者遺族、中谷康子原告の裁判も、最高裁判所で棄却された。現憲法の信教の自由条項は祭る側の自由を保障しているからとの理屈からだった。しかし、素朴な疑問だが、東京空襲、広島・長崎の被爆者はなぜ合祀から外されているのか。戦時中の国民総動員令を考える時、これはきわめて矛盾していないか。

戦後、GHQは日本の非軍事化のターゲットとしての靖国神社の存廃について考えたが、結局、象徴天皇制とともに、靖国神社は他の神社と同じ一宗教法人として残された。ここでまた、国家によって宗教ではないと位置づけされた靖国神社が宗教となったのである。それだけではない。極東国際軍事裁判において「平和に対する罪」すなわち侵略戦争を主導したA級戦犯のうち絞首刑になった七名と裁判中に病死した七名、合わせて一四名が、一九七八年に合祀された。一九七〇年までに、B・C級戦犯のうち絞首刑になったり刑死したりした約一〇〇〇人も、昭和の殉難者として既に合祀されていた。そして、靖国神社のレーゾン・デートル（存在理由）を展示する新遊就館はまるで戦前回帰の場となり、侵略戦争の聖戦化を図っているので、それこそ宗教法人の名が泣くというものだ。

靖国神社が国際社会で注目を浴びたのは、一九八五年、「戦後政治の総決算」を唱えて登場した中曽根康弘首相（当時）が公式参拝をした時である。中国、韓国、シンガポール、（当時の）香港、イギリス、ソ連、米国ですら、批判と懸念を示した。中曽根は列国、特に中国の批判を受けて参拝を中止した。

その後、歴代の首相は伊勢神宮を参拝し、靖国神社には非公式に参拝を続けたが、小泉首相は自民党総裁選挙公約のとおり、就任以来、公式参拝を繰り返し、「心ならずも戦場に駆り出された人たちの死を弔って何が悪い、不戦を誓って何が悪い」と居直っている。そして、首相による公式参拝は政教分離の憲法規定に反するとの司法の判断もあって、参拝の形式は簡略化したが、二〇〇六年一月現在、中国と韓国から首脳会談は拒否されている。

今、靖国神社に代わって無宗教の国立追悼施設の設立の是非が政界で論じられているが、一にそれは政治的判断による。それが「第二の靖国」（高橋哲哉『靖国問題』）にならないためには、日本人の多くに深く宿る靖国肯定の心情を相対化しなければならない。そのためにも、歴史位相を異にする被侵略の立場にある人々の痛みを共感できる地平に向かって、国家の方向を探らなければならない。

憲法九条は、単に日本だけでなく、アジアの宝ではなかろうか。そういう意味で、今が「危機」という言葉にふさわしい時だと日本の市民に訴えたい。

■北東アジアの安保と平和の文脈で

「靖国」問題が単に日本国内の問題でなく、国際政治の問題と化したのは、あの戦争の侵略国と被侵略国の人々の感情の相克にとどまらず、地球規模で興りつつある新しい政治・経済・文化の流れに対して「靖国」が大きな阻害要因になっているからである。I・ウォーラースティンは一七八九年のフランス革命から始まった国民国家は二〇〇年の歴史を重ねたあと、一九八九年のベルリンの壁崩壊を経て、その枠組みを越えてトランス・ナショナルな地域共同体への統合に向かってギアを切り替えたと述べている（I・ウォーラースティン、一九九七年）。もちろん国民国家の役割が完全になくなったわけではなく、たとえば、ヨーロッパと東欧の二五ヵ国はそれぞれのナショナル・アイデンティティを保持しつつ、ヨーロッパ連合（EU）としてのアイデンティティを持っている。一八、一九世紀の帝国主義的植民地支配と二〇世紀の二度にわたる世界大戦の悲劇を経て得られた歴史認識の共有が、この新しい潮流を生み出した。中でもドイツ人の過去の歴史への反省があって、ドイツとフランスが和解したことがEU成立の先導となった。

EUの共通憲法がいまだ成立しない現状の中で、二五ヵ国にはそれぞれ経済格差があるが、それは国民国家に逆戻りすることを意味するのではなく、地域共同体の産みの苦しみと考えられる。

EUほどの結束ではないが、植民地支配から解放されたアフリカ大陸のアフリカ統一機構（OAU）も、加盟諸国が独自では解決困難な問題に共同で対処している。OAUは一九六三年、国連憲章と世界人権宣言に沿って、人種的・国民的相違を超えた統一と、国家主権と領土の尊重の下に、新植民地主義と闘うことを目的に設立された。日本の国連常任委員会立候補に際して、協力を求められたアフリカ諸国が、OAUに諮り、アフリカ代表国を入れるべきだと、別の動きをしたのが記憶に新しい。

一九四八年には、南北アメリカ地域の平和と安全の保障と相互理解を図る地域協力機構ＯＡＳが生まれた。コロンビアで調印されたボゴダ憲章によって北米のカナダ、米国と、キューバを除く中南米諸国が加盟している。東西冷戦のさなかで当初は米国主導の反共色が強かったが、その後、中南米諸国の民族主義が色濃くなり、米国主導のマーケット・システムに対抗して結束する場ともなっている。また、域内の民主化と人権の確立を助ける役割も担ってきた。

刮目すべきは、東南アジア諸国連合（ＡＳＥＡＮ）の発足（一九六七年）とその働きである。発展途上国でもっとも成熟した地域共同組織と言われているＡＳＥＡＮは、最初、南シナ海とボルネオ海を囲む五ヵ国――インドネシア、マレーシア、シンガポール、タイ、フィリピンの五ヵ国によって発足したが、八四年にブルネイ、九〇年代に入りベトナム、ビルマ、ラオス、カンボジアが加盟、一〇ヵ国、域内人口五億を束ねる機構となった。

当初は域内の経済、社会分野の協力を目標にする年次外相会議だったが、七六年、首脳会議でＡＳＥＡＮ協和宣言が出され、紛争を武力ではなく対話によって解決するという政治協力がうたわれ、安全保障面の強化も試みられるようになった。

ＡＳＥＡＮは九〇年代に入り、ＡＳＥＡＮ地域フォーラム（ＡＲＦ）に拡大され、九四年、第一回の会合がバンコクで開かれた。ＡＳＥＡＮ諸国以外に対話国・機構、オブザーバー等の二二ヵ国と一機関、一機構が参加して、冷戦後のアジア太平洋地域の安全保障問題、二一世紀に入ってはテロ対策等が論じられるようになった。二〇〇〇年七月の第七回の会合に朝鮮民主主義共和国が正式メンバーとして招待されたのは特筆に価する。

経済協力を得るためのＡＳＥＡＮ＋３（中国、韓国、日本）もあるが、九六年には、バンコクで第一回アジア欧州会議（ＡＳＥＭ）がＥＵとＡＳＥＡＮ加盟国、中国、韓国、日本の参加で開催された。これは、二〇〇五年一一月、当番国韓国の釜山で開かれたアジア太平洋経済協力会議（ＡＰＥＣ）に対置して、ＥＵ関係国との経済・貿易の協力関係を強化するために設けられたもので、二年毎に、主として経済閣僚会議を開いている。このような流れの中から、「アジア共同体」という方向性が、クアラルンプールで開かれたＡＳＥＡＮ＋３とインド、ニュージーランド、オーストラリアを加えた首脳会議の共同声明に盛られた。

私はここで、北東アジアの諸国がＡＳＥＡＮの活発な動きに対応するために、より主体的に、北東アジア域内にある緊張関係を乗り越えて、安全保障を含めた平和な共同体を構築できるかとの問いを発したい。これは単なる夢ではなく、実現可能な提案である。その鍵を握っているのが日本だと思う。それは「靖国」問題をもクリアしてのことだが、同時にこの問題も、北東アジアの平和を志向する国家になることで解決できると信じて疑わない。

しかし、その方向に歯止めをかけているのが、日米の安保条約の新ガイド・ラインである。グローバリゼーションのマーケット・システムを握る米国の一国覇権主義の抵抗軸として、昨今日本においてネオ・ナショナリズムが台頭していると言われるが、現実には日米安保の枠内で、日本はより戦争のできる国へと変貌している。

かつて、国際政治学では「ビンの蓋」論があって、中国も朝鮮半島南北も、日米安保による米軍の日本駐留が日本の再軍備を抑えているとして、日米同盟を暗黙のうちに容認していたが、それが機能しなくなって、むしろ脅威となりつつある。「ビンの蓋」の無効化である。

一九七五年、ベトナム戦で敗退した米軍は、沖縄だけでなく、韓国の駐留をも強化し、北朝鮮（便宜的略称として）に敵対する韓米共同演習を繰り返した。ブッシュ政権は北朝鮮を「悪の枢軸国」と呼んだことで知られるが、民主党のクリントン政権も当初は、北朝鮮政策は敵対的なものであった。九三年、平壌の北、寧辺に核施設を発見し、イラク戦争のような先制攻撃をしかけようとしたが、シミュレーションの結果、米軍だけでなく、韓国軍、ソウル市民にもあまりに多くの犠牲者が出ることがわかった。韓国の金泳三大統領（当時）は韓国兵は一兵たりとも出さないとクリントン大統領に電話で通告したという。

九四年のカーター元大統領の平壌訪問で始まったのが、米朝国交を目標とする「ジュネーブ枠組み」（交渉のあった場所にちなんでこう呼ばれる）である。ところが、不幸なことに、金日成首席の死によって、北朝鮮は、米朝間で約束した目標を米国側がサボタージュするという憂き目にあう。米国は北朝鮮の自然崩壊もありうると考えたからである。米国は、北朝鮮が核開発を凍結する代わりに燃料補給と軽水炉二基を提供することを朝鮮エネルギー開発機構（ＫＥＤＯ）にジェスチャーとして示し、基礎工事も始まったが、二〇〇五年、北朝鮮の核兵器所有宣言により、韓国の反対にもかかわらず、米国はこれを中止した。

九〇年代の後半、北朝鮮は数年間の気候不順による飢饉に見舞われた。国連を通して国際人道支援を受けるようになり、二〇〇五年にようやく危機から脱したようだ。そうした中で、九八年、長距離ミサイル、テポドンが日本列島を飛び越えて太平洋にまで届いた。それはアラスカをも射程に収めることができると言われ、米国は否応なしに対応を迫られた。それが、北朝鮮が核やミサイル開発を凍結すれば国交正常化を進めるが、続けるのなら脅威封じ込め策をとるという、元国防長官の名にちなんだ「ペリー・プロセス」だった。北朝鮮は核、ミサイル開発凍結の道を選んだ。二〇〇〇年、ナンバー2と言われる国防委員会副委員長、趙明禄《チョミンロク》将軍がワシントンを訪問し、敵対関係終結をうたった朝米共同コミュニケすら発表された。民主党政権が続いていたらと思うが、好事魔多し、共和党のブッシュ政権が生まれてその成果は水泡に帰した。

この朝米関係のねじれを縫うように、一九九九年、日米安保条約の新ガイド・ライン関連法案の一つである周辺事態法が成立した。有事に際して、米軍の後方支援に自衛隊が当たり、自治体と民間の協力を要請できるという内容だった。国会討議であいまいだった「周辺」が遠くインド洋からイラクにまで及んだのは周知の通りである。

この間、北朝鮮の不審船さわぎ、日本人拉致事実の判明と続き、北朝鮮の脅威がメディアを覆った。世論の北朝鮮バッシングに助けられ、ついに有事三法が成立した。さらに、最近は与野党を問わず、中国脅威論が喧しくなった。小泉首相の一貫した靖国へのこだわりによって詰まった日中・

日韓のパイプを通し直そうという動きも自民党の中にあるが、予断を許さない。

北東アジアにはまったく別の動きもある。二〇〇三年後半、米国はイラク戦争に踏み込んでいたので、厄介な北朝鮮の核兵器開発をやめさせるために、中国を説得して議長国になってもらい、米・中・日・露・韓・朝の六ヵ国会談に解決を委ねた。南北朝鮮は一九九一年に朝鮮半島の非核宣言に合意していたのに、朝米外交の破綻により、北朝鮮は核開発に乗り出していたわけである。この六ヵ国会談は北朝鮮の核兵器開発を断念させるという、いわば「負」の問題から入ったが、二年数ヵ月を要して、二〇〇五年九月に、ともかくも共同声明が出され、核問題解決の方向性が示された。六ヵ国会談が北東アジア地域のこれからの常設的な安保対話の機構となる可能性を示したことは大きな成果だった。

二ヵ月後の五回目の会談では、共同声明の実現をめざすロードマップを描くはずだったが、妥結にいたらず、北朝鮮代表は米国が北朝鮮のマネーロンダリングを理由にマカオの銀行と取引を停止したことを激しく批判した。しかし、一方で米国代表は北朝鮮が寧辺の原子炉の稼動とプルトニウム再処理などを中断するならば、ワシントンと平壌に連絡事務所を置くなど、相応の信頼醸成措置をとる用意があると表明するなど、長年の相互不信を乗り越えようとする入口にさしかかっている。

二〇〇〇年六月の南北の和解と統一をめざした共同宣言の当事者、韓国は、北朝鮮の提供した開城の工業特区に多くの企業の進出を推進しその製品がソウルで売られるようになった。官民の交流の深まりから、韓国は六ヵ国会談では中国とともに朝米両国を説得する役割を果たしている。

朱建栄氏によれば、二〇〇四年までの六ヵ国会談の中国側責任者、現駐日大使王毅氏は次のように語っている。

「六者協議は北東アジア主要諸国、および、この地域に重要な利益を持つ大国をカバーしており、その機能は、まず、核問題の解決、朝鮮半島の非核化にある。次に望まれるのは朝鮮半島の休戦体制を永久な和平体制に転換させ、地球に残る最後の第二次大戦の遺物を葬ることだ。そして、その上で、このメカニズムをベースに、政治・経済・安全保障の各方面を含めた北東アジアの新しい協力メカニズムを模索・構築することである」（『世界』二〇〇六年一月号、岩波書店）

そして朱氏は東アジア共同体の行方は日中の参加と協力にかかっていると説く。

「日中両国とも戦略的な決断をしなければならない。日本は米国とアジアとの間で二者択一するのではなく、日米同盟と東アジア共同体の中心メンバー、という両者を並立させる決意をすべきだ」

この発言の枕詞に、日中は「真のアジアの大国の気概を示すためにも」とあるが、私は朝鮮半島が分断の悲劇を克服した暁には、両大国のバランサーとなれるだろうと確信する。大国同士はえてして利害がぶつかることがあるので、より小さい国がクッションの役割を果たせる。私は六ヵ国会談が「負」から転じて「正」になった時、モンゴルという小国も加えて七ヵ国の安保と平和の共同体に発展することを願っている。

民主化を自らの手で勝ち取った韓国の識者の座談会を読んだことがある。ソウル大学名誉教授、白楽晴氏（軍事政権下で受難の経歴を持つ）は、北東アジアの域内人口、一五億が、盧武鉉大統領の言うように、北東アジアの共同繁栄を叫べば、世界の人々は脅威に感ずるだろう。だから、この地域の経済は地球規模の貧富の格差を埋める方向性を持つべきだと主張した。そういう意味で、北東アジアの平和は、経済・環境問題を含めて、地球共同体を目指すものでなければならない。そのために、既存の地域共同体との連携が求められるのは当然のことである。既にその方向にあるASEANの経験と知恵から学ばなければならない。

最初に日本が北東アジアの安保と平和の鍵を握っていると述べたが、日本は日米安保だけでなく、もう一本の軸足をアジアに置いて、北東アジアの平和構築に向かう共同作業に参加しなければならない。そのためにはまず、地球上で唯一の未修好国、北朝鮮との間にあるトゲを抜かねばならない。

小泉首相の「靖国」の対極に「平壌宣言」がある。二〇〇二年九月一七日、小泉首相が突然平壌を訪問し、驚くべき内容の宣言に朝鮮民主主義人民共和国国防委員会委員長、金正日と並んで、日本国総理大臣小泉純一郎と署名したのには、いくつかの推測があった。米国がイラクと北朝鮮とを相手に二面戦争をすることはできないので、日本に依頼してこの訪問があった、という説があり、また、訪問一週間前に日本独自の外交をすると米国に伝えたという説もある。

二〇〇四年秋、ソウルで韓国民主化同志会の会合が持たれた時、一〇名ほどの友人たちが金大中前大統領を礼訪する機会が設定された。私はこの疑問をぶつけたが、金前大統領は日本独自の外交という後者の説に近い発言をされると同時に、自分が大統領在任中、二〇〇〇年の南北サミットの共同宣言後、小渕首相時代に引き続き、森首相にも北朝鮮との修好を直接電話でうながしたことがあると語ってくれた。日朝修好は南北和解と統一の助けとなるとも伝えたようだ。一九九〇年、日本は独自の判断で与党の金丸信を中心とする超党派外交で、北朝鮮との修好が成立しそうな流れだったが、それを止めたのは韓米の猛反対だったとも語ってくれた。しかし、森首相の時代からあった方向が外務省によってひそかに進められ、小泉首相の決断で平壌宣言が生まれたのであろう。

私は戦後日本の外交文書で、条約ではないが、修好交渉に臨む理念として、この宣言の右に出るものはないと評価する。ところが、宣言に署名した日に明らかになった拉致問題によって、犠牲者家族を中心として、日本の世論は全く反対の方向に進んでしまった。拉致問題を含めて、今の事態を痛恨の思いで見つめているのは、私たち在日同胞である。

幸いなことに、平壌宣言は署名した両首脳、両政府ともにまだ有効だと言明しているが、そこに盛られた日本側の歴史認識は、中国も韓国も国交正常化の時に引き出せなかったものである。北朝鮮のねばり腰を評価する声もある。また、日本人拉致を、国家権力の中枢にいる者が先代と自分の責任として謝罪したことも、前代未聞のこととして評価する声がヨーロッパにあるとも伝えられている。

宣言の序文は、両首脳の会談が両国の不幸な過去を清算し、懸案の解決と実りある政治・経済・

文化関係の樹立が双方の基本利益に合致し、地域の平和と安定に寄与するとの共通認識を確認した。

①日朝国交正常化を早期に実現し、一〇月中に交渉を再開する。そのための相互の信頼関係と誠意ある取り組みへの強い決意を表明した。

②日本側は、過去の植民地支配によって、朝鮮の人々に多大の損害と苦痛を与えたという歴史の事実を謙虚に受け止め、痛切な反省と心からのお詫びの気持ちを表明した。そして、無償資金協力、低金利の長期借款供与と人道支援を含めた経済協力、民間経済活動への融資への融資、信用供与等を約束した。それに、財産・請求権の相互放棄の基本原則（これは日韓条約にならう）等を協議する。

③北朝鮮側の拉致（この直接表現はないが）への言及。日朝の不正常な関係にある中で生じたこのような事態についての遺憾表明が記され、双方は国際法を遵守し、互いの安心を脅かす行動はとらないと確認した。

④北東アジア地域の平和と安定を維持、強化のための協力を確認。また、共に、核問題およびミサイル問題を含む諸問題に関し、諸国間の対話を促進し、解決を図る必要性を確認した。さらに、北朝鮮側はミサイル発射のモラトリアムを二〇〇三年以降も延長する意向を表明した。

私は、一九六五年の日韓国交を目指す条約が締結されるまで一五年という長い年月を要し、何度か中断されたのちようやく成立したことを想起する。中断の原因は日本の植民地支配に関わる歴史認識だった。佐藤政権の椎名外相がソウル空港で、過去の植民地支配を「遺憾であった」と表明するのがぎりぎりの線だった。韓国のメディアは「遺憾」という語の分析までして、条約の内容に反対した。当時の韓国のキリスト教界は保守、リベラルを問わず、「救国委員会」を組織し、救国祈祷会まで催して、条約の内容に反対を表明した。日本側の過去に対する歴史認識が反対のもっとも大きな理由だった。

平壌宣言が大切だと思うのは、過去への悔い改めを、一九九五年、敗戦五〇年目の日本国会で表明した村山首相のラインに即して明記したことである。もちろん、拉致問題がつまずきの石になったが、日朝国交正常化のみぎりに、北朝鮮から犠牲者への補償があって当然だと思う。韓国と台湾のハンセン病患者への国家補償が自民党の提案で国会に上程されるという朗報が伝わっている。さらに、戦時中動員された慰安婦たちの余命いくばくもない人々を救済しようとする立法措置が、弁護士会と市民により何度も上程されようとしている。日本の拉致被害者を救う会は平壌宣言にうたわれている歴史認識を深いところで共有してほしい。

私は双方の歴史の過ちを相殺しようと言っているのではない。P・ティリッヒはナチから逃れたニューヨークの神学校の教授だが、ドイツ人の罪責を四つの面から問うた。直接手を下した罪責、歴史に無知だった罪責、無関心だった罪責、相殺しようとする罪責、の四つである。私は分断国家の韓国籍を有する者として、朝鮮民族の犯した拉致行為については痛恨の思いでいる。しかし、平壌宣言は不充分ながら双方の罪責が告白され、記録され、相互の安全を脅かすことのない信頼関係の構築がうたわれている。そこに盛られた歴史認識は、「靖国」思想とはまったく反対の、北東アジアの安保と平和である。この方向に舵を切る日本の政治決断は、米軍再編のシナリオにもブレーキをかけることにならないだろうか。これからも続く日朝国交正常化交渉はいくつかの峠を越さなければならないだろうと思うが、今、ロードマップを模索している六ヵ国会談とあいまって、歴史を希望的未来へとつなげる営みとなることを切に願う。

■むすび――憲法九条はアジアの平和への保障

日本は今、国家として、曲がり角にさしかかっている。この危機状況で私が思い出す人物がいる。一九六〇年代に米国第三五代大統領として颯爽と登場したJ・F・ケネディである。彼の就任演説はいまだに記憶に新しい。「アメリカ市民は国家が自分たちに何をしてくれるかと期待しないで、どういう国家にしたいかを考えるべきだ」という市民への訴えが感動的だった。彼は一九六三年一一月二二日に暗殺されたが、優れたリーダーとしての「ケネディ神話」はいまだに健在だ。日本国民は今、まさに同じ問いかけを受けている。政治の世界では、少数派の野党を除いて、自民党と民主党の多くは憲法改正を俎上に乗せ、自民党は既に改憲素案を発表し、国民投票法案を国会にかけようとしている。その背後の思想が「靖国」である。私が危惧しているのは、戦争を経験しなかった若い世代の国会議員が国際協力という美名の下で、特に憲法九条改悪をターゲットにしていることだ。

この流れに抗う市民と宗教者（仏教とキリスト教の反靖国運動を担う一群）が健闘している。特に「九条の会」が日本全国に草の根運動を展開していることは注目に値する。私の若い在日の友人は「憲法は二千万の民の血の代償として日本人の手に渡った。この憲法を破棄することはアジアへの宣戦布告だ」と叫んだ（「朝日新聞」二〇〇六年一月二八日）。

彼女の鋭い感性は真実をついている。あの一五年戦争で二〇〇〇万のアジアの民が犠牲者となったが、戦場で、東京空襲で、広島・長崎で、日本人も三〇〇万以上の血が流された。だからこそ、憲法九条は血の代償による日本人の宝であると同時に、アジアの平和を担保する宝である。それは、戦争を放棄して軍隊を置かない中米のコスタリカとともに、地球全体の宝である。今の政権がイラクに自衛隊を送った立法措置は明らかに憲法違反であった。憲法解釈で間に合わないから改正するとはもってのほかである。私は国家が「靖国」を必要としない時代が来ることに賭けたい。過去の犠牲はそれぞれの遺族に帰すべきである。国家がすることは過去の戦争犠牲者援護法の立法措置だけにすべきだと思う。それに加えて、被植民地と侵略国の犠牲者個人への補償が平和構築への担保だということも付言したい。

（追記）

去る二〇〇六年七月五日未明、北朝鮮による七発のミサイル発射に脅威を覚え、日本政府は船舶寄航の禁止と経済制裁に踏み切った。メディアの厳しいトーンの報道を聞きながら、最後の校正の時にも、北東アジアの平和に関する私の提言を変えるつもりはない。七月一三日

引用・参考文献

芦部信喜『憲法』新版、補訂版、岩波書店、一九九九年
李省展『アメリカ人宣教師と朝鮮の近代――ミッションスクールの生成と植民地下の葛藤』社会評論社、二〇〇六年
姜徳相『朝鮮人学徒の出陣――もう一つの聞けわだつみの声』、青木書店、一九九七年
小池健治・西川重則・村上重良編『宗教弾圧を語る』、岩波新書、一九七八年
高木八尺・末延三次・宮沢俊義編『人権宣言集』、岩波文庫、一九五七年
高橋哲哉『靖国問題』筑摩書房（ちくま新書）、二〇〇五年
土肥昭夫『日本プロテスタント・キリスト教史』新教出版社、一九八〇年
I・ウォーラースティン著、松岡利通訳『アフター・リベラリズム――近代世界システムを支えたイデオロギー――の終焉』、藤原書店、一九九七年

第7章　生を得るために死に赴いたものたち——朝鮮半島と靖国神社

金《キム》　杭《ハン》

■受け入れられず、解き放たれず

戦死した時点では日本人だったのだから、死後日本人でなくなることはありえない。日本の兵隊として、死んだら靖国にまつってもらうんだという気持ちで戦って死んだのだから、遺族の申し出で取り下げるわけにはいかない。内地人と同じように戦争に協力させてくれと、日本人として戦いに参加してもらった以上、靖国にまつるのは当然だ。（「朝日新聞」一九七八年四月一六日。高橋哲哉、二〇〇五年、九五頁から再引用）

靖国神社の発表によると現在、この神社には二万八八六三人の台湾出身軍人軍属および二万一一八一人の朝鮮出身軍人軍属が合祀されている。一九七八年、遺族である在日台湾人が合祀取り下げを訴えた際、当時の池田良八権宮司は右のように答えた。旧植民地出身合祀者の遺族による合祀取り下げの訴えは、その後も幾度となく繰り返されたが、いまだに合祀が取り下げられたものはおらず、靖国神社側の主張も変わっていない。一九四五年八月一五日以降、いわゆる内地に残った台湾・朝鮮出身者たちは一方的に日本籍を奪われ、あらゆる社会的保障の対象から排除されたのに対し、靖国神社に祀られた旧植民地出身戦死者たちは日本人のままで慰霊されてきたのである。つまり「生者は受け入れられず、死者は解き放たれず」という状況が生まれたのだ。

もちろんここには、国家によって処遇が決定された生者と、靖国神社において管理されてきた死者という、根本的な非対称性が横たわっている。しかし、戦後の政教分離の原則下においても、靖国神社と国家は完全に分離されたとは言えない。むしろこの曖昧な関係こそが、犠牲の顕彰によって国家の歴史に正統性と永続性を与えてきた靖国の論理に、奇妙な生命力を与えてきたとさえ言えよう。だがこの奇妙な生命力は、上述の状況の中で靖国神社にまなざしを向けることによって、根源的な問いに付されることとなるだろう。

ハンセン病患者から戦時性奴隷（いわゆる慰安婦）や被爆者に至るまで、現在でもあちらこちらで提起され続けている旧植民地や戦後処理に関連した問題は枚挙に暇がない。しかしこれらの問題に日本政府がこれまで真摯に向き合ってきたとは到底言えない。池田権宮司の言うとおり「戦死した時点では日本人」ならば、「戦争に動員され植民地支配を受けた時点」では、これらの被害者もみな「日本人」だったはずである。にもかかわらず旧植民地出身の人々に対する処遇が、明らかに内地人とは、すなわちいわゆる「日本人」とは、大きく異なってきたことに異議を唱えられるものはいない。

ある台湾出身兵士は、敗戦後五年余りをB・C級戦犯として戦犯収容所で厳しい処遇に耐え、一九五一年、ようやく祖国日本に帰還することができた。だが彼は呉の入国管理所で思わぬ言葉を耳にすることとなる。「あなたはもう日本人ではありません。これから案内する場所に寝泊まりしてもらいます」。他の同僚たちが「ご苦労様」とねぎらいの言葉を受け、現金をもらっている傍らでの出来事であった。その後彼は再び船に乗せられ、鉄条網で囲まれた元捕虜収容所送りとなった。[*1] この兵士と靖国神社で天皇の意思によって護国の神として祀られている台湾出身兵士との違いは何だろうか? それは生きたものと死んだものの差異でしかない。つまり旧植民地出身者は、「皇国日本」のために死んだ限りにおいて「日本人」だったのである。生き残った兵士は、「日本人」ではなかったのだ。

このような事態は兵士に限られたことなのだろうか? そうではない。靖国神社と対照的に見られがちな「千鳥ヶ淵墓苑」は、軍人のみならず民間人犠牲者も慰霊の対象にしている。この墓苑には「大東亜戦争」の全戦没者の遺骨を象徴する「象徴遺骨」が納められ、兵士だけでなく全戦争犠牲者を慰霊する体裁をとっているからだ。したがって旧植民地出身の戦争犠牲者もすべて慰霊の対象となっていると言えよう。ところが、この墓苑には次のような歌碑が立てられている。「国のため いのちささげし 人々の ことを思えば むねせまりくる」。これは他でもない、昭和天皇裕仁の詠んだ歌である。つまり、旧植民地出身の民間人犠牲者の場合も、靖国神社の「英霊」と全く同じように、「国のため」に「命を捧げた」として「天皇」によって追悼されているのである。ここでも旧植民地出身犠牲者は国家によって動員解除されないまま、「日本人」として追悼の対象になっている。生き残った多くの人々が突然「外人」になったのに対し、犠牲者はいつまでも「日本人」であり続けているのだ。

*1 浜崎紘一、二〇〇〇年

そしてこのような状況は、国家による死者追悼の論理に拘束されているのだが、国家の正統性と永続性を担保するはずのこの論理は、ここにおいて複雑なねじれを経験することになる。なぜなら靖国の論理とは、死に対する悲しみを歓喜へと様変わりさせることによって、国家動員を正当化させるものに他ならないが（高橋、前掲書、特に第一章参照）、この場合、上述してきた生者と死者の非対称が、そのような感情のからくりと正当化の論理を不可能にするからだ。

国家による死者追悼にはいつも「感謝」のレトリックがつきまとう。感謝とは謝意を感じること、すなわち、何かを他者に負った時に生ずる感情である。その意味において、国家の中で生きているものたちは、彼らが謳歌している現在の生を国家が追悼する犠牲者に負っているのであり、その負債はいつまでたっても完済されえない。なぜなら生者が死者に負っているものは「現在」という「時間」にほかならないからだ。ゆえに、現在があるのはみな「犠牲者」のためだという典型的な論理は、生者の現在が犠牲者の死の上に築かれた「負債の時」であることを意味し、国家の中に生を授かったものはみな、「既に／いつまでも」その負債から自由ではないことを意味しているのである。そして「国家の歴史」とは、この生者と死者の終わりない応酬であり、靖国神社はその応酬がなされる場所、つまり日本という「国家の歴史」が儀礼の中で生成する場所なのだ。

だが旧植民地出身者の生者と死者たちの居場所は、この「国家の歴史」の中にない。上述したとおり、生者と死者の応酬は、歴史を作り出し国家を永続させる。この応酬と歴史と国家の連なりは、国民の同一性の根源を形どるものでもある。しかし「台湾・朝鮮人」でありながら「日本人」

でもあり、しかも生者と死者に分かれたものたちにとって、その応酬と歴史と国家の連なりは国民的同一性の受け皿どころではなく、何重にもねじれた複雑な時空間における、無力な人々の諦念に満ちた嘆息の痕跡となるだろう。それゆえ、靖国神社は彼らにとって時間の応酬によって国家の歴史が展開される場所などではない。そこは、生者と死者にそれぞれが分かれたその時が、いつまでも留まり続ける場所だと言えよう。

このように旧植民地出身者の置かれた状況から靖国問題を見つめる時、靖国神社には単なる「正しい歴史認識」や「外交問題」では収まりきらない、歴史と国家によって翻弄されたものたちの追放と捕囚の時間が凍りついてることに気がつく。その凍りついた時間を解き放つためには、まず何よりも、その時間がいかなる生と死のパラドックスの中で生成したのかを見極めなければならない。大日本帝国による占領下の朝鮮半島[*2]は、その不条理な生き／死にざまを追跡できる、恰好の舞台となるはずである。

■朝鮮人・帝国臣民・日本人

一九一九年八月一四日、尹致昊《ユンチホ》は「もし日本が欲しているのが朝鮮人ではなく朝鮮ならば、誰が

＊2　ここで「占領」という用語は唐突に見えるかもしれないが、帝国日本による朝鮮支配がなぜ占領なのかは本稿の核心とも言うべき内容とも関わってくるので、以後の叙述の中でその理由を詳述したい。

総督になろうとも朝鮮に希望はない」と書いた。[*3] 一九一九年はいわゆる「三・一独立運動」が起こ

*3　尹致昊（一八六五～一九四五年）は日帝占領末期の一九三八年、「国民精神総動員朝鮮連盟」の常務理事を務め、一九四五年四月には勅選貴族院議員にも選出された、いわゆる親日派と目される人物である。ここでは彼の足跡に対する評価は差し控えるが、彼の辿った生涯が、親日派というカテゴリーに収まり切るものでないことだけは確認しておきたい。日本で言うと徳富蘇峰（一八六三年生）や夏目漱石（一八六七年生）と同世代のこのキリスト教系の実力者は、朝鮮半島初の海外留学生として一八八一年、中村敬宇（正直）の設立した「同人社」で修学した後、朝鮮に戻り、開化派のクーデターであった「甲申政変」に参加した。しかしクーデターは失敗に終わり、彼は亡命を余儀なくされ上海に逃れる。そこでキリスト教徒になった尹致昊は、アメリカに渡り、南部のエモリー大学で西洋流の人文社会学を身につけた。一八九五年帰国した時、朝鮮では開化派に対する弾圧どころか、西洋の文物をいち早く取り入れるための努力がなされていた。彼はこの状況の中で政府要職を渡り歩いた後、一八九七年には在野の言論・運動団体「独立協会」の会長に就任し、近代的政治秩序を祖国に根付かせようと努力した。一九〇五年、実質的な日帝による占領が始まると、実力養成論を唱え、武装闘争による独立運動とは一線を画したが、その後、独立運動に対する冷ややかな態度は変わらなかったものの、国際情勢の中で日本の置かれた状況を誰よりも冷静に見極め、朝鮮に対する強圧的な統治を批判し続けた。しかし満州事変後の常軌を逸した思想統制の中、一九三〇年代半ばからは「転向」を余儀なくされ、総督府に全面協力していくこととなる。彼の足跡は、植民地最高エリートの欺瞞を見せてくれると同時に、祖国をなくしたものの処世における苦悩の痕跡でもある。特に統治者と非統治者の民族的非対称性がもたらすさまざまなひずみに、当時の朝鮮半島で彼ほど敏感だった人物は他にいない。一八八三年から一九四三年まで書かれた彼の日記は、そのような足跡を垣間見る貴重な資料であり、本稿との関係に限って言えば、帝国臣民でありながら日本人ではなかった朝鮮人が感じた悲痛と憤慨、および卑屈と屈服が織り成す重層的な精神状況を克明に見せ

った年で、長谷川好道に替わって斉藤実が第三代朝鮮総督に就任した年でもあった。後世に「文化統治」と言われる時代を象徴する人物で、尹致昊は彼の就任に際して右のような言葉を日記に綴ったのである。この言葉は、三六年間の日帝占領期において朝鮮人が置かれた状況を的確に言い表したものと言わざるをえない。なぜなら、帝国日本にとって、領土としての「朝鮮」と被支配民族としての「朝鮮人」は、占領においてそれぞれ違う意味を持つものだったからである。

日本人が朝鮮人の土地を強奪するために愛用する方法のなかの一つは、総督府やある大会社がその土地を徴発するという情報を垂れ流しながら、その土地の片隅を買い取ることである。こうすると愚かな土地の主は心配でたまらなくなる。その後、日本人どもは朝鮮人たちの土地を、時価の一〇分の一になるかならないかぐらいの価格で買い取ろうと、仲介人として割り込むか、直接朝鮮人地主と交渉する。そうすると朝鮮人地主は少しでもお金をもらったことを幸運と思いながら、自分の土地をとんでもない安値で売り飛ばすしかない。文明化を成し遂げたという日本人がこのような方法で、どれだけの朝鮮人の土地を奪ったことか。(『尹致昊日記』

てくれるものであると言えよう。ゆえに彼が見て感じ分析した朝鮮半島の状況は、朝鮮の置かれていた複雑きわまりない状況を窺わせるものであり、ここではそれに依拠して植民地朝鮮と帝国日本の位相関係を探ってみたい。以下においては主に一九一九年以降に書かれた彼の日記を取り上げる。引用に際しては、金相泰編訳『尹致昊日記』歴史批評社、一九九八年〔김상태편역『윤치호일기』역사비평사〕を参照した。

〔以下『日記』一九二一年三月二六日〕

総督府と植民者による計画的な土地収奪は見事なものであった。一九一〇年の占領後、土地調査事業によって一〇年内に四割以上の土地が日本人の手中に収まった。そして一九二〇年代に入ると三次にかけての「産米増殖計画」に基づき、すべての農地で米生産をするよう開拓事業を強制した。この開拓事業は、朝鮮人の自費によって行なわれたため、その負担に押しつぶされ土地を手放す農民が続出した。このように帝国日本は、「領土としての朝鮮」を「日本人」の管理下に置くことに成功し、それ以降、内地における不況や凶作に備える食糧庫として朝鮮を位置づけたのである。もちろん大陸進出のための前線基地や対ロシア防御線という軍事的戦略の下で、産業育成と社会的インフラ構築がこれに併行したのは言うまでもないだろう。

こうして朝鮮は帝国日本に欠かすことのできない資源、つまり「領土」として日本の手中に収められたが、「帝国臣民」としての「朝鮮人」はそうではなかった。彼らは帝国日本にとって労働力という「資源」でもあったが、やっかいなことに、言葉をしゃべり、より良い生を渇望する、生きた生命だったからである。

日本が自国民の朝鮮移民を引き続き奨励するならば、我々朝鮮人としては日本人とともに慈愛をもってわれわれを待遇すると言った天皇の約束、すなわち『一視同仁』の真実性を疑うしかない。日本人と朝鮮人が同じく天皇の『赤子』なら、なぜ日本人を移住させるために朝鮮人を故郷の土地から追い出すのか。(『日記』一九一九年一〇月五日)

ここでは単に占領政策における朝鮮人への差別が批判されているわけではなく、だからといって、「一視同仁」のもとで平等な朝鮮人と日本人という約束の実現が待望されているわけでもない。入植者が原住民を追い出し土地を収奪することを差別とは言わないからであり、一視同仁の下における帝国臣民が均質な権利主体でないことは「赤子」も知っている常識だったからである。

造林事業、道路敷設、学校と病院の建設など、我々が朝鮮人にどれだけの恵みを与えたか見てください――これは日本人統治者が観光客相手によく口にする言葉だ。ところがこの物質的改善は根本的に誰のためのものなのか。もちろんこのような改善によって、朝鮮人が思わず利益を得たことは誰も否定できない。だが日本人は自国の移住民のために朝鮮から朝鮮人を追い出すことが日本の意図であり施策だという印象を、否、否定しようのない確信を与えるようなことをしてきた。朝鮮人がこのように思う限り、日本人は朝鮮人がこのような改善をありがたがっていると思ってはならない。朝鮮人が満州の平野やシベリアの山林へ追い出され、そこに新しい生活の拠点を築かねばならないなら、このような改善を喜ぶわけがないのだ。(『日記』一九一九年四月一二日)

同じ主権者によって、一方は土地を付与され、一方は土地から追い出される。帝国臣民とはこのように非対称的な存在で構成された、非均質的な集団であった。ルソーによると、近代人はみな「国の民citoyenとなって初めて人間hommeとなる」（『社会契約論』ジュネーブ草稿）のであるが、帝国日本ではこのテーゼが宙吊りになっていた。朝鮮人という「帝国臣民sujet」は、その宙吊り状態を体現する存在であった。

台湾と朝鮮占領直後、それぞれの脈絡において多くの法学者を悩ませた問題は、大日本帝国憲法が占領した植民地へ適用されるとみなすべきか否か、というものであった。法学史におけるその論争をここで詳述するわけにはいかないが、全占領期を通して憲法が植民地にも適用されるとはみなされなかった。これは朝鮮占領当時における桂内閣の公式見解であり、以後、植民地朝鮮において法律を要する事項に関しては、朝鮮総督の命令を以って規定され「制令」という形をとることとなる。

これは憲法に定められた個人の自由などが朝鮮では認められなかった、といったことを意味するのではない。イェリネックの古典的定義を参照すると、憲法は公共体としての国家と私的個人の関係を基礎付ける法秩序である。ならば、個人の権利・義務・自由はこの法規によって規定されるはずである。したがって憲法の適用を受けないということは、国家と個人の公的関係と私的自由の限界設定が確立されていないことを意味し、それゆえ個人は限りなく自由であると同時に、限りなく恣意的暴力にさらされることを意味するのである。

万世一系の天皇から与えられたとされる大日本帝国憲法が、果たしてイェリネックの古典的定義に適するのかどうかは不問のままにしたい。あくまでもここで注目したいことは、帝国日本における朝鮮人という存在が、「国の民」となって「人間」になるという、憲法に代表される近代国家の法論理を宙吊りにさせることである。多くの朝鮮人が満州やシベリアへ追いやられ、獣のような生を強いられたが、彼らの満州やシベリア行きは、法によって国の民に認められる「移住の自由」に基づくことであったと同時に、人間を獣の状態へと追いやる法の「恣意的暴力」によることだったのだ。つまり朝鮮人は、「大日本帝国」という近代国家の法論理の中に内包されながらも排除される、法論理そのものの複雑な位相の真っ只中で生を営んでいたのである。それゆえ彼らは帝国の外にいながら内にいる存在だったと言えよう。

このように帝国日本は領土としての朝鮮とは違って、朝鮮人を帝国の中に完全に取り込みはしなかった。したがって帝国臣民はみな均質な存在なのではなく、あくまでも日本人と非占領地の住民とに区別された、非均質かつ位相学的に複雑な構造を持つ集団だった、ということが了解されうる。

そしてここから帝国日本による三六年間の朝鮮半島支配が統治 government ではなく占領だったことが理解されよう。フーコーやシュミットの議論（小林康夫他編、一九七八年、Carl Schmitt,1963,p.11.）から明らかなように、統治とは内政 Polizei の諸体系が領土内の住民を対象として確立することを意味する。その中で治安を維持するための公的暴力機構は、住民を取り締まると同時に、その生命と財産を守る任務を担う。そして行政サービスなどはすべて住民の公的な権利・義務に関する事柄を処理し、さまざまな福祉サービスも拡大される。つまり、いかに住民の生命を維持・管理するかが統治の目的なのである。だが帝国日本の統治は臣民全体の生命ではなく、日本人の生命のみをその対象とした。

昨日日本人たちは施政記念日を迎え朝鮮人にもこれを慶祝しろと強要した。物質的発展の側面から見たとき、日本が最近の一五年の内に成し遂げたことが、朝鮮人が一五〇〇年かけてやったことより多いということを否定できる人はいない。したがって日本人が自負心をもって施政記念日を慶祝するのは当然といえば当然である。彼らは確かに朝鮮を日本人のための美しい生活の場に作り上げた。しかし日本が日本人のための朝鮮を作ろうとする施策を冷徹に次々と成就させるのをみながら、朝鮮人が喜ぶべき理由は何であろう？（『日記』一九二五年一〇月二日）

ここでも問題は単に朝鮮人に対する差別ではない。朝鮮が帝国日本の領土であるかぎりにおいて、その中の住民の生命を管理し維持させるのが統治であろう。しかし朝鮮における内政 Polizei は、朝鮮人ではなく日本人を対象とするものであった。それは総督府の施政が日本人のためだけに行なわれたことを意味するのではない。明治政府の諸々の内政政策のうち、戸籍整理は住民の生命を管理する基礎的作業として最も重きを置かれたものであった。出生と移住という人口変動を把握・統制できなければ、生命の管理は不可能だからである。しかし朝鮮における戸籍は、後にもう一度触れることになるが、一九四二年時点で二割程度しか整理されていなかった。これに鑑みる時、帝国日本は朝鮮人の生命を維持・管理することで支配を実践したのではない。そうではなく、生命を放縦にのさばらせ、あらゆる恣意的暴力の前に晒すことで支配を成立させたのだ。[*4]

午後、森脇開成警察署長を訪問した。彼は憲兵が犯法者を探しだすという名目で、人々を手当たり次第に逮捕し暴行して、貧しく無知な農民を苦しめていると遺憾の意を表した。(『日記』一九一九年四月二七日)

この法の名の下の恣意的暴力こそは、複雑な位相において帝国臣民たらざるをえなかった朝鮮人に降りかかっていたものにほかならない。だがこの暴力の前から身を守るために朝鮮人は、自らの生命を投げ打たねばならなかった。生きるために死に赴く、というパラドックスが、朝鮮半島で繰り広げられることになるのである。

＊4　ここで主張したいのは、日本人は生命の維持・管理という本来の統治の対象だったが、朝鮮人はそうではなかった、ということでない。議論を先取りすれば、「内地人＝日本人」という表象は、朝鮮人という表象と対をなす、帝国の法論理や統治における複雑極まりない位相構造の痕跡にほかならない。

■生を得るために死に赴く

一九三一年九月一八日、満州の奉天で起こった日中の武力衝突によって、以後一五年間続くことになる戦火の幕が切って落とされた。尹致昊は九月一九日、次のように綴っている。「日本がことをかまえた以上、数百名に上る満州の朝鮮人の安全を保証するという、明確な措置を取ってくれることを望む」と。いかなる理由によってにせよ、戦争は始まった。その戦争が当時における国際法に定められた不戦条約を破ったもので、その違法性を覆い隠すために事変と名指されたにしても、領土内の臣民は敵から守られねばならなかったはずである。しかし帝国の勢力圏内に居住する朝鮮人は、帝国臣民であるにもかかわらず、安全の保証を確約されてはいなかったのである。しかし戦局の拡大に伴い、このような朝鮮人の境遇は一変することになる。

来たる秋から京城第一高普と京城第二高普で軍事訓練が始まった。日本人当局者、特に軍部関係者たちはこの新しい試みを非常に重要視している。それは、総督と朝鮮軍司令官および憲兵司令官が、今日の午前中だけでも何時間もかけて学生たちの訓練を参観したことに十分立証されている。彼らがこの試みを満足に思うなら、官立であれ市立であれ、ソウルの全ての高等普通学校で軍事訓練が実施されるだろう。朝鮮で徴兵制は時機尚早であるが、志願者たちは徴集されるかも知れない。とにかく朝鮮の若者たちも、日本の戦争準備にかり出される日が近くなったことだけは確かである。（『日記』一九三四年一一月一日）

この予測はその約三年後に実現されることとなる。一九三八年一月一五日、陸軍省は朝鮮人現役志願制度が実施されることを公表し、二月二二日、陸軍特別志願兵令が勅令九五号で公布され、四月三日から施行されたのである。そして一九三八年六月一五日、その後延べ一万六八三〇人が動員される（樋口雄一、二〇〇一年、一〇七頁）この制度は、京城帝国大学内に設けられた訓練所に二〇二人が入所することによって始動した。

この制度の施行を強く主張してきた衆議院議員朴　春　琴《パクチュングム》[*5]は、一九三九年二月二日の衆議院予算総会の席上で、「今日の難局克服並びに大陸政策の遂行は、内鮮一身一体を基調とする真の挙国一致にある」として、次のように主張した。「一、皇国中心主義思想の徹底を期し国体観念の明徴を透徹せしむ。一、敬神思想普及の徹底を期し、同時に靖国神社の分社を建立して半島同胞に真の日本精神を扶植せしめ、我国固有の犠牲的精神を期せしむ」[*6]。この主張は志願兵制度の施行を受けて

＊5　朴春琴（一八九一～一九七三年）は一九〇六年に渡日し、主に土木関係の仕事に携わり富を築いた。一九二一年には前朝鮮総督府警務部長だった丸山鶴吉から支持を受け、親日融和団体である相愛会を設立、副会長に就任した。一九三二年、東京府四区（当時）から衆議院選挙に出馬し当選、二期を務め、朝鮮人・在朝日本人の参政権と朝鮮人志願兵制度を請願した。

＊6　「京城日報」一九三九年二月三日。この発言を単なる親日派の妄言と非難することはたやすいことであろう。もしくは朝鮮人みずからが帝国日本に協力したという傍証に用いることもできるだろう。だが、ここではそのような判断を括弧に収めた上で議論を進めたい。なぜなら本稿のテーマは、帝国日本において朝鮮人が占めて

なされたもので、朴はここで志願兵制度を基にした、画期的な内鮮一体の確立を訴えたのである。もちろんこの主張が実現されたわけではなかったが、既に一九三七年以降、総督府による内鮮一体政策は以前とは質を異にするものになっていた。

総督府が朝鮮人を北海道人や長崎人みたいに日本臣民に作り上げようと決心した様子だ。学校と教会では「我々は日本帝国の臣民である」という文句が三回も反復される皇国臣民誓詞を提唱するよう強要されている。したがって我々は日本臣民になるよう決心するか、さもなくばヨーロッパかアメリカか天国に移民せねばならない。二股をかけることは非常に危険なのである。朝鮮人だけの機関を――特に外国の各種委員会との関係において――独立的に維持しようという人々は、服従するふりをして日本を言葉でだませると思っているらしい。彼らは日本人の心理と民族主義を全然わかっていない。（『日記』一九三八年七月二六日）

朝鮮総督府は一九三七年一〇月四日から「皇国臣民誓詞」の朗読および暗誦を実施するよう命令した。皇国臣民誓詞は児童用と一般用が作られたが、一般用の前文は次のとおりである。「一　我々ハ皇国臣民ナリ忠誠ヲ以ッテ君国ニ報ゼン、二　我々皇国臣民ハ互ニ信愛協力シ以ッテ団結ヲ固ク

いた位相とその変換の様相であり、後述するが、徴兵と犠牲の論理を軸にしたその展開だからである。

セン、三我々皇国臣民ハ忍苦鍛錬力ヲ養ヒ以ッテ皇道ヲ宣揚セン」（朝鮮総督府、七九〇頁）。そして一九三九年には朝鮮神宮内に朝鮮学生たちの献金によって「皇国臣民誓詞之柱」を建て、「皇国臣民体操」なるものを各学校で義務化し、身体の訓育を通した内鮮一体の実現をめざした。また一九三七年から各学校において施行されていた「愛国日」行事は、一九三九年九月一日から「興亜奉公日」に改称され、全ての人々が神社参拝、皇居遥拝、国旗掲揚、君が代斉唱、皇国臣民誓詞の暗誦などの行事に参加せねばならなくなった。尹致昊が看破したとおり、当局は内鮮一体化にいよいよ本気で乗り出したのであり、朝鮮人には従うか去るかの選択しか残っていなかったのである。

このような内鮮一体の強化の中心に陸軍特別志願兵制度があることは言を俟たない。陸軍志願兵制度は戦局の悪化に伴う兵員不足を改善しようとした策であり、軍部の全体的な兵力増強政策に連動するものであった（加藤陽子、一九九六年、二四三―二五六頁）。帝国全体の軍事政策の中で決定されたこの制度には、当然その動員における精神的論理が付随するはずであった。帝国日本におけるその論理とは、言うまでもなく靖国の論理であり、それゆえ朝鮮出身代議士であった朴は朝鮮に靖国神社の分社を設立せよと訴えたのである。周知のとおり靖国の論理とは天皇のために喜んで命を捧げ、その精神を英霊顕彰を通して国体の礎にすることだったのであり、日本人ならば誰もが生まれながらに持っている自然的な心情だとされていたものだった。志願兵制度は、朝鮮においてもそのような論理を透徹させようとした。しかしその際、この論理は自然的な心情ではなく、勝ち取らねばならない理念として聳え立つことになる。なぜなら、内地において靖国の論理は「国民」精神の発揚として当然視されたわけだが、朝鮮においては「国民」になるための実践的回路として受け止められたからである。つまり日本人としての自然な心情ではなく、日本人になるための決断が、靖国の論理を通して流布されていったのだ。

そして一九四三年八月一日の朝鮮における徴兵制の施行を受けて、このような論理は爆発的に増殖することになる。朝鮮における徴兵制の実施は、一九四三年三月二日の兵役法改正によって定められた。この法改正に関しては「帝国防衛圏の拡大」という改正理由書によってその理由が示されているが、具体的には朝鮮における徴兵を内容とするものであった。その中には「最近熾烈となれる朝鮮人の兵役義務負担の要望に応ふると共に、帝国防衛圏の拡大に伴ふ軍要員を取得」するためだと説明されている（同上書、二四四頁）。この決定を受けて、朝鮮出身で日本による創作活動を展開していた文学者、日本名「野口稔」こと「張赫宙《チャンヒョクチュ》*7」は「毎日新聞」に次のような一文を寄稿する。長くなるが、靖国の論理の朝鮮における変奏を垣間見れる恰好の素材なので、全文を引用したい。

　朝鮮に徴兵令を施行する法案が、今議会を以っていよいよ確定された。去る二十八日の朝刊を手にした時、私は全身にただ輝くばかりの歓びが溢れるのを覚えた。この感激をどういい現

*7　張赫宙については、川村湊、一九九三年参照。

してよいかわからない。この自分の気持ちを、飾ることなく、素直なままに、いつまでもそっと心に抱いていたい。

恐らく朝鮮の青年は誰も彼も、私と同様の感激を覚え、光栄に感涙したことと思うが、この感激の因ってくるところのものは、次の一語につきると思う。「これで完全な日本人になり得るのだ」と。

が、完全な日本人とは何を目標とするればよいのであろうか。単に兵役の義務を負い、その責任を果たすという言葉の表面だけにとらはれては、その真の目標を知ることは出来ないのである。

完全な日本人とは即ち真の皇国臣民を言うのであって、「私心を去って、公の大儀に生き、大御心に帰一し奉る」ことである。「大御心に帰一し奉る」ためには、

皇は神にしませば天雲の雷の上に庵せるかも

の歌にある通り、天皇の御位が神の御位であり、他方において、君臣一体であるところの、我国の国体の本義に透徹し、尊厳の存するところを、真に体得するに至らなければならないのである。

この精神を体得しないでは、外国の募兵と何ら異なるところがなく、徴兵令施行のありがたい皇恩に浴しても、完全な義務を果たすことは出来ないのである。

朝鮮に施政以来三十数年間、私達は完全皇民化の方向に、徐々ながら進んではきたが、自分

達が日本という国と固い紐帯に結ばれ、日本人になりきるための練成を今一層励まねばならないことをはっきり悟ったのは、何といってもあの満州事変であった。

この事変で自覚した国家愛は支那事変を経て、大東亜戦争を迎えるにつれて、その愛情の完遂の機会の来ることをどんなに願っていたことであろう。

それは即ち兵役の義務を負いたい希求に他ならなかったが、これによってのみ大御心に帰一し奉り得ることを、本能的にしっていたのである。

兵役の義務がないために鬱々として愉しまず、日夜悩みぬいた末に、私のところへその悩みを訴えに来た青年は一、二に止まらないのである。この数行が文章の綾でないことを、特に内地留学の朝鮮学生に読ませたい。

私は諸君が片々たる目先の現象にとらわれることなく、常に最高至尊の、大御心を奉戴し、大御心に帰一し奉るべく努力して

千万の軍なりとも言挙げず取りて来ぬべき男とぞ念う

のような男になること、そして、大東亜共栄圏においての指導位置を辱めないよう自己練成することを祈るのである。

新羅時代に「花郎」という武士制度があって、彼らには「戦いに臨みて退くなし」の厳格な規約があり「敗退者は即ち死」の不文律を自ら守って、不敗の底力を持っていたが、今日の諸君は、

今日よりは顧みなくて大君のしこの御楯と出で立つ吾は

の感激を身にしみて感じてこそ、この大任を全うし得るものであることを銘記するよう願うのである。[*8]（強調は引用者）

この手の見慣れたレトリックを民族への背信行為として糾弾することはたやすい。これまで韓国における親日派に対する知的かつ政治的判断は、実際そのようなものだったと言える。しかし尹致昊の言うとおり、「二股をかけることは非常に危険」だった。朝鮮人でありながら帝国臣民であるという、帝国の外にいながら、なおかつ内に取り込まれている位相的アイデンティティは、もはや崩れ去ろうとしていたのである。尹致昊の場合、そのような位相的アイデンティティを維持すること、ひいてはそれに基づいた自治を獲得することが政治的ヴィジョンだったのであるが、上の引用文で明らかなように、彼は「日本人の心理と民族主義」に屈服した。そしてその屈服は張赫宙の言葉となって現れることとなる。完全な日本人になること、この決断が自治のヴィジョンに取って代わったわけである。そしてその決断は「大君のしこの御楯と出で立つ」こと、すなわち天皇のために命を捧げることに他ならなかった。そのような言説は半島内でも増幅されていった。

＊8　張赫宙『岩本志願兵』興亜文化出版、一九四四年（白川豊監修、二〇〇〇年）

大東亜建設は国内新体制なくしては成しえない。将来大東亜繁栄の推進力となるべき日本自身の中には実は旧体制的な残存物が相当濃厚である一事だけを考えてみても国内改革の急務であることに想到するであろう。特に半島に於いては二重の意味に於いてこの新体制が切実なる必要に迫られているのである。一億一心という。その一億の中には半島二千四百万人が入っていることを知らねばならぬ。その二千四百万人が真に日本国民としてその本分をつくす時、初めて日本の推進力は完璧たり得るのである。[*9]

一億の中の朝鮮人としての自覚、そしてその本分の全うが謳われているわけだが、このような自覚と本分の全うは徴兵制によって真に達成されるとされる。「今までの内鮮一体運動が観念的な運動では断じてなかったのであるが、それが単なる観念論に終わった部分もあったのである。それは半島人が血を以て日本国土を守ると云うつきつめた保障性が伴わなかったためと考えられる。今度こそ半島人は揺るぎなき祖国観念を把持すべきであり、またそうなるであろう[*10]」。

*9　『国民文学』一九四二年三月号。この雑誌は半島における「国語による創作」を目標に掲げ創刊され、一九四〇年代、朝鮮唯一の文学雑誌として残ったものである。もちろんここで国語とは日本語を意味している。

*10　崔載瑞《チェジェソ》「徴兵制実施の文化的意義」（『国民文学』一九四二年五—六月号合本）。なお崔載瑞（一九〇八〜一九六四年）は、京城帝国大学英文科を卒業した後、ロンドン大学に留学したエリートだった。帰国後は母校

血を以て観念的態度を払拭し、楯となって皇国臣民になる、このような論理は正に靖国の論理が半島において貫徹されたことを現している。この論理はもちろん内地においても同じように貫徹されたものであるが、上述したとおり、内地と半島ではその論理の根底的前提が異なる。内地ではそのような血と楯の論理が自然的な感情として位置づけされたが、半島においては自然的感情ではなく、「揺るぎなき祖国観念」として「把持」されねばならなかったのだ。つまり内地人がお国と家族のために死を覚悟するのに対し、朝鮮人は自らの新たな「生」のために死に赴かねばならなかったのである。*11

徴兵制の実施を契機として半島人の地位が飛躍的に向上せしめられるであろうことは明瞭である。既に内鮮一体運動の綱領は朝鮮人が真に皇国臣民となることに依って大東亜共栄圏に於ける指導的民族となり、その建設に参与すると云うにあった。何人もその目標を疑う者は無いがその具体的方法に関しては一抹の不安が無きにしもあらずであった。（…）如可にすれば半島人は真に皇国臣民となり得るのかと云う疑問も出てきた訳である。

の講師などを務める傍ら、気鋭の文学評論家としても活躍した。

*11 誤解を招かぬよう蛇足すれば、そのような自然的感情が日本には存在したと主張したいわけではない。問題は靖国の論理が貫徹される感情的回路であり、内地においてはその回路が所与のものとして自然化された反面、半島においては勝ち取るべき、もしくは勝ち取ったものとして理念化された、ということである。

これらの諸所の不安や疑念に対して端的明快な回答を与えたものはこの度の徴兵制の発表である。（…）これで名実共に半島人は皇国臣民となり、大東亜の指導民族となり得る途が拓かれたのである。*12

徴兵され天皇の股肱になること、すなわち死に赴くことに新たな生の可能性を見出すことこそ、朝鮮半島における靖国の論理に他ならなかった。違った角度からこの事態をながめると、徴兵制実施によって総督府が初めて内政 Polizei の実践に乗り出したことも注目に値する。徴兵実施のためにはまず徴兵対象者の数や在住地などを把握する必要があり、それに基づいて徴兵検査などが実施されねばならなかった。しかし一九四三年の徴兵検査実施の時点で、朝鮮における戸籍は約二割しか整っていなかった。そのため総督府は主に警察組織を利用して、驚くほどの速度で戸籍整理に着手する（樋口雄一、前掲書、三七―五一頁）。その結果わずか一年の間で、八割の戸籍が整理されることとなった。このことは、住民の生命を管理する内政が組織されたことを意味するが、その目的は生命の維持による人口の統制ではなく、生命の駆り出しのための人口管理だったと言えよう。つまり住民を生かすためのはずの内政が、朝鮮半島では住民を死に赴かせるためのものだったのだ。その限りにおいて徴兵制とは、新たな生を朝鮮人に約束させてくれるものでり、総督府もそのために

＊12　「徴兵制実施の文化的意義」

内政の体制を整えたが、その新たな生とは死に他ならなったことになる。朝鮮半島における靖国の論理とは、このようにして死を生に変える、根源的存在性におけるからくりを意味していたのである。

占領期を通して恣意的暴力の前に晒された朝鮮人が、その恣意的暴力の前から己を守る方法を見出したのは、結局のところ日本人になることであった。そして徴兵制はその途を拓いてくれるものとして、靖国の論理を貫徹させた。だが、その論理の貫徹によって朝鮮人に与えられた新たな生は、死ぬことによってしか日本人になれないという、これまた国家という恣意的暴力に翻弄される生と死の踊り狂うパラドックスでしかなかったのだ。

■政治を取り返す、時を解き放つ

冒頭の池田権宮司の言葉に戻ってみよう。「内地人と同じように戦争に協力させてくれと、日本人として戦いに参加してもらった以上、靖国にまつるのは当然だ」。そう、朝鮮人はまぎれもなく戦争に協力させてくれと戦いに参加した。そして日本人になるというその目的どおり、めでたく日本人になった。生ではなく死のかたちではあったが。そのように死に赴かせた論理こそが靖国の論理であった限り、靖国に祀るのは当然なのだろう。だがその論理の回路が国家と歴史が前提とする自然的な、不変の、所与のものではなかったために、靖国に祀られた朝鮮人の存在は靖国の論理そのものの破綻を示すことになる。

直接に帰ってゆくべき子孫の家というものを持たぬ霊達を、我々の社会制が代って祭っているということは、いわば〈無形の家督〉を次の世代に護り伝えてゆく業でもあった。（…）周知のごとく、日本の「家」の内実が希薄になり、先祖の祭祀という習俗にもあきらかな衰えの兆しが現れている折も折、それに追い討ちをかけるが如く、「家」構造を名分の上でも解体してしまおうとする破壊活動が頭を擡げてきている。（…）この一派は五十年ぶりの反転攻勢として「家」の名分の破壊を企み、これを通じて最終的に国体の変革を成し遂げようと目論むのである。（…）私の思念は靖国のみたま祭の上に向かう。この祭りは、「家」の祭祀を共同体が肩代わりする形で日本の〈家の構造〉を守り、「家」を守ることを通じて国家・民族の靖からんことを祈る祭りだからである。（小堀圭一郎、一九七八年、二三八—二三九頁）

ここに言う「家」と「国」の連続性、つまり〈家の構造〉が、国民すべてを天皇の赤子とする国体観念であることは疑いえないであろう。それゆえ靖国の祭りは家の祭祀を肩代わりすることができるのであり、〈無形の家督〉を後世へと護り伝える、すなわち現在と過去の間に時間の応酬を成立させ、国体を守るのである。そしてそのような構造が日本人に特有なものとして思念されていることも明らかである。なぜなら、家とは「血」で構成される、自然的な紐帯を基にした組織だからである。その構成の網が血統であるかぎり、そこにはいかなる人間の作為を受けつけない閉鎖性がある。靖国の祭りはこのような伝統を護持し、外からの攻撃からこの閉ざされた共同性を護る儀礼なのだ。そしてその儀礼の中から国家の歴史が思念されるわけである。*13

*13 ここで本書所収の安野論文による本稿への言及に触れたい。安野氏のご指摘どおり国体論は血や人種といった「どろどろ」したものを根拠とするよりは、構成論的（constructive）で、ある意味「合理的な」論理構造を持つ言説だったことに間違いない。そして靖国の論理にもそのように血や人種を超えた、より外延の広い「顕彰」が含意されている。ご教示により本稿の論点をより明確にすることができたことに、この場を借りて謝意を表する次第である。ただ弁明じみたことを言えば、本稿が依って立つ疑念が、血や人種を超えた「国体論」や「靖国の論理」、という解釈に対するものだということである。半島と内地における靖国論理の根底的前提の違いと、戦後においてその前提の違いがもたらす歴史のねじれは、いかに戦前の靖国の論理や民族起源論や国体論が血と人種から遠いところで構成されたとしても、その諸論理が根源において血や人種といった閉鎖性に根ざさざるをえないことを垣間見せてくれるのではなかろうか。つまり、いくら靖国の論理が血の閉鎖性を超えてその外延を広げようと、その拡がりは「閉鎖性の拡がり」という逆説に他ならない、ということが本稿の主張なのである。もちろん安野氏のご教示のとおり、国体論や靖国の論理が持つ閉鎖的でない論理を見逃すべきでないことは言を俟たない。ただ、そのような議論を踏まえた上で、それにもかかわらず根源に横たわっている閉鎖性を吟味することがこれから要請されねばならない。また、敗戦直後において旧植民地出身者に対し国籍を選択させるべきだった、という安野氏の主張は、その処置の公正さにもかかわらず、日本政府による旧植民地処理における本質的な側面を見落としてしまう恐れがある。なぜなら国籍を個人に「選択」させることは、限りなく暴力的な他意によって日本籍にさせられた人々を自由意志の名の下に放置し、日本政府の責

ここまでファナティックではないにしろ、このような議論はさまざまな霊媒たちによって繰り返されている。そしてそれは、国のために死んだものを慰霊するのは自然な感情だとし、死者に対する儀礼が国に特有な文化であると言い張る総理大臣の口からも反復される。靖国の論理をこのように自然化するのは、広く行き渡った思考の回路なのだ。だが死んでようやく日本人になった朝鮮人の存在は、そのような思考の回路を煩わせることになる。というのも、靖国神社が先祖への祭祀を社会的に肩代わりし、それを以って家と国家の閉鎖的存続を図るならば、死んで日本人になった朝鮮人合祀者はどうなるのだろうか、という疑問が起きるからである。

靖国による祭祀の肩代わりが、血と家督という閉鎖的紐帯によって基礎付けられていることは既

任を日本人に限定させることにつながるからである。それは現在において「在日」の人々に、日本に帰化すればいい、と言うことと同じである。日本が戦前から政治的統一体として存続すると自ら認める限りで、日本政府が担うべき責任は現在日本人だとされる人々だけでなく、過去に日本人にされた人々をも対象にせねばならないはずである。だが、日本人になればいい、という論理は、国家の責任を巧妙に個人へ転嫁させることになりはしないだろうか。それは、国家の暴力をすべて個人の判断における過誤として解釈させる危険さえをも内包する論理ではなかろうか。ゆえになされるべきだったのは国籍の自由選択ではなく、植民地支配とその後続措置の連合国と日本との間の真摯な法的かつ政治的議論であった。その基盤の上で国籍に関係なく植民地支配と戦争被害に向き合っていける、法的強制力こそが必要だったのである。もちろん本稿でも触れたとおり、一九六五年の日韓条約によってそのような可能性そのものをみずから奪いさった韓国政府は、日本政府やアメリカ主導の連合国と同じく非難をまぬがれえない。

に確認した。したがってこの枠組みの中では、死者も生者も「既に／あらかじめ」「日本人」であることが前提されている。それは誰にも否定できない、自然的な所与の存在規定なのである。だが朝鮮人合祀者は「既に／あらかじめ」「日本人」だったのではない。彼らは死に赴くことによってのみ日本人になれた存在である。ならば、靖国の論理が依って立つところの「護国の神＝『既に／あらかじめ』日本人」という前提は危ういものになるだろう。なぜなら護国の神の中に、「既に／あらかじめ」ではなく、決心（作為的な強制）によって日本人になったものがいるからである。

ここで血と家督という閉鎖的紐帯は、その中に異質な存在を孕むことになり、「既に／あらかじめ」自らの約束を破っていることになりはしないだろうか。なぜなら死の決断という、言うなれば最も「非自然的な」作為によって日本人となり護国の神となったものたちは、靖国神社が前提とする閉鎖的で自然的な紐帯の奥底において、「生と死の間の深淵」が不気味に口を開いていることを確認させてくれるからだ。つまり、靖国神社は民族や国民や国家の連続的な存続を閉鎖的に自然化する場所だが、同時に、その自然化そのものが生と死の深淵から発し、血なまぐさい「作為」の産物だということを確認させてくれる場所でもあるのだ。そしてこのような靖国神社の自己破綻は、仮に朝鮮人や台湾人などを分祀したとしても免れうるものではない。なぜなら朝鮮人合祀者の境遇、すなわち死に赴くことによって日本人としての生を得るという境遇は、靖国神社という存在そのものの根源的なロジックだからである。朝鮮人合祀者はそのロジックを先鋭な形で体現しているにすぎないのだ。

上述したように「国の民となって人間になる」とは、ルソーが定義した近代国家のロジックである。これを言い換えると、国の中にしか人間はいない、ということになろう。これは国家のなかったところ、例えばアメリカやアフリカの原住民が人間でなかったことを意味する、コロニアリズムの論理を表しているのではない。むしろこの定義はルソーにとって「人間」という普遍的かつ自然的規定が、国家の中でのみ「思念され語られうる」ことを意味している。つまり生き動き食べ死んでいく「人間」の自然性は、何よりもまず国家の中でのみ思念され語られねばならないのである。その限りにおいて、人間の生と死は自然的で所与のものではなく、「既に／あらかじめ」国家の中でのみ分割され、保持され、管理されうる。したがって国の民になることとは、人間が享受する生と死がもはや神や自然の見業ではなく、国家における思念と言説とシステムを通してのみ享受され、理解され、営まれることを意味するのだと言えよう。

このように国家は根源的にその民の生と死を一手に引き受ける「レヴィアタン」（レヴァイアサン）である。この怪獣はその民の生を管理・維持することも、ひるがえってその民を死へと追いやることができる。ホッブズが看破したとおり「服従と保護」こそは近代国家の要諦なのだが、民の生命を保護するために無限の服従を要求する国家は、民を保護する国家みずからを保護するために、民の生命をも要求するからである。したがってみずからの命を守るためにはみずからの命を差し出さねばならないこの逆説は、国の民にとって血なまぐさい不条理にほかならない。その意味で、靖国、つまり国を靖《やす》ませることは、死を以って生を獲得せねばならない、国の民が置かれた根源的な逆説が「自然的な紐帯」の論理をまとって反復されることなのだ。

ゆえに時間の応酬によって国家の連続性を担保する靖国の論理とは、国の民の生と死を一手に牛耳り、生を得るために死へ赴く国の民の逆説を隠蔽する儀礼である。国民国家論などにおいて主張されるように、国民は「作られた」「想像の産物」かもしれない。だが国民は単に想像され規律される存在ではない。国民はその生と死を担保に、国家によって「人間」にさせられた存在なのだ。だから靖国神社の護国の神は、「既に／あらかじめ」日本人なのでも人間なのでもない。彼らは死んで初めて「日本人」となり「人間」になったものたちである。そして靖国の論理は現在を国家の中で生きている人々に同じことを要求する。靖国神社が人々に死を要求する、というのではない。そうではなく、靖国神社が自然的で閉鎖的な「日本人」の「家督」を保とうとする限り、国家による死の要求という根源的な逆説に満ちた暴力は永続するのである。朝鮮人合祀者が生前に置かれていた境遇は、このような国家の根源的な逆説に満ちた暴力が剥き出しの状態で露《あらわ》になったものにほかならない。だがこれは植民地支配下の朝鮮人に特殊な存在条件ではなかった。帝国日本においては、国家による死の要求がいたるところで歓喜と狂気に満ちた空間を創出していたからだ。そしてよりおぞましいことは、そのような狂喜乱舞が、国家の例外的で逸脱的な暴走によるものではなく、国家の根底における存在条件として横たわっていることである。靖国の論理がより根強く生命力を増していくような感さえある現在、この国家の根源的暴力から目をそむけないためには、靖国神社の強調する自然的紐帯が血なまぐさい死の要求によって支えられていることを繰り返し確認せねばならない。

それゆえ靖国問題は中国、韓国、北朝鮮、日本といった、現在存在する国民国家に沿った歴史認識や外交戦略などで捉え切れるものではない。それはもはやA級戦犯の分祀などといった、国家間の政治的かつ歴史認識的な妥協策で解決されるべき問題ではない。むしろそれは国家を前提とした政治や歴史を見直す場だからである。日韓条約において明らかなように、国家による歴史の清算は、暴力の歴史を断ち切るどころか、他なるかたちでその暴力を再生産する。日韓条約の中で韓国政府は、個々人の韓国人被害者個人に対する日本政府の補償責任を免除した。そのつけが現在のハンセン病・被爆者・戦時性奴隷問題として残存することは周知のとおりである。政治が声を持たぬものに声を与える実践だとする時、[*14]日韓政府の合意は政治に基づくものではない。それは政治の可能性を踏みにじる、国家の暴力に他ならなかったのだ。

靖国神社はそのような国家の歴史・暴力が、極限の状態で剥き出しになった時間を留めている。したがってこの時間を解き放つことは、この時間を未来へと開いていくことを意味するはずである。しかしその未来へと開かれる時間は、いかなる国家によってももたらされえない。この時間は、政治によってのみ可能だからである。その政治は日本人や韓国人や朝鮮人や中国人に声を与えることを意味しない。むしろ「何々人」という、自然的な紐帯から自由でない存在規定を疑うこ

＊14　政治はポリスのなかでの自由な議論に由来するのではなく、ポリスに参加できなかった群衆 demos が自らの存在を開示し承認させる行為に由来する。Slavoj Žižek ,1999, p.28. 参照。

と、その疑いを共有することによって連帯すること、つまり自らがポリスの住民であることを疑いデモスなることを確認すること、そのような一連の実践のみが、靖国神社に凍りついた時間を未来へと解き放つ道になるだろう。

もちろんそれは国家を解体するなどといった非現実的でユートピア的なヴィジョンではない。重要なことは、国家の生命に対する要求が剥きだしの状態で前面化することのないように、ポリスの住民ではなくデモスとして声を獲得していくことであり、その声を絶え間なく法の力によって国家の只中に刻み込んでいくことである。さまざまな霊媒によって繰り返され、いたるところにはびこっている靖国の論理への批判は、まさにそのような政治の実践にほかならない。そしてその政治の可能性は今まで辿ってきた「植民地朝鮮半島から向けられたまなざし」によって開かれうる。なぜならそのまなざしは、国家間の妥協や交渉の場としてではなく、国家と歴史の根源的な暴力を問いただす闘争の場（アゴラ）として靖国神社を見つめることを意味するからである。そのとき、生と死を翻弄してきた靖国の論理への批判は、帝国日本という現在もその生命を根強く維持している怪獣に対し、異議を申し立て、その時間を未来へと解き放つことができるだろう。

参考・引用文献

加藤陽子『徴兵制と近代日本――一八六八―一九四五』吉川弘文館、一九九六年

川村湊「金史良と張赫宙：植民地人の精神構造」『近代日本と植民地』第六巻、岩波書店、一九九三年

金相泰編訳『尹致昊日記』歴史批評社一九九八年

小林康夫他編『ミッシェル・フーコー思考集成』Ⅶ、筑摩書房、一九七八年

小堀桂一郎『靖国神社と日本人』ＰＨＰ新書、一九九八年

白川豊監修『日本植民地文学精選集』第二巻［朝鮮編］ゆまに書房、二〇〇〇年

高橋哲哉『靖国問題』筑摩新書、二〇〇五年

朝鮮総督府『施政三十年史』

浜崎紘一『俺は日本兵―台湾人・簡茂松の「祖国」』新潮社、二〇〇〇年

樋口雄一『戦時下朝鮮の民衆と徴兵』総和社、二〇〇一年

Carl Schmitt,"Vorwort" in *Der Begriff des Politischen* Duncker & Humblot,1963.

Slavoj Žižek, "Carl Schmitt in the Age of Post-Politics" in Chantal Mouffe ed., *The Challenge of Carl Schmitt*, Verso, 1999.

第8章　靖国問題と中国——「戦後は終わった」のか?

楊《ヤン》志《ズ》輝《フィ》

■はじめに――最大の戦争被害国の国民感情と日中関係の政治基礎の問題

二〇〇一年首相就任以来、連続五年間続けられてきた小泉純一郎首相の靖国神社参拝をきっかけに、日中両国間の政治関係は一九七二年国交回復以来、もっとも悪い状態に陥ったと言われる。経済的に相互依存関係がかつてないほど深化しているのに、政治関係が冷え込んでいるこの異常な状況は、中国では「政冷経熱」と呼ばれる。首相の靖国参拝への固執によって、両国間の信頼関係が損なわれ、経済もマイナスの影響を受けざるを得なくなることについても、内外の識者から懸念の声があがっている。

首相の靖国参拝を批判する声は内外から絶え間なく聞こえてくる。日本国内では、靖国問題は、主として政教分離を定めた憲法に違反するか否かという観点から議論されている。また、かつての侵略戦争を正当化し、軍国主義を賛美するような歴史観を有する靖国神社は、第二次世界大戦後平和国家として再出発した日本を代表する首相などの政治外交指導者が、戦争の犠牲となった国民を追悼するのにふさわしい場所であるかどうかということについても、疑問視する声も多い。[*1] 他方、中国や韓国などかつて日本が引き起こした侵略戦争や植民地支配を経験し、物的にも人的にも大きな被害を蒙ったアジア近隣諸国からみれば、首相の靖国参拝はまさに間違った歴史認識に基づいて行なわれたものであって、過去の侵略戦争や植民地支配を正当化するものであった。[*2]

＊1　田中伸尚『靖国の戦後史』岩波書店、二〇〇二年。高橋哲哉『靖国問題』筑摩書房、二〇〇五年。

＊2　歩平（中国社会科学院近代史研究所）「日本靖国神社問題的歴史考察」『抗日戦争研究』二〇〇一年第四期、

とりわけ、自他ともに戦争の最大の被害国と認めている中国にとっては、対中国侵略戦争に深く関わっていた当時の日本の指導者、いわゆるA級戦犯が合祀されている靖国神社に、新生日本を代表する首相が参拝するという靖国問題は、まさに日中関係の根幹に関わる重大な政治問題である。

二〇〇六年五月二三日に行なわれた日中外相会談で、李肇星外交部長（外相）は麻生太郎外相に対して、「日本の指導者が第二次世界大戦のA級戦犯が祭られる靖国神社への参拝に固執していることは、中国の人民の感情を傷つけるものであり、中日関係の政治的な土台を損なうものだ」と中国側の立場を改めて表明し、その理由について「近代のあの不幸な歴史を正しく認識することは、戦後の中日関係の回復と発展のための重要な政治的土台だ」と強調した。*3 ここで指摘されているように、中国政府からすれば、先の大戦を正しく認識することが戦後の日中関係の出発点であり、また、そのことは、日中間で調印された三つの重要文書、すなわち「日中共同声明」（一九七二年）、「日中平和友好条約」（一九七八年）、「平和と発展のための友好協力パートナーシップの構築に関す

一六三—一八三頁。

*3 「中日外相会談、政治的障害の排除で合意」（「人民日報」）。「朝日新聞」二〇〇六年五月二四日。アジア協力対話（ACD）第五回外相会合に出席した李肇星外交部長は二三日、麻生太郎外相と会談した。日本側の説明では、李外相は二三日の会談で首相の靖国参拝について「A級戦犯がまつられた靖国神社への参拝は中国人民の感情を傷つける。政治的な障害にもなっており、日本の指導者は戦争被害国の人民の感情にも配慮してほしい」と中国側の立場を改めて強調した。

る日中共同宣言」（一九九八年）（以下、共同宣言と略称）によって確認されており、日中両国の共通認識となっているのである。

　しかし、首相の靖国参拝問題によっていまやこの政治的土台が揺らいできているように見える。二〇〇五年一〇月一九日、王毅駐日大使が日本のメディアへの回答文書の中で、「参拝自体が三三《ママ》年前の中日国交正常化の原点が覆されそうになり」、日中関係の一つのネックとなっていることを指摘し[*4]、日中関係に及ぼす重大な影響への懸念を表明した。この「政治的障害」が、小泉首相と中国首脳の相互往来が途絶えている状態を作り出している。また、小泉首相の靖国神社への五年連続の参拝は、中国の国民の間で、日本はいまだに侵略戦争の責任を認めない、日本はまだ軍国主義復活の可能性がある、といったイメージの形成に大きく寄与した。いまや多くの中国の民衆の間で、首相の靖国神社参拝問題は、侵略戦争の美化、戦争責任の否定、日本軍国主義の復活への道と同一視され、罪を認めない日本としてのシンボルと化した。

　このような状況に対して、渦中の小泉首相自身はこれまでに、靖国神社を参拝するのは、「戦没者に対する敬意と感謝を込めて、哀悼の念を示したものだ」[*5]、「戦没者に哀悼の念を持って参拝す

＊4　二〇〇五年一〇月一九日、小泉首相の靖国参拝問題について王毅大使がメディアの質問に回答。二〇〇五年一〇月二四日。http://www.china-embassy.or.jp/jpn/xsgxx/t218050.htm

＊5　二〇〇五年一二月一四日、「東アジア首脳会議後の内外記者会見（要旨）」http://www.kantei.go.jp/jp/koizumispeech/2005/12/14press.html

るのは心の問題だ」などと説明し、また、宗教観や文化の相違など様々な理由を挙げて内外の批判をかわした。さらに、外国の政府が自らの靖国参拝を批判する気持ちがわからない、外交問題にしようとする姿勢は理解できないとも述べ、暗に中国や韓国などの姿勢を非難した。日本国内にも、中国などの反発を内政干渉として批判し、対外政策を有利にするための「歴史カード」として使っているのではないかといった意見も聞かれる。*6

小泉首相は、靖国神社参拝について、「私の参拝の目的は、明治維新以来の我が国の歴史において、心ならずも、家族を残し、国のために、命を捧げられた方々全体に対して、衷心から追悼を行なうことであります。今日の日本の平和と繁栄は多くの戦没者の尊い犠牲の上にあると思います。将来にわたって、平和を守り、二度と悲惨な戦争を起こしてはならないとの不戦の誓いを堅持することが大切であります」と述べていることから、外務省は、「過去の植民地支配と侵略を正当化しようとするものではないことは明らかです」としている。

小泉首相は、「長い目で見れば中国も理解していただける。よく説明していきたい」と述べたが（「朝日新聞」二〇〇五年一〇月一八日）、結局、日中双方首脳の直接往来、訪問がないまま、小泉政権が終わりを迎えようとしている。

日中双方の意見のすれ違いが残されたまま、日中の間ではポスト小泉政権を視野に、靖国問題を

＊6　上坂冬子『戦争を知らない人のための靖国問題』文藝春秋、二〇〇六年。濱本良一「靖国問題を外交カードにするな」『東亜』二〇〇五年三月号、二〇―二八頁。

乗り越える模索は既に始まっている。日本国内でもA級戦犯の分祀問題と同時に、新しい追悼施設の問題などをめぐる議論も活発になっている。

しかし、後述するように、中国側が国民の感情と二国間関係の政治基礎に関わる重要な問題としている靖国問題は、既に日本の歴史認識の試金石として記号化され、当分の間、日中関係が抱える一つの「時限爆弾」になるであろう。

本章は、中国側の主張とその背景となるものを考察し、なぜ中国が反発するかを理解する手がかりを探るものである。そのために、まず第一に、日中戦争によって中国が受けた被害とその国民感情、第二に、日中国交回復過程における日本の戦争責任と日中の歴史認識問題の処理、最後に、靖国問題が未来志向の日中関係の構築の障害となっていく過程といった側面に焦点をあてて、中国側が特に言及している被害者の感情の問題と日中関係の政治基礎の問題を中心に考察したい。それによって、中国にとっての靖国問題を理解する手がかりを得ていただけたらと思う。

1「戦後はまだ終わっていない」!——中国の戦争被害とその国民感情

数字から見た中国の戦争被害　首相の靖国神社参拝に対して、中国側は、官民を問わず、日本の対中国侵略戦争の最大の被害国として「被害者の感情が傷つけられた」と猛反発している。

なぜ、首相の靖国神社参拝が中国の国民感情を傷つけることになるのか。その背景には、日本の対中国侵略戦争によってもたらされた甚大な被害、無数の戦争被害者やその遺族の存在という事実と彼らの悲惨な戦争の記憶がある。

極東国際軍事裁判（東京裁判）では、日本の対中国侵略戦争の期間として、「一九三一年九月一八日の夜に始まり、一九四五年九月二日に東京湾上における日本の降伏によって終わった」とされている。一九三一年の「九・一八事変」（満州事変）に始まり、三七年の「七・七事変」（盧溝橋事件）により日中全面戦争に突入し、第二次世界大戦終結の四五年八月一五日まで続いていたこの戦争で、中国大陸の大部分が戦場と化し、首都南京まで日本軍に占領され、夥しい戦争被害者を生み出した。領土の蹂躙、人命の犠牲、財産の損失、生活・生産基盤の破壊など、中国が蒙った被害は広範囲にわたり、被害の性質も多岐にわたり想像を絶するものであり、人びとが受けた苦痛は耐えがたいものであった。

中国本土が戦場となっていたため、軍人だけではなく、武器をもたない一般の民間人の死傷者も膨大な数にのぼるのは明らかである。臼井勝美氏の研究によると、日中全面戦争勃発後の八年間だけで、国民政府軍の死亡者は一三二万八五〇一名、負傷者は一七六万九二九九名、行方不明者は一三万一二六名、計三二二万七九二六名（そのほか、病死者四二万二四七九名）であった。民間人の死亡者は四三九万七五〇四名、負傷者は四七三万九〇六五名、計九一三万六五六九名であった。これらの数字には、東北三省（旧満州）、台湾、解放区（共産党支配地域）の死傷者が含まれていない（臼井勝美、二〇〇〇年、二〇八頁）。また、遅景徳氏や殷燕軍氏の研究によると、この八年間、東北三省、台湾および海外華僑を除いた中国の公私財産の直接的な損失は三一三億ドル余り、間接的な損失は二〇四億ドル（米ドルレートは一九三七年七月全面戦争勃発時）に達した。*7

日中戦争が中国にもたらした具体的な被害について日本政府は特に発表したことがないが、一九九四年八月二三日付の「朝日新聞」に、宮地正人氏（東京大学教授）が各国政府などの発表をもとに集計した結果、中国の死者、行方不明者は一二二一万五〇〇〇人という統計数字を挙げている。また、竹内実氏は、「人間の生命を金額で計算する不謹慎をお許し願いたいのだが、一人当たり一万ドルとすれば、人的損害について三五兆円、これに物的損害十七兆円を加えると合計五二兆、これを二〇年賦で支払うとすれば、毎年二兆六〇〇〇億円、つまりわれわれの日本国の現在の国家予算九兆四〇〇〇億円の約三分の一強に相当する金額を、二〇年間支払わなければならないことになる」と、物的損害に人的損害を足した計算の結果を発表している（「産経新聞」一九七一年九月二三日）。

ただし、川島真氏の研究によると、日中戦争の最中から国民政府によって始められた戦争被害調査は、その不十分さや調査方法によって、被害の総額は、実際よりも少なくならざるをえなかっ

＊7　遅景徳『中国対日抗戦損失調査史述』国史館、一九八七年。殷燕軍『中日戦争賠償問題——中国国民政府の戦時・戦後対日政策を中心に』御茶の水書房、一九九六年。この数字は、一九四六年一〇月一日、国民政府行政院が公表した全国公私財産直接損失調査の結果である。

た。[*8] また、第二次世界大戦終結後、中国は共産党と国民党の内戦状態に陥り、混乱を極めていた。そのような状況で正確に被害総額を把握することはおよそ至難のわざと言わざるをえない。一九四九年樹立した中華人民共和国政府は、建国当初、基本的に国民政府の調査結果に基づいた数字を使っていたと思われる。[*9]

戦後五〇周年にあたる一九九五年に発表され、その後、八年間の日中戦争での人的・物的損害に関する中国政府の公式見解となったのは、直接的経済損失が一〇〇〇億ドル、間接的損失は五〇〇〇億ドル、人的損失は、軍民の死亡・負傷が三五〇〇万人としている。[*10]

＊8　川島真氏によると、「作業の不十分さにより生じる不足だけでなく、作業の方法により生じる被害額の減少にも注目しなければならない。中華民国は、一件一件証拠を固めるかたちで、自己申告や証言などをもとにして、清算していった。だからこそ、死者や離散者からデータをとることができず、減額することにもつながっていった。限られた時間のなかでこのような作業をしたことに、そもそもの無理があったとも言える」。川島真「中華民国対日賠償政策──国史館所蔵文書からみた『以徳報怨』」『平成一三年度～一六年度日本学術振興会科学研究費補助金（基盤研究（B）一般）（課題番号一三四一〇一一〇）研究成果中間報告書』別枝行夫・貴志俊彦・川島真編『台湾・国史館典蔵　行政院賠償委員会档案目録』所収。

＊9　例えば、一九五一年沈鈞儒が行なった「戦争犯罪人検挙と懲罰について」の報告の中で、死者一〇〇〇万人、財産損失額五〇〇億ドルという数字を使った（朱建栄、一九九二年）。

＊10　一九九五年九月三日、「抗日戦争・世界反ファッショ戦争勝利五〇周年集会」における江沢民の演説。なお、二〇〇五年、戦後六〇周年の節目の年に、中国社会科学院の専門家によって提出された報告書もこの数字を裏

同年、北京で開かれた日中両国によるシンポジウムにおける基調演説で、孫平化・中日友好協会会長（故人）が次のように述べている。「日清戦争から満州事変、盧溝橋事変の勃発まで、日本軍国主義が五十年間に亘り、中国を侵略した。抗日の民族解放戦争の期間中、中国側の死傷者数は合計三千五百万人、財産損失は約千億ドル以上に上った。百年以上の列強による侵略の歴史の中で、日本軍国主義が中国人民に与えた災難は最も深刻なものであった」（劉傑、一九九九年、六〇頁）。

その後、一九九八年一一月に日本を訪問した江沢民主席は、早稲田大学で行なわれた「歴史を鏡として、未来を切り開こう」と題する記念講演で、「不幸なことに、十九世紀の末、日本は軍国主義の侵略、拡張の道を歩むようになり、一八九四年の甲午戦争のあと、中国の領土台湾を侵略、占領しました。また、一九〇五年の日露戦争のあと、日本は中国の旅順、大連を一度占領したことがあります。一九三〇年代から、日本軍国主義は全面的な対中国侵略戦争を起こし、その結果、中国は軍民三千五百万人が死傷し、六千億ドル以上の経済的損失を蒙りました。この戦争は中国人民に大きな民族的災難をもたらし、日本人民もそれによって少なからぬ害をうけました」と述べている（劉傑、一九九九年、六一頁）。

経済損失の金額について、孫平化発言と江沢民講演に多少の違いは見られるが、日本軍国主義が中国人民にもたらした深刻な被害を強調する点では一致している。なお、孫平化は、前記の演説

付けるものであった。

で、「無論われわれは、この一連の戦争を経て、日本の国民も戦争の損害を被っていたことを十分承知している」と付言し（劉傑、一九九九年、六〇頁）、江沢民と同様に、日本人民も中国人民も同じく日本軍国主義の被害者であることを強調している。

中国の戦争被害額の変化の背景には、統計対象の範囲、計算ベースとなるレートの違いなど様々な要因が指摘できる。また、これをもってこれらの数字の信憑性を問題視することも難しいことではなかろう。正確を期することは学術的にも重大な意味があり、現に中国国内では、日中両国政府や研究者による共同の調査研究を呼びかける動きもある。しかし、中国の戦争被害者やその遺族にとっては、被害額という数字よりもその性質、中身のほうがよほど重要であろう。この戦争の体験・記憶は、多くの中国人にとって今なお「癒しきれない感情問題」であることは間違いない（天児慧、二〇〇三年）。また、日本軍国主義の再来への恐怖心を植えつけるのに十分であった。

無賠償の現実と現在進行形の戦争被害

一九四五年八月一五日は、多くの中国人にとって、長年の日本による侵略戦争に耐え抜き、連合国の一員として世界の反ファシスト戦争に勝利した「戦勝記念日」として記憶された。[*11]

＊11　戦勝国の一員である中国は、日中戦争における被害の大きさや大陸戦場で牽制した日本軍の数の多さなどをもってこの戦争の勝利への貢献度を強調している。これに対して、米軍主体の連合国軍の占領を受け、しかも冷戦状況の下でアメリカの支援を受けて復興を成し遂げた日本には、第二次世界大戦ではアメリカに負けたの

かつて日本は日清戦争（一八九四年）に勝利した後、当時の日本の国家予算の三年半分に相当する銀二億三〇〇〇万両の賠償金と遼東半島還付金を清国（中国）から取り立て、また、義和団事件（一九〇一年）で賠償金三四〇〇万両余りを獲得した。その結果、中国の国民は、長い間政府からの重税に苦しんだ。当然のことながら、中国は第二次世界大戦の戦勝国の一員として、敗戦国の日本から賠償を獲得し自ら受けた被害への補償に充てることが想定された。事実、戦後アメリカを中心とする連合国の間でも、中国に割り当てられる賠償額は各国の中でもっとも大きな割合と認められていた。前述の戦争被害調査の目的の一つは、まさに戦後の対日賠償請求に備えるものであった。

一九四九年、中国共産党との内戦に敗れ台湾に逃れた蔣介石の国民政府は、五二年の日華平和条約交渉の際に賠償条項の入った条約草案を日本側に提示し、賠償金を要求した。その理由として、もしこれを放棄したら、甚大な被害を蒙った中国大陸の人民の権利を放棄したと見なされ、中国大陸のあらゆる政治的立場からの批判を免れない、重大な政治問題であると説明した（殷燕軍、一九九六年）。しかし、このような要求は日本側によって拒否され、交渉が難航した。蔣介石政権は、自らの政権の正統性を内外にアピールするために、サンフランシスコ講和条約の発効の前に日

であって、中国には負けていないという言説がある。現に中国人戦後補償裁判の判決文において、裁判官は、「中国は、前記のとおり、形式的には第一次世界大戦、第二次世界大戦における戦勝国であった」とさえ述べている。この「形式的」という言葉から日中間の歴史認識の大きなギャップが窺える。奥田安弘・川島真ほか著『共同研究中国戦後補償：歴史・法・裁判』明石書店、二〇〇〇年。

本との二国間平和条約の調印に漕ぎつける必要があった。結局、蔣介石政権は対日譲歩を余儀なくされ、賠償請求の権利を放棄させられた。日華平和条約は、賠償という文字を含まない「異例」の条約となったのである。*12

しかし、日華平和条約の不法性を訴える中華人民共和国政府は、「賠償請求権は中国の主権に属することであり、中国は依然として対日賠償請求権をもっている」と主張し、*13「日本政府は、中国人民がその受けたきわめて大きな損害について賠償を要求する権利をもっていることを理解すべきである」ことを、その後も強調しつづけていた。後述するように、一九六〇年代半ばに毛沢東、周恩来主導の下で対日賠償請求の放棄を決定したが、一般の国民には知らされていなかった。一九七二年、日中国交回復の際に、多くの中国国民は、賠償金が得られるとの楽観的な見方をしていた。中には、五〇〇〇億ドルもの賠償を得られれば、全国民の賃金が一段と上がり、また第一自動車製造工場（当時の中国最大の自動車工場）のような工場を二〇も三〇も作れるという期待を抱く

*12　一九五二年四月二八日に調印された日華平和条約の本文には、賠償関連の条項が含まれておらず、条約の付属する議定書の1・bという箇所で、「日本国民に対する寛厚と善意の表徴として、サンフランシスコ条約第14条a1に基づき日本国が提供すべき役務の利益を自発的に放棄する」という表現で、対日賠償請求の放棄を間接的に表明している。

*13　外務省アジア局中国課 監修『日中関係基本資料集：一九四九年―一九六九年』財団法人霞山会、一九七〇年、四二一頁。

人もいた。また、東北地方（旧満州）の人は、一五年間も日本の占領による大きな被害を受けていたため、東北地方の分だけでも賠償を請求し、損害補償に充ててほしいと主張していた（朱建栄、一九九二年）。もちろん従来の対日不信感から、感情的に賠償要求の放棄に賛同できないという意見もあった。これに対して、周恩来総理の指示に基づいて、中国政府は、七二年九月田中角栄首相の訪中の前から、賠償放棄の理由や日中国交正常化の必要性などを中心に宣伝教育キャンペーンを繰り広げ、民衆への説得を行なっていた。そして、九月二九日に北京で調印された日中共同声明において、中華人民共和国政府は、日中友好のために対日賠償請求の放棄を宣言したのである。

このように、甚大な戦争被害を受けたにもかかわらず、また、国民の中に日本からの賠償金を期待する人もいたが、戦後中国は日本から賠償金を取らなかった。しかも、中国の戦争被害者には、政府による救済の処置も施されてこなかった。

これとは対照的に、日本の場合は、一九五二年サンフランシスコ講和条約の発効にともなって独立を回復し国際社会に復帰した後、戦傷病者戦没者遺族等援護法（以下、援護法と略称）が制定され、政府の認定を受けた一般の戦争被害者（いわゆる公務上の負傷疾病で死亡した者）に対して、遺族年金と弔慰金が支給されるようになった。さらに、五三年八月には、恩給法改正によって軍人軍属およびその遺族への公務扶助料が復活した。その後、経済的救済はいわゆる戦犯受刑者にも広げられた。既に処刑されたり獄死したりした者は法務死者と呼ばれ、援護法の一部改正と恩給法改正によって、法務死者や受刑者遺族も一般の戦争被害者と同様の処遇を受けられるようになった。[*14] なお、このことが、同時に靖国神社への戦犯の合祀に道を開くことになる。なぜなら、戦後の合祀者は援護法の対象者を基本としていたからだ。[*15] 五八年までにはすべての戦犯受刑者が釈放され、翌五九年には初めて戦犯受刑者が靖国神社に合祀された。

天児慧氏が指摘したように、中国では現在もなお多くの戦争犠牲者や肉親が被害を受けた人々が存在しており、たとえ中国政府が「賠償請求を放棄」したとしても、「自分たちには直接に何の補償もない状況で、どうしても納得できないといった『わだかまり』が広く存在している」のである（天児慧、二〇〇三年）。

冷戦終結後の一九九〇年代以降、中国国内では、賠償問題について様々な形で異議申し立てが行なわれるようになった。いわゆる対日民間索賠（賠償請求）運動である。そして日本国内で中国人による戦後補償訴訟が提起されるようになった。

一九九二年九月に、「中国民間対日索賠委員会」を結成し運動を開始した童増氏は、「『日本に対する中国の損害賠償請求』についての建議」を中国の全国人民代表大会（日本の国会にあた

＊14　村井良太「戦後日本の政治と慰霊」劉傑、三谷博・楊大慶編『国境を越える歴史認識――日中対話の試み』東京大学出版会、二〇〇六年、二八八―三一三頁。田中宏『戦後六〇年を考える――補償裁判・国籍差別・歴史認識』創史社、二〇〇五年。

＊15　「一から分かる靖国問題」『朝日新聞』二〇〇五年六月三日。

る）に提出し、「日中戦争での損害額は三〇〇〇〇億ドル。中国政府が放棄したのは、国家賠償の一二〇〇億ドルにすぎない。民間賠償の一八〇〇億ドル（約一九兆円）は、日本に請求できる」と主張し、民間被害の範囲として、①非戦闘員の殺害、傷害、②強制労働、③女性に対する暴行、④細菌兵器の人体実験と使用による被害、⑤爆弾による殺傷や個人と法人の財産被害、など一〇項目を挙げた（「朝日新聞」一九九三年一一月一四日）。

一九九五年から、強制連行・強制労働、「従軍慰安婦」、七三一細菌戦、毒ガスなどの戦争被害を受けた中国人が第二次世界大戦当時日本の侵略によって受けた被害やその後遺症を訴え、日本の政府や企業を相手取って、日本の裁判所に、謝罪と損害賠償を求める訴訟を起こした。法廷では、原告の中国人は、被害事実に対する認定を求め、被告の日本政府や企業が謝罪し、かつ金銭的な補償によって「原状回復」を行なうことを要求している。いままで、日本の裁判所の多くは法律論・手続き論を盾に原告の要求を棄却してきたが、中国からの民間補償請求は絶えることがなく、しかも近年、中国政府も「戦争遺留問題（未解決の問題）」として日本側に適切な処理を求めるような発言を繰り返すようになった。[*16] 既に五〇年前に終わったあの戦争の処理をめぐって、日中の間にいまなお十分に解決ができていない問題があることをあらためて人びとに印象付けた。

＊16　日本外務省政府の公式見解は、「日中間の請求権の問題は、一九七二年の日中共同声明発出後存在していない」とし、個人の賠償・補償請求権についても「サンフランシスコ平和条約、二国間の平和条約等の当事国との間では、法的に解決されています」というものである。

中国の民衆による対日民間賠償請求の運動が生まれた背景には、被害の甚大さと無賠償の事実とのギャップに疑問や不満を感じ、個人のレベルから日本に対して賠償を請求するという側面があることが否定できないが、より重要なのは、とりわけ九〇年代以降日本国内で次第に顕著になってきた、一部の日本人による侵略戦争否定ないし美化の言動に反発し、戦争責任を追及し、歴史事実を明らかにしたいという側面がある。この点は、中国人戦争被害者の支援活動を行なっている日本人の支援者、弁護士にも共通している。彼らからすれば、中国人戦後補償裁判は、訴訟という手段を通じて、「日本軍の侵略戦争による中国人被害者に対する日本政府の謝罪と賠償がなされ、もって正当な歴史認識を日中両国民が共有し、日中間の未来ある真の友好と信頼関係を築くこと」を目的としているものである。[*17]

さらに、中国人戦後補償裁判にもなった七三一細菌戦にも代表されるように、日中戦争当時、旧日本軍が国際条約に違反してひそかに行なっていた細菌戦はいまだに中国国内で戦争の後遺症を残している。とりわけ、近年、かつて日本軍が中国国内に遺棄した大量の化学兵器による被害が続出し、戦争被害が過去のものだけではなくて、現在進行形のものでもあることを印象付けた。このような事態に直面して、中国政府は、「中国国内の遺棄化学兵器問題について、日本政府は責任を回避することはできない」と指摘し、「戦争遺留問題」として、日本政府に対し「誠実に対応し、適

＊17　南典男「戦後補償問題の解決に向けて」『中帰連』（特集：私たちは再び加害者となるのか）二〇〇四年春、第二八号、五六―六三頁。

切に処理する」よう要求した。ほかの戦争被害の問題に関しても、例えば、二〇〇四年一二月二八日、中国外交部の劉建超報道官は記者会見で、「日本の中国侵略戦争が残した、強制労働、化学兵器、慰安婦などの問題はいずれも、日本が中国侵略戦争の中で行った深刻な犯罪行為であり、日本側にはこれらの問題を適切に処理する責任がある」と述べ（「朝日新聞」二〇〇四年一二月二九日）、日本政府に適切な対応を求めるような発言を繰り返すようになった。

このように、戦争による被害者の遺族が、億単位で生存しており、強制連行や従軍慰安婦をめぐる訴訟が進行中で、旧日本軍が遺棄した化学兵器はいまだに被害を出していることもあり、中国は戦争の影からなかなか抜け出せず、被害意識が根強く残っている（朱建栄、二〇〇五年）。

被害者意識と戦争責任問題　もちろん、中国国民の中に根強く存在している被害者意識は別に日中戦争だけに由来したものではない。アヘン戦争以来の一五〇年間、中国は「弱国」の立場に甘受してきた。中国は第二次世界大戦の戦勝国の一員とはなったものの、「弱国」としての立場は変わらなかった。この一五〇年の間に中国人が受けた衝撃は、いかなる時代よりも大きかったのである（劉傑、一九九九年）。度重なる外敵による侵略の中では、李肇星外相が述べたように、「日本軍国主義は近代史において中国人民を最も深く重く傷つけた」のである。[*18]「一朝被蛇咬、十年

＊18　「日本軍国主義は近代史において中国人民を最も深く重く傷つけた。日本が加害者側として、あの不幸な歴史に正しく対処し、被害者側の痛みと感情を尊重できるか否かは、中日関係の政治的基礎にかかわることであ

怕井縄（蛇にかまれたことのある人は、一〇年たって井戸のつるべの縄を見ても蛇と連想し怖がってしまうという意味）」という中国のことわざにあるように、自国が戦場となり、多大な戦争被害を蒙った中国人にとって、かまれた傷がたとえ癒されても、心理的な「被害者意識」はそう簡単に消え去りはしない。

このような被害者意識は、中国国内で一九九〇年代半ば頃から展開された愛国主義教育キャンペーンによっていっそう強まったことも否めない。九六年から指定された全国各地の「愛国主義教育基地」などを通じて、近代以降の侵略と抵抗そして勝利の歴史についての生々しい教育が行なわれる。全二〇〇ヵ所もの「基地」には、中国共産党の生い立ちや国共内戦に関わる旧跡（三〇ヵ所以上）、アヘン戦争や義和団事件など帝国主義列強の侵略に関わる旧跡（一四ヵ所）のほかに、当然のことながら、北京郊外の盧溝橋にある抗日戦争紀念館、南京大虐殺事件の紀念館など、日中戦争関連のものも多く含まれている（一一ヵ所）。近代以降の日中関係の歴史や前述の李外相の言葉を考えると、当然なことと言えよう。ただし、戦争被害者の強烈な対日感情、被害者意識は、この愛国主義教育によって過去の記憶がよみがえられ、また集団記憶として再生産され、強化されることがあったとしても、「これを反日教育という言葉ですべて説明することはできないだろう」（村井良太、二〇〇六年）。

る」（二〇〇五年、李肇星外相）。

毛里和子氏が指摘したように、「愛国主義教育キャンペーン自体は、現在の日本に対する反対運動ではない」[*19]。ともあれ、旧日本軍の残虐性を象徴する「日本鬼子」という言葉が今日なお中国で生きている。「弱国意識」の影響で、被害者としての歴史に目を奪われてしまった人びとにとっては、日本軍国主義の再来はまさに悪夢であり、警戒すべき対象である。

日本国内では、先の大戦をめぐって、事変や事件、侵略、侵略的行為、侵略戦争など様々な表現が用いられ、多様な戦争認識の存在の様相を呈しているが、中国の人びとから見れば、日中戦争は日本が一方的に引き起こした不正義な侵略戦争であって、日本は加害者である。そして、国土の大半が戦場と化し、多くの罪のない人びとが犠牲となった中国が、この戦争に勝利したのは、まさに正義が味方したからである。これが歪められていけない歴史事実であるという意識は非常に強い。戦争責任を故意に糊塗し、被害者の感情を逆撫でするような行為が日本側から度々引き起こされたことで、中国はいわば「二次被害」を受けたのである。

日本では「もはや戦後ではない」と叫ばれ久しいが、中国では自ら悲惨な戦争を体験した被害者、かけがえのない家族を奪われた戦争遺族、多くの家庭に様々な形による戦争の記憶が残されて

＊19　だが、新聞、テレビ、映画以外に、学校教育で日中戦争の「悲劇」を視覚から教え込まれる青少年の対日認識は、当然一定のベクトルをもつことになるし、彼らの日本についての知識はしばしば日中戦争での「日本軍」だけになってしまう。二〇〇五年の「反日デモ」が、こうした中で育った若者によってあっと言う間に広がったという面は否定できない（毛里和子、二〇〇六年）。

おり、いまだに戦争のトラウマに囚われている人が多く、また、日本軍国主義の再来への恐怖心や不安の気持ちは潜在意識にある。彼らにとって、日中戦争の話は他人事ではなく、きわめて敏感な話題である。日中双方の為政者のそれぞれにとってもきわめてデリケートな問題といえよう。

一九八五年、靖国問題が初めて日中間で重大な外交問題となった時に、当時の中国共産党総書記胡耀邦が、「日中戦争は終わってからまだ四〇年。中国人民がこの戦争から受けた痛みを淡々とした気持ちで考えることはまだできない」と述べ、日本側の理解を求めた(「朝日新聞」一九八五年一二月八日)。

もちろん、現在の多くの中国人は、日本自身も先の大戦で大きな被害を蒙ったことを知っている。戦争末期、米軍機による無差別爆撃の東京大空襲や沖縄での熾烈な地上戦、広島と長崎への原子爆弾の投下などによって多くの日本国民が犠牲となった(朱建栄、二〇〇五)[*20]。つまり日本は先の大戦で、加害者であると同時に被害者という側面も持っていた。

その意味で、中国の民衆は、中国政府が提示した、一般の日本国民も日本軍国主義者が引き起こした戦争の被害者であるという立場、いわば「二分法」論理を受け入れてきたのである。

連合国主導の東京裁判で、侵略戦争を計画・実行したとして「平和に対する罪」などに問われた

＊20　それゆえ、後藤田正晴元副総理などの発言に見られるように、A級戦犯に代表される当時の戦争指導者の責任(いわゆる「結果責任」)は追及されるべきという意見は日本国内にも根強い(「朝日新聞」二〇〇五年七月一三日)。

政治・軍事指導者ら、いわゆるA級戦犯は、まさに戦争を引き起こした一部の軍国主義者の象徴的な存在である。とりわけ彼らの多くは、日本の対中国侵略戦争に深く関与していたのである。小泉首相の靖国神社参拝問題がクローズアップされる中、二〇〇五年六月三日付の「人民日報」や同年八月の「人民網」（「人民日報」のネット版）で、初めてA級戦犯および彼らと中国侵略との関わりが詳しく紹介された。*21 特に二八人のA級戦犯のうち「昭和の受難者」として靖国神社に「合祀」されている一四名のA級戦犯については、以下のように紹介した。

東条英機（陸軍大将、首相）は日本軍国主義によるアジア侵略、中国侵略の中心となった戦争犯罪人で、関東軍憲兵司令官として中国東北地方の住民の抗日闘争を鎮圧した。板垣征四郎（陸軍大将・支那派遣軍総参謀長）は「九・一八事変」（満州事変、以下同）の首謀者で中国侵略の陰謀活動に従事し、中国各地へ足跡を残した。木村兵太郎（陸軍大将）は第三二師団師団長として山東省南部の抗日根拠地の掃討を行ない、無抵抗の民間人を虐殺するよう兵士に命じ、また二〇〇〇人以上を拘束し、強制連行し強制労働させた。土肥原賢二（陸軍大将）は旧満州特務機関長で「九・一八事変」の共謀者であり、また中国分裂を目標とする「華北自治運動」を画策していた。松井石根（陸軍大将・中支方面軍司令官）は日本軍南京大虐殺事件の元凶である。武藤章（陸軍中将）は中支方面軍参謀副長として南京虐殺という大惨事を招いた元凶の一人である。広田弘毅（首相、外相）は「実

*21（ ）内の肩書きは戦争当時のもので、筆者が付け加えたものである。

質的に中国を日本の軍事、政治、経済統制下に置く」「広田三原則」(排日停止・満州国承認・共同防共)の提唱者である。梅津美治郎(陸軍大将・参謀総長)は中国駐屯軍司令官として中国に『何梅協定(何応欽・梅津協定)』を強要し、また日本軍を率いて山西省でいわゆる「治安粛清作戦」を行ない、非道な「三光作戦」を実行した。小磯国昭(陸軍大将・首相)は関東軍参謀長として、中国東北地方の全面的な殖民統治に関する一連の計画を立案し、主に抗日義勇軍を対象とする「討伐」計画をまとめた。そのほか、平沼騏一郎(首相)は日本ファシズム団体「国本社」の創設者で対中国侵略に加担し、白鳥敏夫(駐イタリア大使)は侵略戦争拡大に向けた最も有力な宣伝者、東郷茂徳(外相)は対外拡張戦争の画策者、松岡洋右(外相)は中国侵略世論の画策者、永野修身(海軍大将)は「一・二八」中国侵略戦争(第一次上海事変)の画策者である、として紹介していた。

このように、中国から見れば、靖国神社には第二次世界大戦中に重大な戦争犯罪を行なったA級戦犯が祀られている。彼らA級戦犯は、「両手を中国人民、およびアジア各国の人々の鮮血で汚した元凶かつ主謀者」である。首相の靖国神社参拝は、「あえて一三億の中国国民の最も目にしたくないことをして、その悲惨な戦争の記憶をもう一度思い出させることであり、隣の国の民衆は喜んで受け入れることなど到底できない」[*22]。多くの中国人にとって、「戦後」はまだ終わっていないのである。歴史問題は、過去のことに止まらず、「現実」でもある。

＊22　二〇〇五年一〇月一九日、小泉首相の靖国参拝問題について王毅大使がメディアの質問に回答。二〇〇五年一〇月二四日。http://www.china-embassy.or.jp/jpn/xsgxx/t218050.htm

ただし、これまでに少なからぬ中国人は、感情的になお「わだかまり」を抱いていても、基本的に前述した中国政府が提示した「二分法」論理を受け入れたと言えよう。「戦争を引き起こした人と一般の人々とを混同してはならない」というのは基本的な考え方である。

2「戦後」にピリオドが打たれた!?――日中関係の政治基礎の形成

「二分法」論理と対日賠償請求放棄の決定

一九五二年に台湾の国民政府と日本との間で調印された日華平和条約がその後、日本と中華人民共和国政府との関係回復の障害となった。冷戦対立が激しさを増すなか、アメリカによる対中封じ込め政策などによって、日中の間に公式な外交関係はなかったが、民間レベルでの交流は細々と続けられていた。

新華社記者だった呉学文によると、日中友好を訴える人びとによる交流の過程でも、「わだかまり」を持つ中国側とそれに無頓着な日本側とのギャップが顕在化してきた一九五三年頃、周恩来など「中央の指導的同志が、この民間交流の状況、日本への一般的反発の状況を見て、政策上二つを区別する教育」の必要性を指摘し、①日本軍国主義と日本人民を区別する（中国侵略の責任は当時の日本政府にあり、日本人民にはない）、②日本政府内でも政策を決定する「元凶」と一般公務員を区別し、大きな罪悪と一般的誤りを区別する、という方針を指示したという（呉学文、二〇〇二年、一七頁）。これが、今日まで続く中国の対日大原則である「二分論」（「二分法」論理）であり、対日イデオロギーである（毛里和子、二〇〇六年）。

それから二年後の一九五五年に制定された、中国共産党初めての対日基本政策＝「対日政策活動についての方針と計画」において、「日本国民を味方に引き入れ、中日両国の国民の間に友情を打ち立て、また日本国民の現状に同情すること」[*23]ということが明文化され、この二分法論理を体現した。日本に対する戦争賠償の請求を放棄するという決定も、まさにこのような「二分法」論理に基づいて行なわれたものであった。

前述したように、周恩来は、対日賠償請求権の保有を主張しつつ、情勢の変化に応じて柔軟に対応することを示唆した。一九六四年になって、中国の指導部が賠償請求の放棄を決めたようである。朱建栄氏の研究によると、一九六〇年代に入り、周恩来の発議で中国の指導部は、日中国交回復の可能性を視野に入れて賠償問題を検討し、対日賠償請求権を放棄すべきだとの結論に達し、それを最終的に毛沢東主席などの最高指導者が同意する形で、一九六四年一月頃、正式な決定となったという。賠償放棄の主な理由の一つは、戦前の日本軍国主義者が加えた損害の賠償を次世代の日本国民に求めるとすれば、日本の国民と軍国主義者を区別するという毛沢東の思想に相反する。また、賠償金の返済に苦しむ日本国民の対中感情が悪くなり、それは対日友好促進の基本方針にもとるということだった。[*24]

＊23　張香山『日中関係の管見と見証――国交正常化三〇年の歩み――』三和書籍、二〇〇二年。
＊24　対日賠償請求放棄に関する具体的な政策決定の過程について、中国側は公式には一切明らかにしていない。こ

その後、日本側に対して、数回にわたり遠まわしの表現で対日賠償請求放棄の意思が表明されたが、日中関係の悪化、双方の内政事情の変化で、国交回復には直結しなかった。一九七一年春訪中した藤山愛一郎（日中国交回復促進議員連盟会長）が帰国後の記者会見で、「経済界の一部では国交回復にともなって、日本は中国に莫大な賠償を取られるのではないかとの声が出ているが、中国はそういう考えがないことを私に明らかにしている」と紹介し、帰国報告で「日本の過去の戦争責任について精神的反省は求めても、物質的賠償を取る意図がない明確な感触を、中国側から示された」と述べた（「朝日新聞」一九七一年六月二九日）。

戦争責任と歴史認識のギャップ　一九七二年七月七日、田中角栄が首相に就任し、外交面で早期に日中国交正常化を実現すると発表した。周恩来総理は直ちに歓迎の意を表明した。七月二五日、竹入義勝（公明党委員長）が訪中し、七月二七日から三日間連続で周恩来と会談した。七月二七日の第一回会談で、周恩来は、自ら対日賠償請求権の放棄を正式に表明し、それを日中共同声明に書き入れることを提案した。その理由について、毛沢東が賠償請求権を放棄すると言っ

の研究成果は、朱建栄氏が当時の中国側の関係者に対するインタビュー調査に基づいてまとめたものである。朱建栄「中国はなぜ賠償を放棄したか：政策決定過程と国民への説得」『外交フォーラム』一九九二年一〇月、二七―四〇頁。

ていることを挙げ、賠償を求めれば日本人民に負担がかかると述べた[*25]。

竹入にとって、「中国側が賠償請求を放棄することをいとも簡単に、抵抗感もなしに周総理が毛沢東主席の決断として口にしたこと」は、第一回会談で最も衝撃的なことであった。五〇〇億ドル程度払わなければいけないかと思っていた彼は、「全く予想もしない回答に体が震えた」[*26]。

さらに、竹入との会談で周恩来は、「平和条約も可能ですが、平和友好条約にしたい」、「共同宣言が発表されて平和友好条約でいけます。あとは法律家にまかせれば良い」と語り、通常の戦後処理で締結される平和条約ではなく、未来志向の「平和友好条約」の締結を自ら提案した。このような提案は、日中共同声明をもって、過去の清算とする日本側の意向に合致していた。外務省は、「平和友好条約に関しては、日本側は、中国側が予想している条約の内容を具体的に承知していないが、日本政府としては、この条約が、将来の日中関係がよるべき指針や原則を定める前向きの性格のものである限り、その締結のために適当な時期に中国側の具体的提案を待って交渉に入ることに異存はない。戦争を含む過去の日中間の不正常な関係の清算に関連した問題は、今回の話し合いとその結果である共同声明によってすべて処理し、今後にかかる後向きの仕事をいっさい残さないようにしたい」と考えていたからである。

＊25　「竹入義勝・周恩来会談記録」（情報公開法による開示文書、〇一―二九八―一、外務省外交史料館所蔵）。

＊26　竹入義勝「『歴史問題』の歯車が回った　流れ決めた周総理の判断」石井明・朱建栄・添谷芳秀・林暁光編『記録と考証　日中国交正常化・日中平和友好条約締結交渉』岩波書店、二〇〇三年、二〇一―二〇二頁。

竹入は会談内容を記録した「竹入メモ」を、帰国後田中首相と大平正芳外相に渡した。日本側は、これを検討した日本側の草案を練り、中国との交渉に備えた。

その後、九月二五日から三〇日にかけて、田中首相、大平外相らが中国を訪問した。田中首相と周総理との首脳会談、大平外相と姫鵬飛外交部長との外相会談は、それぞれ四回行なわれた。これらの会談を通じて日中間の戦後処理が行なわれたのである。既に「賠償請求放棄」という大原則を決定し、竹入を通じて日本側に伝えた中国側は、最初から賠償問題を交渉の議題として提起する予定がなかったが、戦争責任に対する認識、日華平和条約との関連で生じた賠償放棄の理由に対する理解の齟齬から、事態は思わぬ展開となった。

まず、田中首相は、二五日夜の歓迎夕食会の挨拶で、日中戦争について「わが国が中国国民に多大なご迷惑をおかけしたことについて、私は改めて深い反省の念を表明するものであります」と述べた。これは「我国給中国国民添了很大的麻煩、我対此再次表示深切的反省之意」と訳された[*27]。その反響について田中訪中団に同行した記者の西村秀俊氏が、翌日の「朝日新聞」に次のように書いた。「田中首相のあいさつの途中、一区切りごとに拍手を送っていた中国側が、拍手をすっぽかすくだりがいくつかあった。中国国民に『迷惑』をかけたといったときがそうだった。同じことを周首相のあいさつは『災難』と表現した。それを、軽々しく『迷惑』くらいのことではすまされな

＊27　毎日新聞社政治部編『転換期の「安保」』毎日新聞社、一九七九年、二三六頁。

い、という不満の意思表示ではなかったろうか」(「朝日新聞」一九七二年九月二六日)。

田中角栄自身は、首相になる前から、戦争で中国に被害を与えたという事実を率直に認め、心からお詫びをするという気持ちを日中国交正常化の大前提にしていた。また、「たいへんな御迷惑をかけた」というお詫びの表現を使っていた。九月訪中のおよそ半年前の三月に、衆議院商工委員会(二一日)と衆議院予算委員会第四分科会(二三日)において、通商産業大臣として答弁に立った田中は、自らの従軍経験を踏まえ、戦争の実態を承知していると述べ、「中国大陸にたいへんな御迷惑をかけたということはほんとうにすなおにそう感じております」と語った。[*28] 二三日の田中発言は、中国新華社通信の『参考資料』(一九七二年三月二四日付け)に翻訳されていた。[*29] 中国側もそれを把握していただろうと推察される。しかも、過去の日中関係について「迷惑かけた」という表現は、田中のみならずほかの政治家やマスコミも愛用し、[*30] 当時日本国内の一種のコンセンサスとも言

＊28　衆議院商工委員会会議録第五号、一九七二年三月二一日。衆議院予算委員会第四分科会会議録第四号、一九七二年三月二三日。

＊29　矢吹晋「田中角栄の迷惑、毛沢東の迷惑、昭和天皇の迷惑」『21st CHINA QUARTARY』http://www.21ccs.jp/china_quarterly/China_Quarterly_01.html

＊30　田中は訪中を前にして九月二一日午後首相官邸で内閣記者会と懇談したが、翌日の各紙はいずれも一面トップでこれを報じている。たとえば「朝日新聞」(九月二二日)一面トップの見出しは〈互譲の精神で合意へ、過去の関係率直に「迷惑かけた」〉である。「毎日」の見出しは〈田中首相決意を語る、戦争終結政治的に、過去素直に「迷惑かけた」〉である。「読売新聞」の一面トップは〈日中復交、共同声明で発効、互譲で合意

える表現であった。また、後に大平外相が中国側に説明したように、このような謝罪の表現は日本の国内政治事情でぎりぎり受け入れられるラインだったのである。

しかし、「多大なご迷惑をおかけした」という表現は、中国側の歴史認識とのギャップも歴然としている。同じ夕食会で周恩来は挨拶し、戦争認識について次のように述べた。「一八九四年から半世紀にわたって、日本軍国主義者の中国侵略により、中国人民は重大な災難をこうむり、日本人民もまた深い被害を受けました。……中国人民は毛沢東主席の教えにしたがって、ごく少数の軍国分子と広範な人民とを厳格に区別してきました」

結局、中国が受けた戦争被害の甚大さに比べると、「添了很大的麻煩」というあまりにも意味の軽い謝罪表現は中国側から大きな反発を呼ぶことになった。その不満の声を代弁するかのように、周恩来は田中に対して、「添了很大的麻煩」というのは「うっかり女性の衣服に水をかけてしまった時のような謝り方である」と不満をあらわにしたという（林代昭、一九九二年）。

しかも、翌二六日午前に行なわれた第一回外相会談で、日本の外務当局は日華平和条約との関連で法律論から中国の対日賠償請求権を否定しようとするような発言を行なった。中国側としては、事前の賠償請求放棄宣言で日本に対して最大限の善意を示したつもりだったであろうが、日本側の対応は予想外のものだったようである。中国側は憤慨し、「そういうような代表団なら、即刻お帰

確信、過去、素直にわびる、首相表明〉である（矢吹晋「田中角栄の迷惑、毛沢東の迷惑、昭和天皇の迷惑」『二一世紀中国総研』）。

りいただきたい」と責めたとも言われる（朱建栄、一九九二年）。二六日午後の首脳会談[*31]の冒頭で周総理は、田中首相の「ご迷惑」発言を取り上げ、中国側の不満をあらわにした。

日本政府首脳が国交正常化問題を法律的でなく、政治的に解決したいと言ったことを高く評価する。戦争のため幾百万の中国人が犠牲になった。日本の損害も大きかった。我々のこのような歴史の教訓を忘れてはならぬ。田中首相が述べた「過去の不幸なことを反省する」という考え方は、我々としても受け入れられる。しかし、田中首相の「中国人民に迷惑をかけた」との言葉は中国人の反感をよぶ。中国では迷惑とは小さなことにしか使われないからである。

さらに、周恩来は、第一回外相会談における高島益郎条約局長が、日華平和条約に絡めて賠償問題について述べたことを取り上げ、「二分法」論理に基づいた対日賠償請求放棄の経緯を説明し、日本の外務当局への不満をあらわにした。

日華条約につき明確にしたい。これは蔣介石の問題である。蔣介石が賠償を放棄したから、

＊31　外務省アジア局中国課「田中総理・周恩来総理会談記録（一九七二年九月二五日～二八日）――日中国交正常化交渉記録――」（情報公開法による開示文書、〇一―四二一―一、外務省外交史料館所蔵）。

中国はこれを放棄する必要がないという外務省の考え方を聞いて驚いた。蔣介石は台湾に逃げて行った後で、しかも桑港条約（サンフランシスコ講和条約――筆者註）の後で、日本に賠償放棄を行なった。他人の物で、自分の面子を立てることはできない。戦争の損害は大陸が受けたものである。

我々は賠償の苦しみを知っている。この苦しみを日本人民になめさせたくない。

我々は田中首相が訪中し、国交正常化問題を解決すると言ったので、日中両国人民の友好のために、賠償放棄を考えた。しかし、蔣介石が放棄したから、もういいのだという考え方は我々には受け入れられない。これは我々に対する侮辱である。田中・大平両首脳の考え方を尊重するが日本外務省の発言は両首脳の考えに背くものではないか。

つまり、既に竹入・周会談で進んで賠償請求放棄を表明していた中国側は、賠償放棄問題を戦争責任に対する歴史認識問題とセットで考えていたので、かつての軍国主義の中国侵略に対する日本側の徹底的な否定と反省を賠償放棄の当然の前提としていた。しかも、甚大な損害を受けた中国にとって、賠償問題は法律論だけで済ませるものでないことも明らかである。ましてや、その法的根拠とされるのは、中国政府が不法とみなしている日華平和条約で、なおさら受け入れられるものではなかった。

周恩来の話を受けて、田中首相は、大筋においてよく理解できると述べ、すべての具体的な問題に優先して「国交正常化を実現し、新しい友好のスタートを切る」と自らの決意を表明した。賠償放棄に関する周恩来の発言については、田中は「これに感謝する。中国側の立場は恩讐を越えてという立場であることに感銘を覚えた。中国側の態度にはお礼を言うが、日本側には、国会とか与党の内部とかに問題がある。しかし、あらゆる問題を乗り越えて、国交正常化するのであるから、日本国民大多数の理解と支持が得られて、将来の日中関係にプラスとなるようにしたい」と表明し、「共同声明という歴史的な大事業は両大臣の間で話してもらえば、必ず結論に達する」と自信を示した。

結実した日中共同声明：日中関係の政治基礎の形成　その後、九月二七日に行なわれた外相会談で、大平外相は、この度の田中の訪中は、「日本国民全体を代表して、過去に対する反省の意を表明するものである。従つて《ママ》、日本が全体として戦争を反省しているので、この意味での表現方法をとりたい」と述べ、国家の意思としての戦争反省を強調したのに対して、姫外相は、「中国は日本の一部の軍国主義勢力と、大勢である一般の日本国民とを区別して考えており、中国の考えは、むしろ日本に好意的である」と説明し、日本の内政事情への配慮をにじませた[*32]。

　さらに、大平外相は謝罪の仕方次第で自民党分裂の可能性もあるという党内事情を訴え、「中国

＊32　外務省アジア局中国課「大平外務大臣・姫鵬飛外交部長会談（要録）（一九七二年九月二六日〜二七日）——日中国交正常化交渉記録——」（情報公開法による開示文書、〇一—四二—二、外務省外交史料館所蔵）。

の怒りは、私、大平個人としてはわかる。私は戦前、若き大蔵官僚として張家口にいた。田中は胸を病んで満州の陸軍病院にいた。日本は確かにひどいことをした。どうか、私、大平を信じてほしい」と付け加えた。姫外相はその晩、「大平という男は信頼していい政治家だ」と周恩来に報告したという。[*33] このように、謝罪表現の程度の差があっても、「ご迷惑をかけた」ことをきちんと認識し、相手側の反発に真摯に対応するという日本側の姿勢は、中国側の信頼を勝ち取ったと言えよう。

このような相互配慮、相互信頼のもとで、両外相間の交渉の末、戦争認識に関しては、「日本側は、過去において日本国が戦争を通じて中国国民に重大な損害を与えたことについての責任を痛感し、深く反省する」という大平外相の提案した文章で決着した。

さらに、賠償請求権の問題に関しては、毛沢東と周恩来の政治決断で「賠償請求権」の「権」の文字を落とす譲歩をし、「中華人民共和国政府は、中日両国国民の友好のために、日本国に対する戦争賠償の請求を放棄することを宣言する」（第五項）という表現になった。これについては、大平外相は帰国後、自民党本部における自民両院議員総会において次のように報告した。「第五項目

＊33 日中外相会談の中国側通訳を担当していた周斌（当時、外交部新聞司所属）が、加藤千洋・朝日新聞編集委員のインタビューに答えた。周は、「歓迎宴会で田中首相が『多大のご迷惑をかけた』とサラッと言ったから、歴史認識の協議が難航し、打開の道を探る異例の車中会談となったんです」と回想した。「朝日新聞」二〇〇二年九月二九日。

は、賠償請求の放棄であり、日華条約でこれが放棄され、日本はこれを受けている立場に立っている。従ってこれは中国側が一方的に宣言し、日本側はこれを率直に評価し、受ける立場をとった。もし中国が『賠償請求権』の放棄という言葉にかかわると、私どもはやっかいな立場になるところだったが、『賠償請求』という言葉にしてもらい、『権』という言葉はついていない」[*34]

この日中共同声明で中国側が「戦争賠償の請求を放棄する」と宣言したことは、その後の両国友好関係を築く上で重大な意味を持つものとなった。当時外務省条約局条約課長だった栗山尚一は、後に「日中共同声明の解説」の中で、中国の戦争賠償請求放棄について、「過去の中国大陸における戦争が中国の国民にもたらした惨禍は、わが方として深い反省の対象となるべきものであることを考慮するならば、このような中国側の賠償放棄の宣言は、率直かつ正当に評価されるべきであろう」と記した。[*35]

前述したように、中国国内では、賠償請求放棄という中国首脳部の決定に反対する意見がなかったわけではない。これに対し、周恩来は、田中内閣の成立後、対日交渉の準備を急ぐ一方、内部で国民に対する宣伝教育と説明の準備に本格的に取りかかった。「日本が中国に賠償金を支払うとすればこの負担は最終的に広範な日本の国民にかけられることになる。彼らは長期にわたって中国への賠償金を支払うために、ズボンのベルトを引き締めなければならない。これは日本人民と世々

＊34　時事通信社政治部『ドキュメント日中復交』時事通信社、一九七二年、二一五頁。
＊35　同右、二一八頁。

代々友好的になっていくというわれわれの願望と相反することになる」とアピールし、日本国民を軍国主義者から区別する必要性を説明し、この「二分法」論理で国民への説得工作を行なった。このような説得・教育は、国交回復後も周恩来の指示で続けられていたという（朱建栄、一九九二年）。「人民日報」も一九七二年九月三〇日の社説で、「中日両国人民は長い歴史をもつ友情で結ばれている。日本軍国主義者の中国侵略はかつて中国人民に大きな災厄をもたらし、同時に、日本人民にも大きな災禍をもたらした。中国人民は毛主席の教えにしたがって、広範な日本人民と極少数の軍国主義分子とを厳格に区別し、日本人民のうけた戦争の災禍に深い同情の気持をいだいている」と述べている。[*36]

このように、戦争責任に対する認識のギャップによる予想外の紆余曲折もあったし、また双方の歴史認識も完全に一致したわけではなかったが、国交を回復し、未来志向の日中関係を構築していくという共通認識のもとで、相互の信頼関係を重んじる日中両国のリーダーが大局的な見地に立って政治決断を行ない、最終的に、文言の表現で日中両国が歩み寄って、双方が相手側の国内事情、原則的立場に配慮するような「玉虫色」の共同声明ができあがり、日中両国は長い「戦後」を経て、不正常な状態にピリオドを打ち、国交を回復したのである。

毛里和子氏は、日中国交正常化に対する実証研究を通じて、「毛・周時代の中国の対日外交の特

＊36　霞山会編『日中関係基本資料集　一九四九年〜一九九七年』霞山会、一九九八年、四四六頁。

徴は、軍国主義者と人民を分ける、日本国民の負担になる賠償は請求できない、などに見られる強い道義性で、当時の日本の外交当局には（そして九〇年代以後の日本の政治家たちにも）、相手のこうした『道義性』に対する理解や配慮、ましてや敬意はほとんど見られない」と指摘し、「一五年におよぶ軍事的侵略とそれがもたらす苦痛、損害、それが残す感情的問題をたった四日間の交渉、たった一枚の共同声明で『すべて処理する』ことがそもそもできるのだろうか。本当にそう考えたのだろうか」という疑問を提示した（毛里和子、二〇〇六年）。

他方、国交正常化によって成立した日中関係の基本的枠組みの内実について、中国社会科学院日本研究所の金熙徳氏は、「中国への侵略戦争について日本が反省し、中国は対日友好の大局から出発して戦争賠償を放棄する、そして両国は歴史を鑑として未来に向かう精神で相互の健全な関係を推進する」ことであると指摘し、それが日中関係の堅持すべき「原点」であると主張している。*37

ともあれ、一九七二年の日中共同声明、共同声明に示された諸原則が厳格に遵守されるべきことを確認した日中平和友好条約（一九七八年調印）と一九九八年の「共同宣言」が日中関係を規定する重要な外交文書となり、日中関係の政治基礎を構成するものとなった。

なお、歴史認識問題が徐々に深刻化していることを反映して、前述の「共同宣言」では、「双方は、過去を直視し歴史を正しく認識することが、日中関係を発展させる重要な基礎であると考え

＊37　金熙徳『中日関係：復交三〇周年的思考』世界知識出版社、二〇〇二年。

る。日本側は、一九七二年の日中共同声明および一九九五年八月一五日の内閣総理大臣談話を遵守し、過去の一時期の中国への侵略によって中国国民に多大な災難と損害を与えた責任を痛感し、これに対し深い反省を表明した。中国側は、日本側が歴史の教訓に学び、平和発展の道を堅持することを希望する。双方は、この基礎の上に長きにわたる友好関係を発展させる」となっている。

日本側に重ねて「前事不忘、後事之師」（前事を忘れずに後事の戒めとする）を求めてきた中国側から見れば、歴史問題をめぐる日本側の一連の動きは、まさに日中関係の原点を侵し、政治的土台を蝕むものである。特にA級戦犯の祀られている靖国神社に首相が参拝することは、まさに中国側の「二分法」論理に反し、日中両国の共通認識を台無しにすることになる。

二〇〇五年一〇月一九日、王毅駐日大使が日本のメディアへの回答文書の中で、「中日関係のいわば二度目の関係正常化が必要になっていると語る人がいますが、私はやや同感です。要するに戦後の中日関係回復の原点をもう一度振り返り、その原則にのっとり、未来に向ける新しい中日関係の枠を作ることです」と述べた。*38

3 よみがえる「戦後」？――記号化されていく靖国問題

*38 二〇〇五年一〇月一九日、談話、小泉首相の靖国参拝問題について王毅大使がメディアの質問に回答。二〇〇五年一〇月二四日付http://www.china-embassy.or.jp/jpn/xsgxx/t218050.htm

首相の靖国神社参拝問題の外交問題化

一九七二年、日中両国の政治・外交指導者の強いリーダーシップと相互信頼のもとで、政治的決断をもって国交正常化が実現した。前述したように、そのような形での国交正常化は様々な問題点を内包しているが、日中両国政府の共通認識では、日中共同声明をもって過去の清算がなされ、「戦後」にはいちおうピリオドが打たれることになった。

その後、日中友好の掛け声のもとで、日中両国の交流が盛んになり、また、中国の安定的発展を確保するという目的で、改革開放後の中国に対する日本の政府開発援助（ＯＤＡ）の供与が始められた。一九八二年に訪日した中国の趙紫陽総理から、今後の日中関係のあり方として「平和友好、平等互恵、長期安定」という三原則が提示された。その後、八四年に訪日した胡耀邦・中国共産党総書記に対して、中曾根康弘首相が「相互信頼」を加えて四原則にすることを提案し合意に達した。日中関係は、いわゆる「黄金の一九八〇年代」を迎え、「友好と利益が共存」する時代が続いていた（毛里和子、二〇〇六年）。

もちろん、「黄金の一九八〇年代」にも摩擦がなかったわけではない。歴史問題、台湾問題など、七二年の国交正常化当時、双方の原則的立場、国内事情に配慮した形でコンセンサスが作られたはずの問題をめぐって時折対立が生じた。日本国内では、一九八二年に政府は、八月一五日を「戦没者を追悼し平和を祈念する日」とする閣議決定を行なった。同年、日本の教科書検定問題をめぐって、中国や韓国などアジア近隣諸国との間で歴史認識のギャップがクローズアップされ、歴史問題が政治問題、外交問題となっていった。いわゆる第一次教科書問題である。また、同じ時期に、東京裁判の判決を貫く歴史観を批判する藤尾正行文相、永野茂門法相らの「失言」問題が相次ぎ、国際問題化した（村井良太、二〇〇六年）。

おりしも誕生した中曾根政権は、いわゆる「戦後政治の総決算」を政治目標に掲げた。翌八三年に訪米中の中曾根首相がいわゆる「不沈空母」の発言をし、また初の施政方針演説で日本が「戦後史のおおきな転換点」に立っているとの認識を表明し、政治大国への意欲を示した。これに対して中国国内には、日本の政治大国化が軍事大国化につながり、日本軍国主義が復活するのではないかとの懸念が生まれた。歴史問題や日本の政治大国化への動きなどに刺激され、日本の一握りの軍国主義勢力の動きを警戒するようという論調が目立つようになり、国交正常化以来の相互信頼関係が揺らいできたように見えた。中曾根首相が「相互信頼」を日中関係の原則に加えるよう提案したのは、このような背景があったからだろう。また、八四年三月訪中した中曾根首相は、北京大学での「二一世紀に向けて」と題する演説の中で、軍国主義の復活という中国側の懸念に言及し、「日本政治の最高責任者として、わが国は決して軍国主義の復活を許さないと、躊躇なく断言できる」と発言し、大学生から大喝采を受けた（「人民日報」一九八四年三月二五日）。

しかし、中曾根首相を大歓迎した同じ北京大学の学生は、翌八五年に一転して中曾根を厳しく批判するようになった。その発端となったのは、八五年八月一五日に行なわれた首相の靖国神社公式参拝である。

戦前、戦中を通じて戦没者を「英霊」として祀り顕彰する中心的施設であった靖国神社は、敗戦後、いわゆる神道指令で国家との関係を断ち切られ、一宗教法人として存続する道を選んだ。靖国神社創立一〇〇周年にあたる一九六九年から、自民党は、靖国神社を国が管理、維持することを趣旨とする靖国神社法案を五回にわたり国会に提出していたが、七四年に廃案になった。それ以来、自民党は靖国神社の公式参拝の実現を目指すようになった。しかし、憲法二〇条（信教の自由、政教分離）、同八九条（宗教団体に対する公金支出の禁止）との関連で、首相や閣僚の公式参拝が憲法違反にあたるかどうかは、日本国内で議論の的となった。また、一部に、戦前の国家神道および軍国主義の復活に結び付くのではないかという意見もあった。

その後特に日中間で問題となるA級戦犯合祀は、一九七八年に、靖国神社側によってひそかに行なわれた。[*39] この事実は、翌年の新聞報道で公にされたが、知らなかった人やその意味（および合祀にいたる経緯）を理解できなかった人も多かったのではなかろうか。

一九八五年八月九日、中曾根政権の藤波孝生官房長官の私的諮問機関である「閣僚の靖国神社参拝問題に関する懇談会」がまとめた報告書で、神道様式によらない参拝方式が提示された。これを

＊39　A級戦犯合祀に踏み切った靖国神社宮司の松平永芳氏は、「五三年の援護法改正で、いわゆる戦犯刑死者と遺族は（遺族年金などで）一般戦没者と同様の処遇を受けられるようになった。戦犯刑死の方々は法的に復権され、靖国神社は当然合祀する責務を負った」と主張したのに対して、かつて合祀を前提にした名簿を届けた厚生労働省は、「国は遺族援護のために戦犯刑死者を公務死と認定したのであり、靖国のいう『復権』とは関係ない。合祀は神社が決めることだ」と反論する。「朝日新聞」二〇〇一年八月一一日。

受けて、中曾根首相は、八月一五日に歴代首相として初めて靖国神社の「公式参拝」に踏み切ったが、中国から予想以上の反発を招いた。中国は「東条英機らA級戦犯」が合祀されている靖国神社に首相や閣僚が参拝することを問題にした。[*40] これを契機に、靖国問題は、憲法問題から外交問題へと大きく様相を変えていく（村井良太、二〇〇六年）。

それまでに中国国内では、一握りの日本軍国主義者の代表格である東条英機の名は知られていたが、靖国神社自体はあまり知られていなかったようである。そもそも、中国の書物に「靖国神社」が最初に登場したのは、中国近代の思想家王韜の『扶桑遊記』においてであった。一八七九年に訪日した際に王韜は、創立から一〇年経過し、東京招魂社から靖国神社と改称され別格官幣社に列格された靖国神社を目にした。帰国後まとめた見聞録である『扶桑遊記』の中で、彼は靖国神社創立の目的や祭祀の日などを書き記した。[*41] いわゆるA級戦犯合祀問題についても、一九八〇年八月一七日付けの「人民日報」の記事で、鈴木善幸首相と閣僚の靖国神社参拝を報道した際に、一九七八年秋、誰かによって一四名のA級戦犯が「昭和殉難者」として靖国神社で祀られ、人びとの参拝を受けるようになったと紹介した程度であった（「人民日報」一九八〇年八月一七日）。

＊40 「人民日報」一九八五年八月一五日。霞山会編『日中関係基本資料集 一九四九年～一九九七年』霞山会、一九九八年、六八二頁。

＊41 華民編著『靖国神社大掲秘』世界知識出版社、二〇〇五年、四―五頁。王智新『解密靖国神社』広東人民出版社、二〇〇五年、一五一―二頁。

一九八五年を境に、靖国神社、公式参拝という言葉は中国でよく知られるようになった。中曾根政権も当初からある程度中国側の反発を予想していたようである。当時中曾根派で日中議員外交に携わっていた野田毅氏は、参拝の直前の八五年七月に訪中し、中国側の意向を内々に打診し、「批判のトーンをできるだけ抑えて」と頼んだという。野田氏によると、「一番抵抗があったのは、戦前、軍人に与えられた金鵄勲章の復活。日本兵の武勲は向こう側はいやでしょう。靖国はそれほどではなかった。しかしA級戦犯の合祀が問題だった。あの戦争は一部の軍国主義者が悪かった、日本人民も被害者だったということで国交を正常化したのに、いまさら参拝するのは中国の国民感情が許さない」（「朝日新聞」二〇〇五年八月一一日、夕刊）。また、参拝の前日に発表した「内閣総理大臣その他の国務大臣の靖国神社公式参拝について」とする藤波官房長官談話では、「過去においてアジアの国々を中心とする多数の人々に多大の苦痛と損害を与えた」ことを深く自覚し、二度と繰り返さないという「反省と決意」が述べられ、参拝の目的は戦没者の追悼や平和への決意を新たにすることにあり、「平和国家として」の姿勢にはいささかの変化もないことを強調し、「戦前の国家神道および軍国主義の復活に結び付く」との懸念に対してもこれを払拭するために配慮する意向を示していた。[*42]

中国側の対応も当初抑制的であった。八月一一日付けの「人民日報」は、中曾根首相が戦後の首

*42　「内閣総理大臣その他の国務大臣の靖国神社公式参拝について」昭和六〇年八月一四日藤波内閣官房長官談話 http://www.kantei.go.jp/jp/singi/tuitou/dai2/siryo1_7.html

相として初めて靖国神社を公式参拝する、とA級戦犯の合祀を含めた日本国内での批判を紹介した（「人民日報」一九八五年八月一二日）。一四日には外交部スポークスマンが、「中曾根首相ら日本の閣僚がもし靖国神社を参拝すれば、世界各国人民、特に軍国主義の大きな被害を受けた中日両国人民を含むアジア各国人民の感情を傷つけることになろう。同神社には東条英機ら戦犯も祀られているからである」と発言し、中国が特に問題としているのはA級戦犯合祀の問題であると示唆した（『日中関係基本資料集』）。また、参拝後も含めてこの間「人民日報」が日本での反対議論を二、三紹介しているだけで、正面からの批判を避けた（毛里和子、二〇〇六年）。

しかし、九月一八日、北京大学、清華大学、中国人民大学など中国の大学生がキャンパスで「九・一八事変」（「満州事変」）の記念集会を開き、さらに、約一〇〇〇人の大学生は大学当局の阻止を振り切って街頭に繰り出し、「日本軍国主義打倒」、「中曾根打倒」、「歴史の書き換え反対」、「日本の経済侵略反対」などを訴えながら、天安門広場までデモ行進を行なった。[*43] 靖国神社公式参拝問題によって、日中戦争の悲惨な記憶がよみがえり、日本人の過去への反省が

＊43　清水美和『中国はなぜ「反日」になったか』文藝春秋社、二〇〇三年、一二四頁。また、北京大学に入学したばかりの筆者も、大学構内に張り出された日本軍国主義批判の壁新聞、軍靴の中曾根首相が日本刀を磨く漫画などを目にし、さらに、九月一八日に大学のグランドで学生の一団が中曾根の似顔絵を焼いたりするのを見た。それまでに、日中友好と教わり、日本の留学生と親交を深め、八四年の中曾根首相の北京大学での講演原稿を読んで感激した筆者にとっては、非常にショッキングな出来事だったと記憶している。

足りないといった批判が沸き起こって、日本軍国主義の復活の悪夢が「現実的」なものとなり、さらに折からの対日貿易赤字問題も絡んで、日本による「経済侵略」への不信感も強まった。

この大規模な学生デモは、「対日経済関係を円滑に進めたい中国政府意図とは離れて、たまっていた大衆レベルの民族主義が日本に対して爆発したものとみなすことができる」（毛里和子、二〇〇六年）。「一二・九運動」[*44]記念日を一二月に控え、大規模の学生デモの再発を防ぐために、中国政府は躍起になって事態の沈静化につとめた。政府の外交関係担当者や研究者が主要大学に出向いて学生に日中友好の重要性、日中経済交流の実態などを説明し説得した。「人民日報」などの公式メディアも九月一八日のデモを報道しなかった（二〇〇五年春「反日」デモが起きた際にも同様な対応が見られる）。

九月一九日、中国外交部スポークスマンは「九・一八事変」に関する談話の中で、「中国政府は、日本の閣僚がA級戦犯を祀っている靖国神社に参拝する問題について、日本政府にその立場を表明し、日本政府に慎重にことを行なうよう求めてきた。遺憾なことに、日本側はわが方の友好的勧告を顧みずに参拝を強行し、中国人民の感情を大きく傷つけた」と反発する意思を示しながら

＊44　一九三五年一二月九日、北京の学生数千人が日本軍の華北侵略と自治工作に抗議してデモ行進を行ない、国民政府に対し、内戦をやめ一致して外敵に当たることを要求。国民政府当局が弾圧に出たため、運動は全国的な抗日運動へと広がった。毛沢東党主席は、同運動を五四運動と同等の意義あるものと評価した。「朝日新聞」一九八五年一二月九日。

も、「われわれは、日本政府の指導者が日本はけっして軍国主義への道を歩まないという誓いを励行し、中日友好、アジアと世界の平和擁護のために貢献することを願う」と述べ、その後の日本の対応に期待をかけた（「人民日報」一九八五年九月二〇日）[*45]。

一〇月一八日、胡耀邦総書記は、八三年末に中曾根首相との間で設立が合意された「日中友好二一世紀委員会」の委員との会見で、日中友好関係の維持発展という基本政策が、「両国民の利益にかなうのみか、アジア、世界の平和にも貢献している」と指摘した上で、「半世紀にわたる両国の対抗の歴史」を直視する必要があると述べ、「日本のごく少数の軍国主義指導者が起こした侵略戦争は、中国、アジア・太平洋地域の国民ばかりか日本国民にも多大な災難をもたらした。その深刻な歴史教訓を戒めにすべきだ」と強調した（「朝日新聞」一九八五年一〇月一九日）。

中曾根政権は中国側、とりわけ民衆レベルからの強い批判を予想していなかったようである。九月二〇日、参議院決算委員会で藤波官房長官は、中国国内の動きを「非常に心配して見守っている。靖国神社への公式参拝は、日本が軍拡路線を進むというのではなく、平和への願いを込めて行ったものである」と説明した上で、今後も近隣諸国に対してさらに「日本政府の立場を十分説明し、友好をもって進みたいとの考えを伝えていきたい」と答弁した（「朝日新聞」一九八五年九月二〇日、夕刊）。一〇月一〇日、訪中した安倍晋太郎外相は、呉学謙外交部長との会談で、日中共同声明

＊45　前掲『日中関係基本資料集　一九四九年～一九九七年』一二八六頁。

に表明された日本政府の立場に変化はなく、日本はけっして再び軍国主義の道を歩むことはないと表明した（「人民日報」一九八五年一〇月一一日）。

その後、中曾根首相は、靖国神社の秋季例大祭の参拝を見送り、さらに、一〇月二三日、国連総会出席の際に、中国の趙紫陽総理と会談した。会談で中曾根はまず、「私は日中友好関係について、不動の信念で臨んでいる」と切り出し、日中共同声明、日中平和友好条約、「平和友好、平等互恵、相互信頼、長期安定」の日中友好四原則のもとで「日中関係をさらに強化していきたい」と述べた（「朝日新聞」一九八五年一〇月二四日、夕刊）。

日中双方の努力によって、靖国問題が次第に沈静化に向かい、翌八六年の盧溝橋事件記念日の「人民日報」は、「歴史に正しく対処し、永世の友好の実現をめざせ」と題する評論員論文を発表し、靖国参拝については、「中国人民は日本人民が侵略戦争で失った親族を悼むやり方に対して理解、了解している」として日本の国民感情への配慮を示した上で、一部の軍国主義者によって引き起こされた「侵略戦争の惨禍を深く受けた他国人民の感情をなぜ尊重しないのか、他国の領土を占領し罪のない人々を虐殺したことをなぜ侵略と認めないのか」と問いただした。最後に、日中両国政府や人民の努力で必ず問題を解決できるという確信を述べた（「人民日報」一九八六年七月七日）。

特に中国が問題視していたA級戦犯合祀問題に関して、中曾根政権内部からは、A級戦犯の分祀案が浮上してきたが、靖国神社側と遺族側の両方の理解を得ることができず、結局、分祀論は行き詰まった（村井良太、二〇〇六年）。

八六年八月一四日、中曾根首相は、官房長官の談話という形で、靖国神社公式参拝取りやめを表明したが、日本遺族会から、「中国のいわれなき内政干渉に屈した」として強く非難されることになった。

後藤田正晴官房長官による談話では、前述した藤波官房長官の談話を踏襲し、参拝目的を明らかにし、それが違憲ではないことを示した上で、次のように述べた。*46

……靖国神社がいわゆるA級戦犯を合祀していること等もあって、昨年実施した公式参拝は、過去における我が国の行為により多大の苦痛と損害を蒙った近隣諸国の国民の間に、そのような我が国の行為に責任を有するA級戦犯に対して礼拝したのではないかとの批判を生み、ひいては我が国が様々な機会に表明してきた過去の戦争への反省とその上に立った平和友好への決意に対する誤解と不信さえ生まれる恐れがある。それは諸国民との友好増進を念願する我が国の国益にも、そしてまた、戦没者の究極の願いにも副う所以ではない。

もとより公式参拝の実施を願う国民や遺族の感情を尊重することは、政治を行なう者の当然の責務であるが、他方、我が国が平和国家として国際社会の平和と繁栄のためにいよいよ重い責務を担うべき立場にあることを考えれば、国際関係を重視し、近隣諸国の国民感情にも適切

*46 「本年八月一五日の内閣総理大臣その他の国務大臣による靖国神社公式参拝について」昭和六一年八月一四日 後藤田内閣官房長官談話 http://www.kantei.go.jp/jp/singi/tuitou/dai2/siryo1_9.html

に配慮しなければならない。

後藤田は、国政を扱っているものとしては、国内政治の論理だけではなく、国際関係、とりわけ近隣の戦争被害国の国民感情などにも配慮する必要があるということを表明したのである。中曾根はA級戦犯合祀の問題と外交関係への配慮から、この年の公式参拝を中止した。それは究極的に日本の国益にもかなうことであるという認識に基づいて行なわれたのである。

中曾根首相の公式参拝前後のこの一連の動向を分析して毛里和子氏が次のように指摘した。「この時の中国政府にはコントロール能力があり、デモの主体は学生に限られ、民族主義の大衆化もまだ見られなかった。また一九八六年の中曾根政府の対応は、中国の民族主義のマグマの爆発を防いだという点で冷静だったと言える」（毛里和子、二〇〇六年）。

一九八〇年代には、靖国問題のほかに、いわゆる第二次教科書問題（八六年）、日本の防衛費の対国民総生産（ＧＮＰ）比一％枠の撤廃問題（八七年）、京都にある中国人学生寮「光華寮」裁判問題（八七年）など、歴史問題や台湾問題をめぐって日中の間にきしみが生じた。当時の中国の最高実力者である鄧小平中国共産党中央顧問委主任が、「軍国主義復活の傾向が現れている」などと発言し、中国政府や国民の懸念を代弁した。

一九八七年六月二八日、第五回日中定期閣僚会議に出席した日本側閣僚と会見した鄧小平が次のように発言し、当時の中国側の認識、対応を説明し、さらに、歴史問題の難しさを示唆した。

両国の間の不愉快なことは、妥当に処理さえすれば、二つの偉大な国、人民に利益をもたらすだろう。わだかまりは一方にだけ責任があるわけではない。しかし、率直に言うと中日間のわだかまりの責任は中国にはないと思う。……中日間のわだかまりは、いずれも中国側が出した難題でなく、難題が出た場合、中国側は自制の態度をとっている。人民への説得を含め、自制の態度をとっている。中日関係については青年、特に学生たちの反応が強い。これ以上難題が出ると人民に説明のしようがない。コントロールも出来なくなる。こういう私たちの立場を理解してもらいたい。

この一世紀に起きたことを人民はなかなか忘れることができない。前向きの態度をとるということは、迷惑をかけないということも含まれている（「朝日新聞」一九八七年六月二九日）。

繰り返される靖国問題

中曾根首相の靖国神社公式参拝以来、靖国問題が日中歴史問題の一つのシンボルとなってしまった観は否めない。また、この問題をめぐる日中双方の対応が、その後の日中間における靖国問題の処理の仕方の原型を作ったとも言える。それ以降、日中両国ともこの問題によって両国の友好関係の大局が損なわれることのないように慎重に対処していた。一九九〇年代に入るまで、現職首相の靖国神社参拝はなく、靖国問題は日中間の争点となることもなく、事態が沈静化に向かったかのように見えた。

一九八九年の冷戦終結後、特に九〇年代に入ってから日中両国を取り巻く政治状況が大きく変化した。日本では、いわゆる「五五年体制」が崩壊し、九三年に「万年与党」の自民党が結党以来初めて政権の座を失った。革新政党と言われる社会党は、九四年に村山富市内閣の成立後、急速に存在感を失っていった。中国から見れば、日本社会が全体的に保守化していくように見えた。他方、中国国内では、天安門事件の後に指導権を握るようになった江沢民主席の下で前述した愛国主義教育キャンペーンが展開され、歴史教育が強化された。また、旧連合国やアジアの近隣諸国から、戦争中の被害を訴え、日本政府や企業に対して謝罪と損害賠償を求めるいわゆる戦後補償問題が浮上してきたのもこの時期である。

そのような中で、戦後五〇周年の節目にあたる一九九五年には、衆議院は「歴史を教訓に平和への決意を新たにする決議」を採択し、歴史問題にピリオドを打とうとした。日本としては戦後五〇年のけじめのつもりであったが、決議の採択にいたるプロセス、決議の内容に見られる歯切れの悪い表現などで、先の大戦については未だに日本国内でコンセンサスができていないことを、かえって露呈することになった。

この決議の不足を補うかのように、社会党出身の村山首相は、八月一五日の首相談話で、「わが国は、遠くない過去の一時期、国策を誤り、戦争への道を歩んで国民を存亡の危機に陥れ、植民地支配と侵略によって、多くの国々、とりわけアジア諸国の人々に対して多大の損害と苦痛を与えました」と述べ、「痛切な反省の意」と「心からのお詫びの気持ち」を表明した。[*47] このいわゆる「村山談話」は、法的拘束力を持たないが、閣議決定を経たもので、しかも首相から「痛切な反省」と「心からのお詫び」が明言されたことで、日本としては最低限の「戦後五〇年のけじめ」となった。この歴史認識に関する談話は、その後も日本政府首脳に受け継がれ、日本の「公的意思」となっている（毛里和子、二〇〇六年）。しかし、中国国内ではこれをもって中国に対する日本の公的謝罪とは認めていない人が多い。彼らからすれば、たとえ首相談話で正しい歴史認識が示されたとしても、政治家や閣僚などによって繰り返される戦争肯定論、首相の靖国参拝などの「具体的行為」によって、談話の真意が疑わしいものとなり、かえって歴史問題に対する誠実さを欠く証左となる。

このように歴史問題が政治化する中で、靖国問題も再び日中間で敏感な問題となっていく。一九九六年七月、橋本龍太郎首相は自らの誕生日に参拝した。私的参拝とはいえ、「内閣総理大臣」と記帳したため、中国側の強い批判を受けた。外交部スポークスマンは「きわめて遺憾」と述べ、「（一〇年間慎重だったのに）橋本首相が参拝したのは、日本軍国主義の被害を受けたアジア諸国人民の感情をひどく傷つける。日本は侵略の歴史と真剣に向き合い、実際行動でアジア人民の信頼を勝ち取り、平和的発展の道を歩むべきだ」との談話を発表した。「公人」の資格での参拝について、中国側は、これを日本の公的意思として捉え、「中国人の感情を傷つけるもの」、「反省と謝

＊47　村山内閣総理大臣談話「戦後五〇周年の終戦記念日にあたって」（いわゆる村山談話）（平成七年八月一五日）http://www.mofa.go.jp/mofaj/press/danwa/07/dmu_0815.html

罪を行動で示せ」として強く反発したのである(「人民日報」一九九六年七月三〇日)。それ以後、首相による靖国神社公式参拝は行なわれなかった。

いずれにしても、戦後五〇年を過ぎて、日本では「戦後は終わった」と感じる人びとが増えていることは確かである。これに対して、前述したように、多くの中国人にとって、「歴史」はまだ現実的な問題で、一部の日本人の言動で戦争記憶がたびたび呼び起こされ、戦争被害もまだ続出しており、「戦後はまだ終わっていない」のである。歴史問題をめぐる両国間の認識のギャップがますます顕著になった。

九〇年代以降、歴史問題が日中関係の重要な争点となったことを人びとに印象付けたのは、九八年一一月の江沢民主席訪日の際の対立である。実際には、その後の日中協力関係に関する幾つかの重要な取り決めが交わされ、首脳会談の成果が大きかったが、日本のマスコミでは、江沢民がもっぱら歴史問題を重視し日本側に謝罪や譲歩を迫ったが、日本側が断固たる姿勢で拒否したという構図がクローズアップされた。

しかし、天児慧氏の研究によると、江沢民の訪日を境に、中国政府の対日政策が大きく変化し、「歴史問題回避、微笑み外交」を展開するようになったという。九九年七月小渕恵三首相の訪中、中国のWTO加盟に関する日中合意、二〇〇〇年五月の江沢民主席の「対日重視」講話、一〇月朱鎔基総理の訪日、そして二〇〇一年の「新しい歴史教科書」問題での中国側の抑制的な対応などが、まさにその特徴である。中国政府も国民の大半も、日中関係をかなり冷静に、戦略的に見るようになってきた。日本が過去の「歴史問題」にある程度のきちっとしたけじめをつけさえすれば、国内でやっているような、目くじらを立てて相手を罵倒する「非難合戦」をやらないですむのではないか、と天児氏は主張する（天児慧、二〇〇三年）。

しかし、小泉純一郎首相の登場、靖国神社参拝への固執などによって、靖国問題をめぐる日中の対立は再燃し、混迷を極めていった。二〇〇一年は、まさに天児氏が主張する「日本側の対中感情の悪化、中国側の対日戦略重視の構図が特徴的」な年であった。

現在、来るべき次の総裁選挙に向けて、自民党内部では、靖国問題の争点化を極力避けようとする動きが見受けられるが、二〇〇一年四月の総裁選の際に小泉純一郎は、むしろそれを争点化し、八月一五日の「終戦記念日」の靖国神社参拝を公約することによって、一一万人の自民党員を抱える日本遺族会の支持を獲得するのに成功し、対立候補を破って、総裁になったのである。首相就任会見でも、小泉首相は、「日本の繁栄は尊い命を犠牲にした方々の上に成り立っている。戦没者慰霊祭の行なわれる日にその純粋な気持ちを表すのは当然だ」と述べて、八月一五日に靖国神社に参拝する意向を重ねて表明した（「読売新聞」二〇〇一年四月二五日）。

八月一五日に向けての小泉首相の言動は、次第に中国を刺激するようになった。五月一一日、国営新華社通信は、外交部の孫玉璽・副報道局長の談話を発表し、「日本側がこれまで歴史問題で見せてきた慎重な態度を守り、慎重に行動することを望む」と、これまでの日本政府の対応を評価しつつ、小泉首相の参拝を牽制した。談話では、靖国神社を「対外侵略拡張のシンボル」だと指摘し、「この問題の本質は、日本の政府と指導者が過去の侵略戦争の歴史をいかにとらえるかだ」と強調した。[*48] 靖国問題、歴史問題が日中関係の重要な外交問題であることを強く示唆した。五月一七日、王毅外務次官（現駐日大使）は、日本の阿南惟茂・駐中国大使を呼び、「両国関係が直面している重大な問題を慎重に処理するように厳粛に要求する」と、小泉首相の参拝問題で初めて公式に申し入れた（「朝日新聞」二〇〇一年五月一八日）。日本国内でも、国益の観点からも近隣諸国との関係に十分配慮すべきだという意見と、内政干渉を排して自主性を重視すべきとの意見が鋭く対立した（村井良太、二〇〇六年）。

内外から賛否両論が沸き起こっているなか、小泉首相は結局、終戦記念日を避けて八月一三日に参拝した。参拝に際して発表された首相談話には、九五年の「村山談話」を踏まえ、「植民地支配と侵略」という「わが国の悔恨の歴史を虚心に受け止め、戦争犠牲者の方々すべてに対し、深い反省とともに、謹んで哀悼の意を捧げたい」、そして「二度とわが国が戦争への道を歩むことがあってはならない」という内容が盛り込まれた。[*49] 小泉首相は、八月一五日を避けることや「村山談話」を引用することで、中国や韓国などの理解を得たいとの判断があったと思われる。ただし、中国が特に反発の理由としてあげているA級戦犯合祀問題には言及しなかった。

＊48　「人民日報」二〇〇一年五月一二日。「朝日新聞」二〇〇一年五月一二日、夕刊。

＊49　「小泉内閣総理大臣の談話」平成一三年八月一三日。http://www.kantei.go.jp/jp/koizumispeech/2001/0813danwa.html

事実、中国政府も小泉首相の配慮に留意した。八月一三日、王毅外務次官は、阿南大使を呼び、中国政府と人民の「強烈な憤慨」を伝えた。その主な内容は次の通りである。[*50]

一、日本は極東軍事裁判の判決を受け入れた。A級戦犯のまつられる靖国神社問題への対応は、過去の侵略の歴史への日本政府の態度を測る試金石だ。

一、日本側は中国に対し侵略を認め、反省とおわびを表してきた。参拝は日本政府の基本的立場に背き、歴史問題に関する中国やアジア、世界の人民の日本への信頼を再び失わせる。

一、八月一五日という敏感な日の参拝計画を放棄し、談話を発表して、侵略の歴史を認め、反省したことに留意する。ただ、参拝という実際の行動と談話の精神は矛盾する。

一、参拝は中日関係の政治的な基礎に損害を与え、中国人民とアジアの被害国人民の感情を傷つけた。両国関係の今後の健全な発展に影響を与える。

一、日本がいかにして実際の行動で（国際協調を）実行に移すかは、日本政府と各界の有識者がよく考えるべき問題であり、アジア各国人民は注視している。

この申し入れにあるように、中国政府は、靖国神社参拝問題について、日中関係の政治基礎を損

＊50　「人民日報」二〇〇一年八月一四日。「朝日新聞」二〇〇一年八月一四日。

ない、被害国の国民感情を傷つけるものとして捉え、その悪影響を懸念している。以後、この二点は靖国問題に対する中国政府の基本的立場として繰り返されるようになる。

この時点では、中国政府側も、小泉首相の公約や日本の国内事情などを理解し、「敏感な時期の参拝計画を放棄し、談話を発表して、侵略の歴史を認め、反省したことに留意する」として、小泉首相の対応に一定の評価を与えた。また中国のテレビニュースも、中国政府の抗議とともに、小泉首相が内外の圧力で一五日の参拝をやめたことや談話の中で過去の侵略を認め反省を表明したことも報じて、小泉首相の配慮を中国の人びとに伝えた（「朝日新聞」二〇〇一年八月一四日）。靖国問題が拡大化して日中関係全般に悪影響を及ぼすことを防ごうとした姿勢が窺える。

八月二七日、中国の唐家璇外相は、「日本政府として今後の両国関係をどのように持っていこうとしているのか説明を得たい」と発言し、政府間の交流で日本側との意思疎通を図りたいという意向を表明した（「朝日新聞」二〇〇一年八月二八日）。江沢民主席も同様な考え方であった。九月一三日、日中友好議連訪中団（団長・林義郎会長）と会見した江主席は、小泉首相の靖国神社参拝について「理解できない」と述べる一方、「解鈴還得系鈴人（鈴をはずすのは鈴を結んだ人しかできない。後始末をすべきは、その発端を作った人との意味）」との中国のことわざを引用し、小泉首相に問題解決への具体的な行動をとるように間接的に促した（「朝日新聞」二〇〇一年九月一四日）。

小泉首相がとった行動とは、日帰りの中国訪問で、日中全面戦争発端の地である盧溝橋に出向き、中国人民抗日戦争紀念館を訪問し、朱鎔基総理や江沢民主席との首脳会談であった。一〇月八日訪中した小泉首相は、中国人民抗日戦争紀念館で「侵略によって犠牲になった中国の人々に対し、心からのおわびと哀悼の気持ちを持って展示を見せていただいた」と語った。江主席は、小泉首相との会談で「両国関係発展を願っての訪中を歓迎する」と述べた。国営新華社通信は異例の速報で、中国人民抗日戦争紀念館での小泉首相の「おわびと哀悼の表明」を伝えた。中国人記者も「はっきりおわびをしたことで、中日関係は良くなると実感した」と好意的な反応を見せたという（「朝日新聞」二〇〇一年一〇月九日）。

朱総理は小泉首相の盧溝橋訪問を「まさに歓迎に値する」とたたえ、「過去の歴史は中国人にとって敏感な問題であることを理解してほしい」と要請した。江主席は「本日をもって両国関係の停滞した局面は緊張緩和に向かう」と宣言したが、「靖国神社にはA級戦犯がまつられている。日本の指導者が参拝すれば、複雑な結果になる」と釘をさすのを忘れなかった（「朝日新聞」二〇〇一年一〇月九日）。中国側は、小泉首相の電撃訪中で二国間関係を正常な軌道に戻すことを期待していた。小泉首相もそれに応えた。帰国後、首脳会談後の記者団への説明で日本政府は「日中関係は正常化に向け大きく踏み出した」と訪中の成果を強調した（「朝日新聞」二〇〇一年一〇月一〇日）。小泉首相の靖国神社参拝によって再び脚光を浴びた靖国問題が一段落したかのように見えた。

混迷する靖国問題　しかし、A級戦犯問題への江主席の言及に示されたように、靖国問題への中国側の不信感が首相の日帰りの訪中で直ちに消えたわけではない。

また、首脳会談で靖国参拝問題が話題になったかどうかについて、日本外務省は当初、首相が靖国参拝の背景を説明せず、中国側もただささなかったと説明した。八日夜、江国家主席が「日本の指導者が靖国神社に参拝すれば重大な問題となる」などと懸念を示したことを中国メディアが伝えた後、外務省側は江主席らの発言を認めた。[*51] 他方、中国側の懸念に対して小泉首相は、「不戦の誓いと戦没者に対する哀悼の意を表すために参拝した。歴史的な過去の反省を踏まえて、今後、未来志向で日中友好関係増進に寄与していきたい」と語ったという内容は、中国では伝えられていなかった。この「小さな出来事」は、一〇月八日の小泉首相の訪中は両国政府首脳のパフォーマンスでもあったという側面を示したと同時に、靖国問題が双方にとって特に国内政治の面においていかに難しい問題かという側面を示したと言えよう。靖国問題のように歴史問題が政治問題化するようになれば、それを手にした政治家にとっては諸刃の剣となってしまうのだろう。

ともあれ、盧溝橋訪問、日中首脳会談は、日中関係の改善に役立った。一〇月二一日、上海で開かれたアジア太平洋経済協力会議（APEC）の首脳会合に出席した小泉首相は、再び江沢民と会談した。江主席は「両国の間には歴史の教訓といった問題があるが、同時に未来に向かっていると思う」と述べ、靖国問題への言及がなく、今後の日中協力関係の発展を強調した（「朝日新聞」二〇〇一年一〇月二二日）。日中関係は、靖国問題の陰から再び抜け出し、首脳間の信頼関係も回復し

*51　「朝日新聞」二〇〇一年一〇月九日。「人民日報」二〇〇一年一〇月九日。

たかのように見えた。
しかし、翌二〇〇二年四月二一日、小泉首相は、春季例大祭の初日に首相就任後二回目の靖国神社参拝を行なった。参拝後発表された所感では、自らの参拝の目的などを述べた。それは、驚愕した中国側に、裏切られたという強い感情を抱かせることになった。中国側は、小泉首相に、中曾根首相や橋本首相と同様な対応を期待していたようであるが、当事者や当事者を取り巻く国内情況は変わっていたのである。

二一日、李肇星外務次官は、阿南大使に対して「強い不満と断固たる反対」を申し入れた上、「これまでの小泉首相の（歴史問題での）態度表明は、（今回の参拝で）価値が下がった」と述べ、小泉首相への不信感を表した。[*52] 四月二九日、秋に訪中する意向を記した小泉首相の親書を携えて、神崎武法・公明党代表が中国を訪問した。江沢民主席との会談で、江主席は、前年の小泉首相の訪中に触れて、「このこと（靖国神社参拝問題）は終わったんじゃないかと思っていたところ、思わぬ事件が起こった。彼は突然、靖国神社を参拝した」と述べ、「我々は信義を重んじる。首相はこのことを簡単に思ってはいけない。私は小泉首相の靖国参拝は絶対に許すことはできない」と強い調子で批判した（「朝日新聞」二〇〇二年四月三〇日）。翌三〇日、中国外務省の孔泉・報道局長は三〇日、「日本の指導者は軍国主義の侵略の歴史に対する正しい態度をもち、実際の行動で示し、約束

＊52 「朝日新聞」二〇〇二年四月二二日。「人民日報」二〇〇二年四月二二日。

すべきだ」と発言した(「朝日新聞」二〇〇二年五月一日)。中国政府は、もはや「談話」や「所感」には満足せず、実際の行動で示すよう要求した。小泉首相が自らの手で靖国問題にけじめをつける必要があった。

しかし、小泉首相がとった行動とは、三回目の参拝(二〇〇三年一月一四日)であった。以後、二〇〇四年一月一日、二〇〇五年一〇月一七日、毎年一度靖国神社に参拝し続け、現在に至った。小泉はしかも、三回目以降、それまでに発表していた談話や所感のようなものはなくなり、代わりに宗教観の違いや伝統と文化の違いなどを強調して、中国や韓国に対して自らの参拝への理解を求めた。このような言動は、中韓両国を強く刺激し、中国共産党の関係者からは、「首相が靖国参拝を続けるなら中国の指導者が会うことはない。政治家として信用できない」という厳しい見方さえ出た(「朝日新聞」二〇〇三年一月一五日)。小泉首相は、自分が日中友好論者であり、靖国参拝が今後の日中友好の障害にはならないという認識を絶えず表明していたが、実際には、この五年来、日中両国の首脳間の相互往来はない。これは首相の靖国神社参拝に原因があるとよく指摘されるところだ。

日中友好を重視し、未来志向で日中関係を強化・発展させていこうとする点において、確かに小泉首相と中国政府の考え方は一致している。前述したように、既に一九九九年から江沢民政権が対日重視の政策を明確に打ち出し、「日本側の対応の仕方次第で歴史問題の桎梏から解かれる可能性が強くなってきた」(天児慧、二〇〇三年)。

二〇〇三年に登場してきた胡錦涛・温家宝政権は、その姿勢をいっそう明確に、具体的なものにした。小泉首相の三回目の靖国神社参拝後、中国国内で大衆レベルでの対日批判が高まっている中、五月三一日、サンクトペテルブルクで行なった初の日中首脳会談で、胡錦涛主席は、靖国問題への直接の言及を避け、「着眼長遠、善謀大局」（長期的な視野に立ち、うまく大局を計る）と提案し、「中日両国の指導者は戦略的な高い見地と長期的な角度から両国関係を処理し、両国関係の発展の大方向をしっかりとつかみ、歴史的なチャンスを逃さず、長期安定の善隣友好関係を発展させたい」」、「中日両国がむつまじく互いに助け合い協力すれば、両国人民に実際の利益をもたらすだけではなく、アジアと世界の平和と安定にも重要な貢献ができる」と語った（朱建栄、二〇〇五年）。

翌二〇〇四年一一月二一日、サンチャゴで開かれたAPEC非公式首脳会議に出席した胡主席は、小泉首相との会談で、大半の時間を日中の大局に立った協力の重要性と可能性の説明に費やし、靖国問題については、戦争被害国の人民の感情や日中友好関係の大局も考慮に入れるべきだと述べるにとどまった（朱建栄、二〇〇五年、「人民日報」二〇〇四年一一月二三日）。

続いて一一月三〇日、ビエンチャン市内で行なわれた日中首脳会談で、温家宝首相は靖国問題について、「解鈴還得系鈴人」ということわざを引用して、適切な処理を求めた。

戦後六〇周年にあたる二〇〇五年の四月二二日、ジャカルタで開かれたアジア・アフリカ首脳会議での演説で、小泉首相は、過去の植民地支配と侵略について「痛切な反省と心からのおわび」を胡主席の前で表明した。これを受けて二三日に、日中首脳会談が実現した。会談で胡主席は「今回の会談を契機に、日中関係を健全かつ安定的な軌道に乗せたい。日中関係には困難があるが、中国側として友好協力関係を発展させる方針に変化はない」と関係改善に意欲を示した。さらに、日中関係の改善に関する五つの主張を提示した。

①日中共同声明などの三つの政治文書の順守。②歴史を鑑として未来に向かう。侵略戦争に対する反省を行動で示し、中国やアジア人民の感情を傷つけるべきではない。③台湾問題の適切な処理。台湾独立を支持しない方針の堅持。④対話と平等な協議を通じて適切に日中間の対立を処理する。⑤幅広い分野での両国の交流協力を拡大し、双方の共通利益の拡大をはかり、中日関係を健全に安定的に発展させる(「人民日報」二〇〇五年四月二四日、「朝日新聞」二〇〇五年四月二四日)。

その後、九月三日の抗日戦争勝利六〇周年記念大会での演説の中で、胡主席は、「五点主張」を踏襲して日本側に対して歴史問題に対する「厳粛で慎重な態度での処理」を求め、「侵略戦争に対して示した謝罪と反省を実際行動に移す」ことを要求した。しかし同時に、「中日関係が不断に発展してきた」ことを評価しつつ、「中国政府は中日関係を一貫して重視し、終始一貫して中日友好の方針を堅持している」と述べ、対日関係の修復が中国側の基本方針であることを明確に示したのである。[*53]

朱建栄氏によると、胡錦涛新指導部は、「過去のため」ではなく、「未来のため」に歴史問題の処

＊53　小島朋之「靖国参拝でも抑制された対応」『東亜』二〇〇五年一一月号、六四—六九頁。

理を考えている。「双方が知恵を働かせ、日中双方の国民がぎりぎりで受け入れられるような処理方法があればそれでもよい。重要なのは『行動』、すなわち解決の方法に向けて第一歩を踏み出すことだ」という（朱建栄、二〇〇五年）。

このような対応の背後には、中国における幾つかの変化、新しく出現した状況があると指摘される。一つは、「現実主義的な中国新指導部は、戦争終結後六〇年を経た日本社会の変貌を知っており、かつてのように、日本に圧力を加えて謝罪させるという手法は取れなくなったと認識している」（朱建栄、二〇〇五年）。

もう一つの変化は、日中両国の研究者がともに指摘しているように、一九九〇年代半ば頃から、日中双方ともナショナリズムが台頭する時代に突入した。「中国ではその大衆化と情緒化、日本では伝統的日本主義に回帰するような新ナショナリズムが特徴である」（毛里和子、二〇〇六年）。

中国国内では、改革開放による自由化の進展、インターネットの普及などで、いわゆる「憤青」＝怒れる青年が前面に出て、インターネットを主要な舞台とし、中間層がその支持母体となり、そして現実の社会生活に不満を持つ多くの人びとがその周辺に集まっている。「日本が侵略戦争の歴史を否定する表れ」という記号化された靖国問題の政治化は、中国のナショナリズムに恰好の材料を提供することになった（朱建栄、二〇〇五年）。「人民日報」インターネット版の「強国論壇」で掲載された多くの発言や論文は、まさに、日本の総人口にも匹敵する中国のインターネット人口の人びと（その大半は高校生や大学生など若者）によるものである。[*54]

日本国内社会の変化（「戦争の被害者」世代が減りつつあることなど）、靖国問題の過熱化を受けて、中国政府が堅持してきた「二分法」論理は、次第に維持することが難しくなってきたようにみえる。

一九五五年に中国共産党が制定した「対日政府と対日工作についての方針と計画」がインターネットなどで「奇談怪論」だと揶揄され批判される状況は、国民レベルではこの二分法が受け入れられなくなったことを意味しよう、と毛里氏は指摘する（毛里和子、二〇〇六年、一四一頁）。また、侵略戦争を指導した少数の日本軍国主義者の象徴であるA級戦犯の問題で、中国政府が譲歩すれば、国民説得に使われてきた「二分法」論理自体が崩れてしまう。そうすると、大衆レベルでの反発がいっそう強まり、批判の矛先は政府や日中友好重視の対日政策に向けられてしまう恐れがあるのである。このような状況下で、靖国問題はますます出口のみえないものとなってしまった。

■むすびに代えて――「戦後は終わった」のか？

冒頭に述べたように、靖国問題に関して、中国側が反発の理由として特に挙げたのは、A級戦犯が祀られている靖国神社への首相の参拝は、中国の国民感情を傷つけ、日中関係の政治基礎を損な

＊54　祁景瀅『中国のインターネットにおける対日言論分析――理論と実証との模索』日本僑報社、二〇〇四年。

うということである。このような中国側の主張の背景には、日本による侵略戦争が中国にもたらした多大な被害と悲惨な戦争の記憶があり、また、加害者側の戦争責任を明確にし被害者側の感情にも配慮することによって相互信頼の下で日中双方の指導者が協力して築き上げた未来志向の日中関係の政治的土台がある。この背景となるものへの考察を通して、以下のようなことが言えるのではないかと思う。

（一）多くの中国人にとって「戦後はまだ終わっていない」のである。中国では、靖国問題は既に、日本の戦争責任を否定し、軍国主義が復活する象徴として記号化され、歴史問題の一つの政治的シンボルとなってしまった。首相や閣僚など日本の政治指導者による靖国神社参拝は、神社側の論理・歴史観を容認することを意味し、結果的に、かつての侵略戦争を美化し正当化することになる。このように記号化された靖国問題に反発する下地は、中国の国民の間に根強く存在している。

第二次世界大戦中、中国は、日本が一方的に引き起こした侵略戦争によって甚大な被害を蒙った、最大の戦争被害国である。戦争被害者やその遺族の多くはまだ存命中であり、未だに戦争のトラウマに囚われ、強い被害者意識を持っていることも少なくない。彼らにとって、日本軍国主義ほど恐ろしいものはない。しかも、六〇年以上前に終わったあの戦争は、旧日本軍遺棄化学兵器などによって未だに被害を出し続けている。いわゆる戦争遺留問題（強制労働、遺棄化学兵器、慰安婦など、未解決の諸問題）も含めて、戦後処理をめぐり日中間で依然として未解決の問題がある。多くの中国人にとっては、戦争は遠い過去の歴史の出来事ではなく、現在進行形の「現実的」な問題である。「戦後はまだ終わっていない」と感じる人が多い。「歴史」は依然として「現在進行形」なのだ（朱建栄、二〇〇五年、一〇九頁）。したがって、戦争被害国の国民としてみれば、あの理不尽な侵略戦争を加害者側の国家の代表が美化し、正当化するような言動は、到底受け入れがたいものであり、被害者としての感情が傷つけられたと感じるのは当然と言えよう（かつてスミソニアン博物館でのエノラ・ゲイの展示が、原爆の被害国日本の国民感情を傷つけたことを考えれば、容易に想像できよう）。また、日本が再び軍事大国化するのではないかとの危惧から、日本の防衛力増強、自衛隊の海外派遣、憲法改正議論などにきわめて敏感である。

（二）侵略戦争を指導した一握りの軍国主義者と同じ戦争被害者である広範な日本人民を区別するという「二分法」論理をもって「戦後」が乗り越えられ、日中共同声明によって国交を回復し、中国と日本は友好関係を築いてきた。しかし、靖国問題の激化によって「戦後」がよみがえり、「二分法」論理の妥当性が問われるようになり、日中関係の政治基礎が危機に直面することになった。

第二次世界大戦後、戦争の加害者と被害者の構図を打ち破り、被害者感情を乗り越え、中国は積極的に日本との間で友好関係の構築につとめた。それを支えたのは、まさに、毛沢東や周恩来など中国の指導者が編み出した「二分法」論理であった。少数の軍国主義者と広範な日本人民を区別し、日本人民とともに、日中友好関係を発展させていく。したがって同じ戦争被害者である日本人民に負担をかけないために、国交回復時に中国政府は、対日賠償請求の放棄を宣言した。この「二分法」論理は、いわば日中友好の論理でもあった。またそれは、当時の中国の対日外交に見られる強い道義性を体現するものであった。侵略戦争の責任を問われたA級戦犯の祀られている靖国神社に首相が参拝することは、この両国民の友好の論理に反することになり、日中関係の基礎を根底から覆すことになりかねない。いまやこの「二分法」論理がまさに危機に瀕している。

一九七二年の日中国交正常化交渉の際に、戦争の歴史や戦争責任をめぐる日中間の認識のギャップが表面化したが、日中両国の政治・外交指導者が日中関係の大局を優先し、相互信頼、相手側への配慮をもって戦後処理にあたった。双方の共同作業で完成した日中共同声明によって「戦後」にピリオドが打たれ、戦争責任や歴史問題に関する日中両国のコンセンサスが形成され、その後の日中関係の政治的基礎となった。しかし、日中共同声明においては、「玉虫色」の表現で双方の原則的立場、国内事情への配慮がにじみ出ているが、結局、交渉の過程で顕在化した歴史認識の溝は、必ずしも完全に埋められたわけではない。日中両国を取り巻く内外の情勢の変化に伴い、再びこの溝が顕在化し、しかも次第に深刻化した。

靖国問題は、中国にとって外交問題であり、また国内問題でもある。近年、胡錦涛主席や温家宝首相ら中国の新指導部が積極的に新しい対外政策を打ち出し、対日重視の姿勢を重ねて強調してきた。しかし、毛沢東や周恩来のようなカリスマ性を持つ指導者はもはやいなくなり、また、特に対日関係のような外交問題に一般の民衆が参与する度合いが高まり、政治、外交の運営がますます難しくなってきた。靖国問題が戦争被害者の感情、日中関係の根幹に関わる重要な問題であるだけに、明白で安易な対日譲歩は、世論の批判の的となり、外交問題が国内問題に転じる恐れもあるであろう。

（三）ポスト小泉を視野に、靖国問題を乗り越える模索は既に始まっているが、まだ重要な課題が残っている。

中国側が歴史問題の処理にあたりたびたび用いる表現は「以史為鑑、面向未来（歴史を鑑とし、未来に向かう）」という言葉である。靖国問題で中国側が日本側に求めたのは、過去の歴史問題にけじめをつけ、共同で未来志向の日中関係を作っていくことであろう。靖国問題の激化によって日中関係、日本の対アジア外交の行き詰まりを憂慮して、日本国内では、新たな追悼施設の構想やA級戦犯の分祀論・分霊論が台頭してきた。他方、中国政府側は、靖国問題が日中関係のネックとなっているという原則論を堅持しつつ、日中関係の更なる悪化を避けるために、首脳の相互訪問以外、日中双方の各レベルの交流を拡大し、また、A級戦犯の分祀論などに対してもたびたび関心を示し、日本国内で受け入れられるような解決法ならば中国も受け入れる可能性があることを示唆している。

このように、靖国問題の解決を目指し、日中間で再び一種の政治決着とも言える動きが出てきている。しかし、仮にそれができたとしても、果たして靖国問題の根本的な解決になると言えるだろうか。靖国問題の根底にある被害国の国民感情や歴史認識の問題は依然として存在しつづけるであろう。

もともと、靖国問題に象徴される日中間の歴史問題は、無数の侵略戦争の被害者の感情や悲惨な戦争記憶にその「脆弱な基盤」を持っている。日本人自身も戦争で多大な被害を受け、その痛みを未だに忘れてはいないだろう。同様に、中国など日本の侵略を受けた近隣諸国の被害者も簡単にその痛みを忘れることはない。加害国側の不謹慎な言動で、容易に傷つけられたと感じるであろう。

つい最近、二〇〇六年六月二三日、先の大戦で熾烈な地上戦の戦場となり、大勢の犠牲者を出した沖縄で営まれた「沖縄全戦没者追悼式典」で、小泉首相があいさつに立ち、「最愛の肉親を失ったご遺族の深い悲しみと心の痛みは、終戦から六一年の月日が流れた今も決して消えることはない」と述べた（「朝日新聞」二〇〇六年六月二四日）。この言葉は、現在の中国の戦争被害者やその遺族についても言えることではなかろうか。小泉首相が好んで引用した孔子の言葉に次のような教えがある。弟子から「一言にして以て身を終うるまでにこれを行なうべき者ありや」（ほんの一言で死ぬまで行なえるものがありますか）と尋ねられた孔子曰く、「それ恕か、己れの欲せざる所を人に施すこと勿かれ」（『論語』「第一五衛霊公篇」貝塚茂樹訳注、中公文庫、一九七三年、四四六頁）。これ「恕」、つまり、相手への配慮、思いやりこそ、孔子の教えの真髄と言えよう。

加害者として過去の歴史を真摯に受け止め、被害者の感情に配慮することは、さほど難しいことではなかろう。被害者の感情を逆撫でするような言動を慎むよう、特に国政を扱っている人には慎重さが求められる。

また、既に多くの識者によって指摘されているように、靖国問題は本質的に日本の国内問題である。A級戦犯の分祀や新たな追悼施設の建設など、外交問題としての靖国問題が仮に解決されたとしても、国内問題としての靖国問題はまだ解決とは言えないであろう。内外の状況の変化に伴って形を変えて再び登場してくる可能性は否定できない。

靖国問題に象徴される日中間の歴史問題は、第二、第三の「靖国問題」として、外交問題となる可能性がある。なぜならば、毛里和子氏が指摘したように、日本に関しても、客観的に見て「戦後は終わっていない」。その理由は二つ挙げられる。「一つは、日本の近代史をどう考えるかで国内の基本的合意ができていないし、『戦争処理』が終わったかどうかについて政府レベルでも世論レベルでもきちんと整理がなされたこともない。もう一つは、日本が侵略した中国や韓国において、日本が『戦後は終わった』と考えたまさにその頃から戦後処理をめぐってさまざまな要求が国民レベルで出てきているからである」（毛里和子、二〇〇六年、一四八頁）。「日本としては、あの戦争をどう考えるか、戦争責任をどう問うかについて国民が真摯な議論をしなければならない。最低限のコンセンサスを作るべきだろう」と、毛里氏は指摘する。これこそ、記号化された靖国問題が再び日中関係の障害となることを防ぐもっとも重要な手立てであろう。

引用・参考文献

天児慧『等身大の中国』勁草書房、二〇〇三年
石井明・朱建栄・添谷芳秀・林暁光編『記録と考証　日中国交正常化・日中平和友好条約締結交渉』岩波書店、二〇〇三年
殷燕軍『中日戦争賠償問題――中国国民政府の戦時・戦後対日政策を中心に』御茶の水書房、一九九六年
臼井勝美『（新版）日中戦争――和平か戦線拡大か』中公新書、中央公論新社、二〇〇〇年
王智新『解密靖国神社』広東人民出版社、二〇〇五年
華民編著『靖国神社大掲秘』世界知識出版社、二〇〇五年
上坂冬子『戦争を知らない人のための靖国問題』文藝春秋、二〇〇六年
祁景瀅『中国のインターネットにおける対日言論分析――理論と実証との模索』日本僑報社、二〇〇四年
金煕徳『中日関係：復交三〇周年的思考』世界知識出版社、二〇〇二年
呉学文『風雨陰晴：我所経歴的中日関係』世界知識出版社、二〇〇二年
小島朋之「靖国参拝でも抑制された対応」『東亜』二〇〇五年二月号、六四―六九頁
朱建栄『胡錦濤　対日戦略の本音――ナショナリズムの苦悩』角川書店、二〇〇五年
――「中国はなぜ賠償を放棄したか：政策決定過程と国民への説得」『外交フォーラム』一九九二年一〇月、二七―四〇頁
高橋哲哉『靖国問題』筑摩書房（ちくま新書）、二〇〇五年
田中伸尚『靖国の戦後史』岩波書店、二〇〇二年
遅景徳『中国対日抗戦損失調査史述』（台湾）国史館、一九八七年

濱本良一「靖国問題を外交カードにするな」『東亜』二〇〇五年三月号、二〇―二八頁
歩平「日本靖国神社問題的歴史考察」『抗日戦争研究』二〇〇一年第四期、一六三―一八三頁
村井良太「戦後日本の政治と慰霊」劉傑、三谷博・楊大慶編『国境を越える歴史認識――日中対話の試み』東京大学出版会、二〇〇六年、二八八―三一三頁。
毛里和子『日中関係：戦後から新時代へ』岩波書店、二〇〇六年
劉傑『中国人の歴史観』文芸春秋社、一九九九年
林代昭『戦後中日関係』北京大学出版社、一九九二年

第9章　一九三二年上智大学靖国事件

リンダ・グローブ

（福武慎太郎 訳）

小泉首相やその他の国会議員による靖国参拝は、国内や近隣アジア諸国から多くの非難を受けている。国内では、靖国神社参拝に関わる玉串料などに公費を使用することの違憲性が指摘される一方、首相らによる靖国参拝が、近隣アジア諸国との緊張関係を高めているとの批判も上がっている。そして、人々はその参拝が公人としてのものなのか、それとも私人としてものなのかを注視してきた。[*1] 他方、日本の近隣諸国は、靖国参拝は日本政府が過去の侵略行為についての責任を回避しようとしている表れであると見ている。靖国問題は、戦争がいかにして記憶されるべきか、アジア近隣諸国に対しいかなる慰謝が——もし必要であるなら——適切なのかという問題を提起しながら、日本の過去の解釈をめぐる論争の重要な争点であり続けた。

靖国神社が論争の的となり、その参拝の意味が問われることは、今に始まったことではない。実は、戦前においても、靖国への参拝の意味や、軍部が全国の学生に対し参拝を強いることの意味をめぐる論争が巻き起こっていた。本稿では、一九三二年五月に上智大学の学生数名が靖国神社に参拝することを拒否したことに端を発した事件が表面化させた諸問題について考察を試みる。こ

＊1　その公的な地位にもかかわらず、私人としての参拝であると主張した最初の総理大臣は、三木武夫である。その発言は、一九七五年八月一五日に参拝した際に行なわれたものである。戦後の日本国憲法は信教の自由を保障しているため、基本的人権を有する一市民として、靖国参拝やその他の神社や宗教団体を訪れる首相の権利に異論を唱えることは困難である。結果として、議論の多くはそうした参拝が適切であるかどうかということに収斂した。

の「靖国事件」の顛末は、戦前の日本における靖国神社の位置づけをめぐるいくつかの興味深い問題——いわゆる国家神道のありよう、「参拝」の意味、明治憲法下における信教の自由の意味、そして土着の宗教実践への適応に関するカトリック教会の教義と実践——を提起するものである。神社参拝という難問に直面した日本のカトリック教会が、上智大学当局とともに、文部省との決着を探った過程について概観する。「外来宗教」の信者の愛国心に疑念を抱くナショナリズムが高まる中、最終的にカトリック教会は、神社参拝は愛国心を示す国家的儀礼であるという政府の公式見解を受け入れることになった。そしてこの判断が一九三六年、カトリック教会が数百年にわたって保持し続けた立場——土着の宗教実践への適応の禁止——を、ローマ教皇が公式に覆す結果をもたらしたのである。[*2]

■事件の概要

一九三〇年代はじめの上智大学——イエズス会が一九一三年に日本で初めて設立したカトリック

＊2　国家神道の諸儀礼への参加を強いる圧力がなくなった戦後になっても、カトリック教会は土着の諸権利へのこの立場の変更を保持し続けた。教会関係者の中にはこの決定に対して批判的な立場をとり続けている者もいる。西山俊彦『カトリック教会の戦争責任』二〇〇〇年、伊藤修一「日本カトリック教会における戦争協力への軌跡」『伝統と現代』第七九号、一九八四年を参照。

大学――は、男子学生三〇〇余名が学んでおり、外国語（ドイツ語、英語）、人文学、商学、そして新聞学といった分野の国際的な教育で名を馳せていた。他の旧制中学や高等学校、大学と同様に、上智大学の学生にとっても、一九二五年に始まった陸軍配属将校による軍事教練は必修であった。各大学に配属された将校は、陸軍省と文部省の双方から任命される形をとっていた。配属将校は、基本的な軍事教練に加え、国防に関して講義をして学生の愛国心を高めることとされていた。この軍事教練を修了した卒業生は、徴兵された際の在営服務期間の短縮と、幹部候補生となる資格が得られた。当時大学は、軍事教練を教育活動の一環として受け入れており、国公私立問わず、すべての大学に軍事教官が配属されていた。配属将校を充ててもらえないとなると、軍部が不信感を持っている教育機関だという悪評が立つことになり、大学は多大な損失をこうむることになった。[*3]

一九三二年五月五日、上智大学で軍事教練を担当していた北原一視大佐は、靖国神社の遊就館――神社に附属された戦史博物館――の見学に、予科の学生約六〇名を引率した。四谷に位置する大学から靖国神社まで、徒歩でたったの二〇分である。一行が靖国神社に到着した時、北原大佐は遊就館を見学する前に参拝しておくように学生たちに命じた。この時カトリック信者の学生三名が参

＊3　配属将校の制度は一九二五年から始まった。この制度が導入された背景には、旧制中学、高校、大学の学生に軍事および精神訓練を施すという目的のほかに、ワシントン会議による軍縮の結果として生じた将校の「余剰」のために雇用を作るという意図もあった。この制度の歴史については、平原春好『配属将校制度成立史の研究』東京：野間教育研究所、一九九三年に詳しい。

拝することなくそのまま遊就館に入り、また他にも、おそらくは「参拝」にまつわる問題を懸念して、その日の授業に出席していなかったカトリックの学生がいた。[*4] これが、その後一年以上にわたって続くことになった事件の始まりであった。同年一二月に陸軍省は北原大佐を上智大学より引き揚げ、最終的に翌一九三三年の一一月まで大学に対して後任の将校を配属することを拒んだ。こうして配属将校が不在のあいだ、上智大学は、陸軍省と右翼団体から激しい圧力にさらされることになった。学生数は急落し、新聞には、上智大学が「国体」に背く大学であると右翼が批判活動を行

＊4　この日の出来事の詳細については諸説ある。一説では、神社の参拝に参加してよいか、学生はヘルマン・ホフマン学長に尋ね、その時学長はよした方がよいと答えたとされている。別の説では、神道儀礼に参加することをカトリック教会が信者に禁じていることについて、学生は自ら理解していたことが示唆されている。参拝を拒否した三名の学生の一人であった沖田英は、後年インタビューに応じた際、以下のように説明している。「後日、「靖国神社参拝拒否事件」として新聞各紙に報道されたことが起きたとされる日、予科二年生は配属将校北原一視大佐に引率されて靖国神社まで行軍した。神社参拝のため学生たちは叉銃をおこなった。その際、村瀬巌に「『信者は参拝すべきでない』と親父（ホフマン学長）が言っていた」と言われたので、沖田英、山本太郎、中村明正の三人は話し合って其所に残った。（中略）参拝後、学生たちは再び隊列を組んで大学へ戻った。全く通常の行軍で、なんら問題となるようなことはなかった。」（『上智大学史資料集補遺（一九〇三〜一九六九）』一九九三年、一二七—一二八頁）。伊藤、一九八四年の前掲論文は、学生は参拝するようにと命じられたと答えた沖田の初期のインタビューの内容を引用したと思われる。

なっていることがたびたび報道された。[*5] こうして一年以上にわたり、大学は、愛国心に欠けると非難する陸軍将校の発言を引用する記事を執拗に掲載する新聞の攻撃にさらされた。事態が長引くにつれ、上智の学生にとってますます困難な状況となり、愛国心に背く教育を受けているという評判が卒業後の就職に与える深刻な影響について案ずるようになってきた。[*6] 一年以上に及ぶ交渉の果てに、ようやく上智大学への後任将校配属の要請が陸軍省に聞き入れられたが、その条件として、大学はカリキュラムや教員スタッフに関する変更を受け入れることを強いられた。具体的には、日本史および日本思想関連科目を強化し、国立大学の著名な教授を非常勤講師として受け入れ、「修身」科目の担当もイエズス会神父から日本人教師へと変更された。また上智大学は、宗教的行為で

＊5　警視総監藤沼庄平は、一九三三年五月二日、同事件が上智大学の受験者数に深刻な打撃を与えていることを外務省へ報告している。事件以前、上智大学の受験者数は毎年二五〇名程度であったが、事件以降は二次募集を行なったにもかかわらず、志願者数はたった三〇名と急激に落ち込んでいた（高木一雄『大正・昭和カトリック教会史』第一巻、東京：聖母の騎士社、一九八五年、二六七―二六八頁）。

＊6　事件の概観についてはGeorge Minamiki, S. J., *The Chinese Rites Controversy: From its Beginning to Modern Times*, Chicago: Loyola University Press, 1985. の第五章、白井厚編『大学とアジア太平洋戦争――戦争史と体験の歴史化』日本経済評論社、一九九六年の平山勉による上智大学に関する章に詳しい。事件に関する原文資料は、『上智大学史資料集』第三集、そして一九八五年と一九九三年出版の補遺に掲載されている。この事件までは上智大学の卒業生の就職状況は良好で、初期の『蘇比耶』（Sophia）には、多くの卒業生が大手商社に就職していることを示すリストが掲載されている。

はなく国民としての実践であるという、参拝の新しい理解にも同意し、そうした国家的活動、行事には学生や教員を積極的に参加させることを約束した。

靖国事件は、信教の自由をめぐる日本のカトリック教会と国家の一連の衝突の中でもっとも重要な出来事であった[*7]。事件の解決策を模索する中で、大学とカトリック教会関係者は、最終的に「参拝」の意味をめぐる政府の定義を受け入れることになった。このことは、一九世紀半ばに日本におけるる近代カトリック宣教活動が始まって以来守り続けた、土着の宗教実践への適応の問題についての立場の変更を意味していた。

■カトリックの教義と神道祭祀

靖国事件によって、上智大学と日本のカトリック教会は非常に困難な立場に追い込まれた。国家

＊7　本稿は、国家神道の意味をめぐるカトリック教会と日本政府との衝突に焦点を当てている。神道は「非宗教」的なものである、という国家の声明に異議を唱えたのは、カトリック関係者だけではなかった。ホルトム（D.C. Holtom）は、*Modern Japan and Shinto Nationalism: A Study of Present-Day Trends in Japanese Religions*, first published in 1943, and revised edition, New York: Paragon Book Reprint Corp., 1963. の中で、この問題について詳細にわたり記述している。彼は他にも国家神道に関するさまざまな著作を残している。例えば、*The Political Philosophy of Modern Shinto: A Study of state religion in Japan*, Tokyo: Asiatic Society of Japan, 1922.を参照せよ。

が愛国心の表現とみなす実践に従うように政府から強い圧力を受けながらも、カトリック教会はその教義の中核――すなわち迷信的な宗教実践と定義されるものへの参加の禁止――を維持しなければならないと感じていた。宗教的要素を多少なりとも含んでいるような土着の諸儀礼への参加についての危惧は、一七世紀から一八世紀初期において中国において起こった儒教の儀礼実践への適応の問題にも見られる。中国における土着の実践への適応をめぐる論争は、教会内で激しい論争を巻き起こし、最終的にローマ教皇は、すべての土着の実践に適応することはおろか、この問題を議論することさえも禁じる決定を下した。

日本の神社参拝を巡る論争は、数百年前に中国の事例で議論された多くの問題を再び顕在化させた。「中国典礼問題」として知られるこの論争は、中国で活動するさまざまなカトリック宣教団体の立場の不一致から生じたものだった。中国でのイエズス会は、知識人層を対象に布教活動を行なっていた。その活動に際して、イエズス会士たちは、儒教の伝統と実践についてのより深い理解を得ようと努めていた。彼らはキリスト教の教義と儒教の考えとの共通項を見出した上で、儒学者が探求した精神的、倫理的な問題のより深く、より完全な表現を、キリスト教が具現化しているという主張を通じて、改宗者の獲得を目指す戦略をとっていた。儒教寺院での官僚の任命式や、「祖先崇拝」として言及される実践――すなわち祖先に対して敬意を払うために行なわれる諸儀礼――に、改宗者が参加することを容認していることについて他の修道会から問題にされた時、そうした儀礼は本来宗教的というよりも世俗的なものであり、改宗者がそうした儀礼に参加することは許容されるべきだ、とイエズス会は主張した。フランシスコ会やドミニコ会といった、いわばライバル関係にあった諸会派は、そうした儀式は本来的に「宗教」的であり、参加は旧約聖書における十戒のうち第一戒の違反（後述）であると考えていた。一七世紀を通じて論争はますます激化し、双方は立場を硬化させた。康熙帝は一六九二年、中国におけるカトリシズムの実践を許可する寛容令を発布した。イエズス会がこの勅令を歓迎する一方で、他の修道会は、土着の伝統との妥協は一切ありえないと主張し続けた。修道会間の激しい論争は静まることはなく、ついにはこの件を調査し、助言を行なうために教皇特使が中国へ派遣された。教皇特使のトゥルノンは康熙帝と謁見し、儒教儀礼を本質的に非宗教的なものであるとするイエズス会の理解は正しいとの回答を得た。しかしながらトゥルノンは最終的に、イエズス会の主張をくつがえし、一七〇四年の教令は、すべての点においてイエズス会の主張を否定する裁決となった。教皇の決定に怒った康熙帝は、イエズス会士マテオ・リッチの流儀に従う人々を除き、すべてのキリスト教宣教団体の追放を決定した。一七〇四年の教令は論争を解決することはなく、この問題を議論すること自体を禁じる教令が一七四二年に発布された。[*8]

日本のカトリック宣教団体は、中国における典礼問題のあらましを把握していたため、日本にお

＊8　これらの問題についての多くの見解については、D.E.Mungello(ed.) *The Chinese Rites Controversy: Its History and Meaning*, San Francisco: Institut Monumenta Serica, Sankt augustin, and The Ricci Institute for Chinese Western Cultural History, 1994の諸論考を見よ。

いても土着の宗教実践への適応の禁止を遵守していた。中国とその近隣地域――日本を含む――へ派遣された宣教師は、土着の宗教実践への適応の禁止と、その問題を議論すること自体の禁止に従う誓約を立てることが求められていた。[*9] したがって、日本で二〇世紀はじめに活動していたすべてのカトリック宣教師たちはこの誓約に従い、日本の信者に対しカトリック教会の立場を説明する努力を払っていた。一九世紀、宣教師たちが『天主公教要理』(カテキズム)――すべての信徒に対し教えられる基本的な教義のガイドライン――の最初の日本語訳を作成した際、神道祭祀への参加やお札《ふだ》を受け取ることは、禁じられた迷信行為の例として取り上げられ、明記された。

こうした慣行に関する議論は、十戒のうちの第一戒(我は主なる汝の神なり。我の外、汝に神あるべからず)のための説明の中に含まれていた。

○:天主は第一誡を以て、何を禁じ給ふや。
△:天主は第一誡を以て、妄信と涜聖とを禁じ給ふなり。
○:妄信とは何ぞや。
△:妄信とは、世間の神仏を信仰し、偶像を拝み、札、守、占等を信ずるの類なり。
○:是の外には妄信に属することなきや。

*9 中国典礼問題について多様な視点を提供するものとして、D.E. Mungello, ed., *The Chinese Rites Controversy: Its History and Meaning*, Nettetal: Steyler Verlag, 1994. がある。

△：寺に詣で、香花を備へ、仏事を営み、神社仏閣に寄附金する等は、妄信の罪なり。[*10]

第一戒の説明に含まれるこれらの禁止は、すべてのカトリック信者にとってなじみのあるものであっただろう。この戒めは、仏式の葬儀への参加や神社参拝を禁じるための根拠として、一般信徒向けの出版物でしばしば論じられた。[*11] したがって、カトリック信徒であった上智大学生数名が、ヘルマン・ホフマン学長が神社参拝を行なわないように忠告していたことを同級生によって思い出させられ、靖国神社の参拝を行なわなかったのは、当時カトリック教会で広く受け入れられていた教えに従っていたのである。このような良心に基づいたごく素朴かつ自発的な行為が、大学の存続さえも脅かすような論争の引き金となるだろうとは、学生たちは想像できなかったに違いない。

＊10　『天主公教要理』一八九六年版における第一戒の説明は、一九三六年の改訂版まで使用され続けた。一八九六年版における第一誡は、カトリック中央協議会『歴史から何を学ぶか——カトリック教会の戦争協力、神社参拝』名古屋：新世社、一九九九年、四一頁に引用されている。

＊11　一般信者によって書かれた雑誌『聲』を参照。神社参拝特集は、一九二九年四月号と一九三二年五月号に掲載されている。日本のカトリック司教らは一九二四年、司教会議を開催し掘り下げた議論を行なった。会議の内容に関する報告書はローマへ送られたが、それに対する公式な回答はない。

■神道と「宗教」

靖国事件を巡る論争を通じて、大学、カトリック教会、そして文部省の関係者たちは、神道は「宗教」なのかという問題に直面し、また、それを回避する方法を探った。そして、靖国やその他の神社への参拝という具体的な行為の意味に、議論を限定しようと努めたのである。一九三〇年代において、神道の位置づけがなぜそれほど難しい問題であったのかを理解するためには、国家行政機構における神道の位置づけと明治憲法下の宗教の自由のありようの双方について検討する必要がある。

明治新政府は一八六八年、数百年のあいだ密接な関係を保ってきた仏教と神道の分離を命じた。この決定に乗じ、神道の宮司が仏像を撤去したり破壊したりした地域もあった。中には破壊された仏教寺院もあり、仏教と神道の要素をあわせ持つ宗教団体に所属する聖職者たちは、神道と仏教のどちらにも関係するものなのか、選択することを余儀なくされた。神道と仏教はまた、国家の行政機構上においても区別されることになった。神社は社格をつけられ、そのほとんどは神社の支援を担当する神社局の管轄となった。当初この神社局は独立した省庁であったが、後に内務省の一部局となった。仏教団体は、教派神道の諸教派、新宗教、そしてキリスト教のような外来宗教とともに、文部省の部局である宗教局の所管となった。したがって「宗教」諸団体と神道の間には行政上、明確な線が引かれていたのである。[*12]

神道の宮司と神社は、新しい近代国家への愛国心を普及させるために中心的な役割を与えられた。明治国家は、国民精神を創造するための統合力として神道を利用し、例えば、学校はその学年暦に新しい祝日の式典を組み込むように指導を受け、生徒たちに皇室への忠誠心を涵養するために神社参拝を行なうことが求められた。学校での式典行事について初めて指導が行なわれたのは、一八九一年のことで、建国記念日（紀元節《きげんせつ》）、天皇誕生日（天長節《てんちょうせつ》）、新年の祝い（元始祭《げんしさい》）、伊勢神宮における秋の収穫祭（神嘗祭《かんなめさい》）、そして皇居内の神社で行なわれる新嘗祭《にいなめさい》のような祝日に、学校は特別な祝典を行なうことを命じられた。校長たちは全校生徒を集め、天皇と皇后の真影に敬礼し、教育勅語を読み、説明するように指導された。[*13] さらに一八九九年には、文部省が宗教教育を禁じる指導を発布した。ミッション・スクールは、認可された教育機関としての地位を維持したければ、学生に対する宗教教育をあきらめざるをえなかった。これら初期の決定——学校における神道関連の式典の推進と宗教実践の禁止——のなかに、後に見られるキリスト教宣教団体と日本の国家機関との衝突に連なる矛盾の根源を見ることができる。ナショナリズムを喚起するために神道関連の式典を用いることは、神道が「非宗教」であるとみなされて初めて明治憲法下において合憲となりうるものであった。プロテスタントとカトリック双方とも、神道の位置づけの曖昧さに悩まされ

＊12　Helen Hardacre, *Shinto and the State*, 1868-1988, Princeton: Princeton University Press, 1989.

＊13　カトリック中央協議会『歴史から何を学ぶか』二六―二七頁。

て続け、どちらもしばしば、政府から神道は宗教ではないという公式見解を引き出そうと腐心してきた。だが、政府当局は明言を避け、その背景には多くの著名な神道学者や宮司が、法律上どうであれ、神道は事実として、正真正銘の宗教であると信じていたことがある。[*14]

神社参拝を教育カリキュラムのなかに組み込むことをめぐって、宣教団体、ミッション・スクール、政府間で時折衝突があったが、カトリック教会にとってもっとも深刻な衝突は、全国でカトリック系の学校への圧力が高まった一九二〇年代後半から一九三〇年代はじめにかけて起こり、やがて靖国事件で頂点に達した。カトリックの学校への世間の激しい批判をもたらした第一番目の事件は、政府がすべての学校に対して行なった伊勢神宮の再建式典（式年遷宮）への参加要請への応対から始まった。すべての神社の頂点に位置づけられる伊勢神宮では、二〇年ごとに正殿《せいでん》などを新造することになっている。文部省は一九二九年の式年遷宮の際に、すべての国公私立の学校に対し遥拝式を開催するよう指導を行なった。これに対し、当時存在していたカトリック旧制中学三校、高等女学校一八校のうち、三校すべての旧制中学と、高等女学校のうちの一校が、式典を開催するかわりに、生徒に休日を与えたのである。政府の式典開催要請に応じなかったことが地方紙に書きたてられると、非難轟々という有様であった。カトリックの人口密度が特に高い九州におけるカトリ

*14 この問題に関連する議論について、D.C. Holtom, *Modern Japan and Shinto Nationalism: A Study of Present-Day Trends in Japanese Religions*, Revised Edition, New York: Paragon Book Reprint Corp., 1963.を参照。

ック系の学校に対する圧力はとりわけ大きかった。[*15] この時、カトリック教会は国家に対する支持と忠誠を強調することによって自らの立場を擁護し、前年の昭和天皇の即位の礼に際してローマ教皇が天皇に対し祝福の特別なメッセージを贈り日本のカトリック教会の司教が特別なミサを行なったことを指摘した。

一九二〇年代後半における遥拝事件やその他の衝突の中で表明された一連の見解の中で、カトリック教会は、神道は――政府の主張にもかかわらず――宗教実践の一形式であると解釈する立場をとっていた。カトリック教会が、第一の戒めによって他の宗教儀式への参加を禁じていることから、彼らはそうした諸儀礼に参加することができなかったというのである。禁じられた神道祭祀への参加に代える形で、カトリック信者たちは彼ら自身の教会での祈禱を通じて積極的に愛国心と忠誠を表明しようとしていたと思われる。

この立場は、一般カトリック信徒のための月刊誌『聲』における記事を通じて、信者たちに対しても広く伝達されていた。一九三二年五月号の『聲』は、神社参拝の問題を取り上げ、その中で「事実上、宗教上、政府の神社非宗教説に同意することが能きない」というジャン・クロード・コンバス前長崎司教の見解を紹介している。第一の戒めを引用するその記事は、

＊15　カトリック中央協議会『歴史から何を学ぶか』四四―四五頁。

我々公教信者が、政府の意に副ふ事が出来ないのは遺憾の至りなれども、神社に参拝する事、招魂祭等に参加する事、神々に対して請求される如き崇敬を外部だけでも表する事が出来ないのは、決して公教会の司教、宣教師、司祭等の誡める為ではない。最上の福は十誡の真先に「我の外汝に神あるべからず」と誡め給ふたので、其事が最上の神に対して大逆の如く容易ならぬ罪に成るからである。[*16]

この『聲』の記事はまた、神道は宗教であると論じた多くの日本人の宗教家や学者の見解をも引用しており、その中の一つは「神社には宗教的意義は無いと云ふ考への者は、神社の性質も宗教の性質も全然知らぬものである」というものである。

カトリック教会は、神道の宗教的性質について充分な論拠があると考えており、それに基づいて、信教の自由に関する明治憲法の規定（第二十八条）が、信仰する権利——ないし信仰しない権利——を保証するものと信じていた。

第二十八条　日本臣民ハ安寧秩序ヲ妨ケス及臣民タルノ義務ニ背カサル限ニ於テ信教ノ自由ヲ有ス。

＊16　山鹿生「神社問答」『聲』、一九三二年五月号、三九六—四〇五頁。

もともと外国からの圧力に応ずるかたちで憲法に含まれたこの条文は、全ての日本人に宗教実践の自由を認めているように見えた。しかしながら、日本のカトリック教徒がのちに学ぶ結果となったように、臣民としての義務に背かないという制限によって、神道祭祀への参加について違った解釈が可能になることとなった。愛国心や天皇への忠誠の根源的な表現として、国家が神社参詣や学校で開催される他の神道に関連する式典への参加の役割を強調するようになるにつれて、国旗掲揚、遥拝や参拝の拒否は、非国民的な行為であると見られるものとなっていった。参拝を拒否する者は、皇室や国体に対する不敬をはたらくものであるとみなされたのである。

存続をかけて教会と大学は、カトリックの教義を守りつつ、参拝問題に関し日本政府当局を満足させうる解決策を見出さなければならなかった。上智大学靖国事件の初期において、ヘルマン・ホフマン学長たちは、イエズス会および教会が日本の伝統と皇室に多大な敬意をはらっており、国家のために亡くなった方たちにも尊敬の念を抱いているが、憲法で保障されている信教の自由に基づいて、そうした敬意を異なったやり方で表していると論じた。ホフマン神父自身、天皇に対する敬意を示すために毎日皇居前で敬礼することを厭わないし、またカトリック教義に則ったミサにおいて、国のために亡くなった人々のための祈っていると訴えた。こうした釈明が軍部を満足させることができないことが明らかになると、シャンボン東京大司教が文部省に対し、学校行事として行なわれる神社への参拝の意味について、政府の公式の見解を求める手紙をしたためた。文部省からの回答は、参拝を含めて神社参詣には教育上の目的以外何もない、というものだった。

九月二十二日付ヲ以テ御申出ノ学生生徒児童ノ神社参拝ノ件ニ関シテハ左記ノ通リ御了知相成度此団回答候。学生生徒児童等ヲ神社ニ参拝セシムハ教育上ノ理由ニ基ツクモノニシテ、此ノ場合ニ学生生徒児童ノ団体カ要求セラルル敬礼ハ愛国心ト忠誠心トヲ現ハスモノニ外ナラス。

このように、神道が宗教か否かについての判断を注意深く避けた文部省の見解によって、妥協の糸口が与えられた。シャンボン大司教は日本人信徒に対し、神社に集団で参詣する際に参拝に参加することに問題はないと伝えた。

一九三二年九月三〇日に出された参拝の意味についてのこの文部省の公式見解が、カトリック教会が信徒に神社参拝に参加する許可を与える道を作ったのである。しかし、日本のカトリック教会にとって、シャンボン大司教の神社参拝許可は、最終的には中国における儀礼やその他の土着の儀礼実践についての教会の立場の公式な転換に至るまでの長いプロセスの始まりにすぎなかった。シャンボン大司教をはじめ日本の教会関係者は、ローマの布教聖省――信仰についての重要問題の裁定を管轄するカトリック教会の機構――と連絡をとり、その数年後、神道祭祀への適応について承認を与える一九三六年の指針を受け取った。

事件初期の文部省との交渉は、教会にとって宗教実践の難しい問題を解決するための端緒を作ったものの、事件のもう一方の重要な当事者である陸軍省を満足させることはできなかった。上智大学当局の対応に不満を持ち続けた軍部は、上智大学が国体に対し敵愾心を抱いていると強調し続けた。一九三二年一二月はじめ、配属将校であった北原大佐が上智大学から引き揚げさせられ、その後長らく後任の配属は目途が立たなかった。新年に入ってからも上智大学への圧力は止まず、大学は引き続き軍部に対し新将校の配属を嘆願した。この過程で、大学は軍部に対し幾多の陳情書と弁明書を送った。一九三三年二月六日付けの陳情書においてホフマン学長は、明治憲法第二十八条で表現されている条件に沿ったかたちで、公共の場における実践と私的な信仰の関係についての新しい理解を示した。

その手紙の中で、ホフマンは多くの日本人の専門家に相談し、結果として、日本の伝統と参拝の意味について、「皇道ハ日本古来ノ純真ナル国風ニシテ皇祖皇宗ヲ始メ代々ノ皇陵及忠孝仁義ノ士ヲ祭リタル処ニ参拝スルハ、国民ノ公的生活ニ於ケル皇道ノ表現タル所以ニシテ国民ノ私的生活ニ於ケル宗教的信仰トハ全然別個ノ立場ニ在ルコトヲ明白ニ了解致候」と新しい理解がもたらされた旨を述べた。

ホフマン学長の陸軍大学校におけるドイツ語の教え子であった朝香宮など影響力を持つ複数の関係者の仲介によって、ようやく上智大学は、軍部に再び懇請を行なう機会を得ることができた。これに備えて、大学はカリキュラムや教員配置をどのように改め、そして日本国民精神の涵養をいかに通常の教育活動に組み込んでいるかを示す長い陳述書を準備した。こうして、ようやく軍部は新たに将校を配属することを認め、参拝問題に端を発した危機は一九三三年一二月に終結した。

靖国事件以降、上智大学および日本のカトリック教会の上層部は、揃って愛国心を示すことに励むこととなった。例えば、日本政府に飛行機を献納するための醵金活動、神父や信徒によるフィリピンにおける宗教宣撫工作への積極的協力、そして教会関係紙を通じて信徒たちがカトリック教徒であると同時に愛国的な日本人であるべきことを強調するメッセージを伝え続けるなどした。[*17]

■現代の靖国問題の歴史的視点からの考察

一九三二年五月に靖国参拝を拒否した上智大学のカトリック教徒の学生数名による良心に基づいたごく単純な行為に端を発した事件の展開は、戦前の日本におけるカトリック教会に、神社参詣への生徒の義務的参加をめぐって、日本国家との妥協を探し求めることを余儀なくさせた。明治憲法第二十八条に論拠を求め、カトリック教会の指導者たちは、カトリック教徒も良き臣民として天皇を敬い国家への忠誠を示す義務を有するが、天皇陛下の健康や国家の繁栄の祈願を含めたそうした臣民としての敬愛の意の表現は、カトリックの儀礼実践に従って行なう自由が保障されているはず

＊17　さまざまな戦争協力のかたちについての批判的な論考を提供するものとして、カトリック正義と平和協議会編『「教会の戦争責任」を考える』一九九二年がある。

だと論じた。しかし最終的には、ここまでで見てきたように、カトリック教会は義務的な神社参詣を宗教的行為ではなく、臣民としての愛国的行為として分類しなおすという妥協に至った。こうして国家神道の神社参拝という要請に適応する過程で、教会は、臣民としての公的な場での行為と私的な信仰を区別するという信教の自由への制限を受け入れることになった。靖国神社をはじめとする主だった神社は国家によって管理されており、そうした神社への義務的参拝は臣民としての行為であって、大方において宗教的な意味を失っていると解釈しなおされることになったのである。

公的な行為と私的な信仰との区別は、現在に至るまで靖国をめぐる論争の中核にある。公的か私的かという問題は、今日もしばしば複雑かつ皮肉なかたちでからみあっている。戦後まもない時期に、靖国ほかすべての神社はその国家的な位置づけを失い、私的な宗教法人として再出発することになった。戦後の日本国憲法では、第八十九条において「公金その他の公の財産は、宗教上の組織若しくは団体の使用、便益若しくは維持のため、又は公の支配に属しない慈善、教育若しくは博愛の事業に対し、これを支出し、又はその利用に供してはならない」と定められている。

これまで、戦後の靖国神社の宗教法人化をくつがえし、国家支援ないし管理の復活を目指す一連の試みがあったが、それらはことごとく失敗してきた。憲法上の制約や国会で多数の支持を取り付けることができなかった結果、自由民主党を中心とした政治家たちは、靖国神社の公共性を確立するために別の戦略をとるようになった。彼らは、神社自体を公共的に管理される機関とすることに失敗したため、公的な肩書きで参拝し記帳することによって、自身の参拝行為の公共性を強調するようになった。また、そうした参拝の際に玉串料などを公金支出することをめぐって一連の訴訟が起き、これとの関連で政治家による参拝が公的なものなのか、私的なものなのか、マスコミが取り上げて報道するようになった。しかし、公的参拝によって靖国神社の公共性を復活させようとするこの戦略も、首相の神社参拝に対する近隣アジア諸国からの強い反発によっていっそう問題視されることになった。直近の参拝の際、小泉首相は服装もよりインフォーマルなものに換え、肩書きなしの個人名のみの記帳で、「非公式的」で「私的」な性格の参拝であることを強調しようとしている。参拝自体を問題視されることに対し、小泉は憲法の保障する信教の自由を引き、何人《なんぴと》も個人的な信仰に関わる「心の問題」に口を挟む権利はない、と主張している。

どうやら皮肉なことに戦後の靖国論争は、戦前から一八〇度反転したかのようである。相変わらず、靖国参拝が私的なのか公的なのかが争点であることに変わりはない。しかしながら、戦死者に敬意を示す靖国参拝が、戦前においては公的なものとして臣民に義務づけられた行為であったのに対して、現代の為政者による靖国参拝は、憲法で擁護されている私的な信仰表現であると主張されるようになっているのである。

第10章　抗議か擁護か——靖国神社を巡る市民運動

ブライアン・マサハート
（北川将之 訳）

年に一度の靖国神社参拝という物議をかもす公約を、小泉純一郎内閣総理大臣は二〇〇一年自民党総裁選で掲げて勝利し、現在までその公約を果たし続けている。八月一五日参拝という当初の内容とは若干異なるものの、その公約の主旨は貫かれ、小泉首相は毎年靖国神社を訪れている。[*1] 内閣総理大臣が毎年必ず参拝するのは、中曽根内閣（一九八二―八七年）以来初めてのことである。[*2] 小泉首相がこのように靖国参拝を続けた結果、国内では、一九七〇年代初頭以降しばらく沈静化していた、いわゆる「靖国問題」をめぐる市民政治運動、また「靖国法案」に関する論争が新たな展開を示し、国際的には東アジア諸国からの「外圧」を引き起こすこととなった。

日本にとって靖国参拝論争はどのような意味を持つのだろうか。靖国参拝が中国や韓国といった近隣諸国と良好な関係をもたらすとは誰も考えていない。もし中国や韓国だけでなくそれ以外の国々も批判を強めれば、事態はいっそう悪化するだろう。靖国参拝を是認する国は、まだ一つもない。日本が東アジアで良き隣国というイメージを構築する上で、靖国参拝は百害あって一利なしと

*1　小泉首相の過去五回の参拝は、二〇〇一年八月一三日、二〇〇二年四月二一日（春季例大祭）、二〇〇三年一月一四日、二〇〇四年一月一日、二〇〇五年一〇月一七日（秋季例大祭）に行なわれた。春季例大祭、秋季例大祭、そして八月一五日に国会議員が靖国神社を参拝することは、一九八一年以来、重要な関心事になっている。

*2　中曽根康弘元首相（首相在任一九八二―八七年）は、一九八二年四月二一日（春季例大祭）に最初の靖国参拝を行ない、一九八五年八月一五日までに計一〇回参拝を行なっている。

いう状況にある。

国内的に見れば、靖国参拝をめぐる論点は、憲法、歴史、宗教、感情、精神（魂）という側面から整理することができる。過去一七年ほどの間、靖国参拝はそれほど関心を集めてこなかった。だが近年、日本の公の論争の場において、この問題が「再燃」しつつある。*3 日本独自の民主主義的な「伝統」（Ishida & Krauss 1989）を含み、民主主義と定義される政体の中で、靖国参拝問題は広く、活発に論議されている。本稿では、靖国問題を通して二一世紀の日本の民主主義のあり方とはどのようなものかを考えてみたい。

石川幸憲によると、日本の総人口の約七〇％を占めている戦後生まれの世代は「戦後民主主義の担い手でありその産物」であるが、民主主義を当然のものと見なしている（Ishikawa 2002, 344）。石

＊3　朝日新聞オンライン・データベースdna.asahi.com（一九八五〜二〇〇四年）で「靖国」をキーワードにして記事検索をしたところ、一九八五年時点ではヒットした記事数が五三五であったのに対して、一九八六年では三四一に下落している。一九八七〜二〇〇〇年の間は、二一五から二九一の間の記事ヒット数であった。だが二〇〇一年になると、その数は一挙に一六〇八に跳ね上がる（二〇〇〇年時点では一五四）。一九九〇〜二〇〇〇年の一〇年間のヒット数の合計が、橋本首相の参拝（一九九七年に彼の誕生日に靖国神社を訪問したもの）等があったにもかかわらず、わずか一五四三であるのを考えると、二〇〇一年のヒット数の多さは際立っている。その後二〇〇四年まで、一貫して高いヒット数が続いている（二〇〇二年は五二八、二〇〇三年は四〇六、二〇〇四年は六八八）。なお、これらの記事数は、朝刊と夕刊および週刊誌（ＡＥＲＡと週刊朝日）を合わせたものである。

川氏が提案するこの問題の解決策は、討議型の民主主義への展開である。それは、「基礎的な民主主義のスキル、例えば、公的な演説、討論、不和の解決、妥協、集会の組織運営などのスキル」の発達を通した、市民参加型の民主主義に変容することを指している。討議型の民主主義では、一般市民が民主主義の実践者となることが要請される。はたして日本人がそうした民主主義の実践者となれるのか。また、市民的な開かれた方法で、紛糾する問題を解決できるのか。複雑な論点を含む靖国問題に市民がどう対応するかは、日本の民主主義の行方を探る上で、重要な試金石になる。

日本の市民は、民主主義体制の下にある。それゆえ、自己利益に照らし合わせて意見を述べ、活動し、競合する自由を享受している[*4]。「民主的枠組み」の下では「多様性が認識されるだけでなく、妥協と合意形成の方法も培われる」(Ike 1969, 216)。靖国問題の「再燃」を理解するには、こうした民主主義国日本という視点が重要になる。はたして民主主義体制の日本は、妥協と合意形成の方法を見つけて靖国問題をめぐるさまざまな意見を許容できるようになるのか、というのが本稿の問いである。靖国問題をめぐって誰がどのように争っているかという側面だけなく、この問題が究極的に解決可能なのかという点も含めて検討する。

水俣公害問題の研究をしたT・ジョージ(George 2001)によると、日本の民主主義を論じるアメリカ人と日本人の間には「研究視角のズレ」がある。アメリカ人研究者が民主主義のインフラ(自

＊4　丸山の研究(Kersten 1996)や小田の研究(Seraphim 2003)を参照のこと。

由の制度的保障）に注目するのに対して、日本人研究者は思想と行動に着目する。そうしたズレを埋めるには、市民を次のように捉える必要がある。市民は、民主主義のインフラの中で、自らの権利と責任に基づいて交渉し、政治的出来事を解釈する。このような市民像を想定した研究の場合、民主主義という枠組みを考慮しながら、靖国参拝をめぐる市民団体の活動を捉えることになる。こうした研究の試みは、靖国問題という事例だけでなく、日本の市民団体、あるいは日本の民主主義のあり方を総合的に検討することにもつながる。本稿では、三つの問いを立てて、それらに沿って議論を進める。第一に、靖国問題に関する争点はどのような枠組みのもとで議論されてきたのか。第二に、市民団体は八月一五日に靖国神社でどのようなレパートリーでその主張を訴えてきたのか。第三に、靖国問題は、日本の民主主義のあり方を探る上で、どのような試金石となりうるのか。

なお、以下の記述は、筆者が二〇〇一年から実施してきたフィールド調査（靖国神社で政治活動を行なう市民団体に関する調査）の資料と記録に基づくものである。研究全体では、三つの市民団体を対象としているが、ここで紹介するのはその内の二つである。調査資料には、靖国と国の関係について賛成する市民団体と反対する団体のそれぞれについて筆者が行なった集会やデモ行動の参与観察による記録、両団体の出版物、両団体代表者とメンバーへの聞き取り調査を用いた。

本稿では、方法論上、次のような点を中心に考察した。政治エリートの靖国神社での行動に対する市民活動は、どのような過程で、どのような戦略を立て、どのような結果を得てきたのか、またこれら市民による活動の意義はいかなるものか、という点である。市民が靖国問題の争いに何らかの形で関わっていることは既によく知られているが、具体的に何を、どのように行なって、どのような影響を及ぼしたのか、ということまでは充分に調査されていない。かつてアメリカの社会科学者H・ラズウェルは、政治現象を「誰が、何を、どこで、どのように」という項目に要約して捉えた。現在の靖国問題をめぐる動向も、同様の方法で検討することができる。以下では、本題に入る前に、まず二つの市民団体について紹介しておきたい。

ここで例示する二つの市民団体（日本会議と八・一五グループ）の政治活動の源泉は、靖国神社の存在そのものにある。両団体が直接衝突することはないし、団体メンバーの殆どは相手側メンバーのことを詳しく知らない。[*5] しかし、両団体は、①国に奉仕して亡くなった人々を慰霊するために造られた場所で、②その英霊（の大多数）にとって最も重要な日、すなわち八月一五日に、行動を起こすことでは共通している。また両団体は、そのイデオロギー、構造、組織といった面では異なるものの、以下の三つの点では繋がっている。

第一に、両団体は「五五年体制」（自民党単独の三八年間に及ぶ保守支配体制）の終焉後に設立された。政治学者は、一九九三年の非自民党政権の誕生を五五年体制の「終焉」と捉えており、それは

＊5　聞き取り調査によると、「日本会議」という大規模な市民団体のメンバーにとって、「八・一五グループ」は取るに足らない小さな団体だという。他方で、二人の例外を除く「八・一五グループ」のメンバーにとって、「日本会議」は靖国問題に関し彼らと反対の立場を示している遺族運動の一環ぐらい、という認識しかない。

現在まで続いている（現在の自公連立政権は、自民党が単独で政権を維持していないことを示している）。第二に、両団体は、主として第二次大戦の記憶を直接持たない人々で構成されている点である。靖国問題の「第二世代」が現れたことで、「第一世代」との比較研究が可能になった。残念ながらここでは詳しく検討するだけのスペースはないが、第一世代の指導者たちがいなくなるにつれて、政治活動の枠組みや行動（レパートリー）の変化と継続性を考察することが今後重要となるであろう。第三に、両団体は、小泉首相の二〇〇一年の公約とその後の靖国問題の再燃に先立って、八月一五日に靖国神社で政治活動を行なってきた。こうしたことが、共通点として挙げられる。

ここからは、各団体について詳しく紹介してゆきたい。一つ目の団体は靖国神社の「擁護派」、二つ目の団体は靖国神社への「抗議派」と呼びうるものである。

■「擁護派」――日本会議

日本会議（一九九七年五月設立）は、「国民運動ネットワーク」という性格を持つと同時に、「憲法・教育・防衛など国の基本にかかわる問題を研究し、自民党と協力しながら日本政府に関連政策を提言する」という「シンクタンク志向のＮＧＯ」、と自らを位置づけている。[*6] また日本会議は、

＊6　http://nipponkaigi.org/reidai02/About%20Us/Profile.htm.ウェブページ（二〇〇三年一二月二九日アクセス）。なお、日本語版ホームページには「ＮＧＯ」という表現は見当たらないようである。また自民党に限らず、民主党や無所属の議員も日本会議国会議員懇談会に所属している。

その刊行物によると、「国会と国民運動との連帯」および「全国津々浦々の草の根運動の前進」を目指し、「国を愛する新しい国民運動ネットワーク」の構築を進めている。*7

日本会議は、特定非営利活動促進法（NPO法）が公布された一九九八年の一年前の一九九七年に「日本をまもる国民会議」と「日本を守る会」が統合して設立された。本間と出口（Honma and Deguchi 1996）の言葉を借りれば、この団体は「NPO—NGOブーム」の一つであり、辻中（二〇〇三年）が指摘した日本の市民社会発展の「第四の波」に相当する。日本会議は、右派でありナショナリストという従来の立場を取りながらも、靖国神社の擁護と支援という政治活動の枠組みを設定する際には、国際主義的な視野という新たな要素を効果的に取り込んでいる。

日本会議は、靖国運動に関する社会運動団体の前衛的な存在である。これまでの日本会儀の活動の展開は、辻中の仮説に合致する。すなわち、市民団体が、活動の正当性を社会的なものから政治的なものに移行させてゆき、最終的にはその主張を政策に反映させせようとするパターンである。戦争で生き残った人々や亡くなった人々の親族等の関係を前提に設立された団体である「英霊にこたえる会」や日本遺族会が靖国擁護運動で強い影響力を持つ中、日本会議はその特徴的な取り組み方により、中心的な役割を担っているというのがこの論考の主張である。というのも、日本会議は、戦争の記憶を直接持っていないが過去とのつながりを希求する世代を対象として設立されたため、

*7　『国会と国民運動との連帯と全国津々浦々の草の根国民運動の前進を目指して』。

過去と直接関係を持つ人々だけでなく、そうした関係性を望む人々を含めて、より幅広い層に影響力を持っているのである。

日本会議は、「全国ネットワークの国民運動団体」と自己規定している。四七都道府県中四四の地域とブラジルに支部を持ち、年会費で運営されている。縦（リーダーシップ）と横（政策プロジェクト）の組織構成になっており、国会議員とも「国会議員懇談会」を通じて直接連携している。国内・国外へ情報を発信する包括的戦略を立てており、月刊の機関紙『日本の息吹』は年会費を納めた会員（個人会員は年会費三〇〇〇円）にのみ送付されるが、同団体のウェブサイト上では非会員に対しても組織の主旨や活動、今後の展望等が公開されている。明成社という出版社が同団体と連携しており、団体関連の書籍・ビデオの出版流通を支えている。今後の目標として、国内に一〇〇〇の支部と一〇万人の会員を目指している。

■「抗議派」——八・一五グループ

本稿で筆者が「八・一五グループ」と呼んでいるのは、靖国神社に反対する立場にある無名の団体であり、イデオロギー的にはいわゆる左派に相当する。八・一五グループは、一九九三年に一六名のメンバーが「八・一五反靖国行動」という運動（現在も年に一度開催されているもの）を組織したことに端を発する。中心メンバーは、一九八〇年代後半の左派学生運動に影響されたという。また、聞き取り調査をしたメンバーの中には、家族や親が「右派」である、と話すものもいた。東京在住者を中心に組織されている八・一五グループは、市民団体として未登録であり法律上の地位を持たない。その唯一の活動は、年に一度、靖国神社で抗議行動を行なうことであり、その活動経費は抗議行動への参加費（集会参加費として一人五〇〇円）でまかなわれている。強固な組織はなく、縦と横のつながりも不明確である。常勤の団体職員もいなければ、小委員会などもない。ただし、「広報担当」と思われる特定の人物はいる。以前から反靖国行動に参加している人々の中には、当該活動のベテランとしての意味合いを表す「功労賞」のようなバッジをつけている者もいる。このグループの活動を四年間調査してきたところ、中心メンバーは存在するが、その活動に同調して参加する人々は年々入れ替わっていることがわかった。

日本会議が国会議員と直接連携しているのに対して、八・一五グループは、国会議員への表敬訪問さえしていない。財政的な問題や時間的、地理的な条件などが理由で、八・一五グループの活動は、抗議行動の準備をすることに限られている。反靖国行動における年ごとの主張（キーワード等）は、過去の参加者の個人的なネットワークや、東京の左派系の書店掲示板に貼られたビラ等を通して、外部に宣伝される。このグループは、集会や抗議行動を宣伝するのにインターネットを使わない。右派（右翼）や警察に活動情報が事前に流れることを警戒しているからだ。[*8] 八・一五グル

＊8　八・一五グループの創設者K氏によるコメント（二〇〇三年八月六日の第二回計画集会後の聞き取り調査に基づく）。

ープによる靖国行動への参加者は、最も多くて五〇名ほどである。だが、この集団の活動を、単に街角のパフォーマンスのような周縁的なものとして片付けるのは妥当ではない。同グループは、反靖国、ひいては反天皇制という社会運動の枠組みの中で、自らその活動のニッチを創出してきた、という特性を備えているからである。

■靖国問題をめぐる論点：どのような枠組みが設定されてきたのか

現在日本では、靖国問題を発端に国民の記憶をめぐる政治的、そして社会的論争が公の場で行なわれている。それは、日本が民主国家としてどのような資質と将来的な方向性を兼ね備えているかが試されていることを意味している（Seraphim 2001）。いわば、靖国問題は、民主国家日本の姿を探る上で、重要な契機になっているのである。現在の靖国問題の引き金となっているものが、幾つかある。それらは具体的な「行動」を伴った特定の出来事であり、一九五二年に吉田首相が靖国神社と政治を象徴的に結び付けて以来起こってきた。そうした引き金となる出来事は、擁護派・抗議派からさまざまな反響を呼び起こし、市民の請願運動、国会議員事務所へのロビー活動、訴訟、デモ行進、市民集会といった活動といった形で、市民による政治的活動を引き起こしてきた。

戦後、市民から市民に広がる活動を刺激した靖国問題に関連する出来事として挙げられるのは、例えば、首相の散発的な靖国参拝や、[*9] 靖国神社の再国有化法案、[*10] 政府の諮問会議[*11]などである。他にも、閣僚や知事（特に東京都知事の石原慎太郎）の靖国参拝、自衛官合祀事件、靖国神社の位置づけに疑問を呈する「発言」等が、多少なりとも市民活動を刺激してきた。しかし興味深いことに、「みんなで靖国に参拝する国会議員の会」[*12] の定期的な参拝は、同じ国会議員の靖国参拝であるにもかかわらず、市民の論争をそれほど引き起こしてはいない。

日本会議の政治活動は、二〇〇一年以降に始まり現在も継続している。その背景には、①小泉首相が八月一五日に毎年靖国参拝をすると公約したこと、②福田康夫官房長官（当時）が私的諮問機

＊9　一九五二―二〇〇四年の間に一二人の首相が計六一回靖国神社を参拝している。その内、八月一五日に参拝したのは僅か四人（三木、福田、鈴木、中曽根）だけである。

＊10　再国有化法案は一九六九―七四年に浮上した。この点についてはSeraphim,Chapter 7: Public Splits at Yasukuni Shrine: Organizing Memory in the 1970s. 223-268. またはPowles,1976.を参照のこと。

＊11　諮問会議は、これまでに二つあった。その内の一つは、中曽根政権時の一九八四―八五年であり、これは首相の靖国公式参拝の承認を取り付けることを目的とするものであった。国会が正式に首相の公式参拝の制度化に取り組むには、諮問会議の勧告がまず第一に重要なステップとして考えられたが、諮問会議はこの点に関してコンセンサスを導くことができなかった。詳しくは、Safier 1997.

＊12　集団で靖国神社に参拝する国会議員の会のこと、春季例大祭・八月一五日・秋季例大祭の年三回に参拝するもので一九八一年から開始された活動である。

関「追悼・平和祈念のための記念碑等施設の在り方を考える懇談会」を発足させたことがある。[*13] 他方、八・一五グループの活動の引き金となっているのは、靖国神社それ自体である。

日本会議と八・一五グループのそれぞれの政治活動における枠組み設定の過程は、政治を通じた靖国神社に対する各団体のアプローチの仕方で明らかになる。概して、政治とはそのシステム内において個人の相互作用を促すものである。当初、それらの団体の政治的主張は簡潔で明快なものであった。だが、いざ具体的な政治行動となると、各団体は、単に参拝の是非だけでなく、靖国神社の制度的な側面についても独自の解釈を迫られることになる。八月一五日に靖国神社で政治活動をする際、上記のような意味で、日本会議と八・一五グループは同じ状況下に置かれているのである。

二つの団体の政治的主張を探るにあたり、本稿では各団体がまとめた機関紙などの一次資料を参考にする。日本会議の場合、月刊機関紙『日本の息吹』の二〇〇一年九月号で、小泉首相の靖国参拝に関する特集（一二頁中一五頁）が組まれている。毅然として自信に満ちた表情の小泉首相が宮司の後を歩いている写真が内表紙に掲載されており、そこには「内閣総理大臣として参拝」という

＊13　小泉首相の公約は二〇〇一年四月に公表された。福田懇談会の重大さは二〇〇一年一一月の時点（計一〇回の内の第一回会合）まで明らかでなかった。それゆえ、日本会議の当初の反応は、①「小泉首相の靖国神社参拝を支持する国民の会」、②「小泉首相の靖国神社参拝を実現させる超党派国会議員有志の会」の二つのグループの設立を支援することであった。

文面が挿入されている。この号には他にも、①参拝の様相についての記事、②参拝に至るまでの小泉首相の発言を整理したもの、③市民や政治家の賛成と落胆の声、④八月一五日に開催された市民集会の概要、⑤小堀桂一郎東京大学名誉教授・長谷川三千子埼玉大学教授の緊急対談「小泉首相の靖国参拝をどう考えるか」という内容が含まれている。

八・一五グループの場合、冊子『ジャミラよ、朝はまだこない——八・一五靖国行動の報告・資料集』(全五〇頁、二〇〇二年六月)が参考になる。同グループの創設者や二人の中心メンバーが書いた四つのエッセーが掲載されている。その題目を列挙すると、「黙禱の政治力——二〇〇一年八月一五日、私たちは何を訴え、何が起きたのか?」、「反対靖国行動について考えてみた——戦争の現在、そして反靖国闘争の意義」、「ヒロシマと靖国——八・六『平和祈念式典』の欺瞞を撃て!」、「靖国行動の論点——八・一五反靖国行動、九年間の総括の試み」である。[14]

これら二つの出版物は、政治がどのように各団体の主張の設定に影響を与えているのか、を知るのに役立つ。日本会議の場合、その政治的な意図は、小泉首相がよりいっそう構造改革に取り組み、強いリーダーシップを示すよう激励することにある。構造改革は、小泉首相が自民党総裁選のキャンペーンにおける重要なキャッチフレーズであった。この他、小泉首相はより印象的な二つの公約、すなわち派閥にとらわれない組閣や靖国神社参拝をはじめとする多くの公約を発表した。要

*14 二〇〇三年以来、「ジャミラ」は、八・一五グループの非公式なマスコットとして使用されている。これは、「邪魔」とゴジラを掛けあわせた空想上のキャラクターであり、ユーモアと皮肉が込められている。

するに日本会議の言い分としては、小泉首相は公約を履行することで構造改革を推進し、そのリーダーシップを見せなければならない、というのである。ある意味、それが日本会議による小泉支持の条件とも言えるであろう。他方、八・一五グループは、その政治的主張を一人の政治家のパフォーマンスに特別な意味合いをつけたり、結びつけようとはしない。同団体の活動の矛先はむしろ、靖国神社の制度的な側面に向けられている。靖国神社は、国民になんらかの「公的な」貢献を要請する人々（政治家）にとって象徴的な場所となっている。そういう仕組み／制度が、靖国を中心に出来上がっている。八・一五グループの活動は、制度的な側面への抗議であり、小泉首相の参拝はそこから派生したものに過ぎないというわけである。

■八月一五日に靖国神社で行なわれる政治活動——そのレパートリー

日本会議——国民集会とキャラバン

過去一八年間にわたり戦没者追悼中央国民集会（以下、国民集会）が、毎年八月一五日に靖国神社で開催されている。一九九七年以来、日本会議と「英霊にこたえる会」が共催者となっている。幅広いネットワークを持つ日本会議は、八月一五日、靖国神社内において存在感ある団体となっている。[*15] こうした集会は、靖国神社側の許可がなければ実施できない。この国民集会は、八月一五日に靖国神社の内部で開かれるものの中でも最も規模が大きく、また長期間にわたって行なわれているもので、きわめて重要な行事と言える。国民集会での主な発言は、遺族に対する哀悼の意と謝辞を表したものであり、戦没者のことを追憶するのは、神社内の別の場所で行なわれる（Nelson 2003）。国民集会での話は、靖国神社がその周辺地域にある日本の国家機構、そして日本国民を象徴的に取り囲んでいることを聴衆に想起させるような、かなり政治的な内容である。靖国神社という場所は、日本会議という団体にとっては市民社会の一部であると同時に政治社会の一部にもなっているのである。

靖国神社境内の歩道には大きなテントが建てられており、国民集会の場所はすぐに分かる。簡易設置型の壇上には、演説台と一〇名分の椅子が配置されている。舞台の足場に取り付けられた立て札には、何回目の集会であるかが表示されている。日本の国旗も、立て札の下方中央に付けられている。折りたたみ椅子が三〇〇ほど神社に向けて設置され、木陰には受け付け用机がある。机上には、来賓用のリボンが整然と並べられ、丁寧に削られた鉛筆が折り目のない真っ白な参加登録用の紙の横に用意されている。その後方には、箱詰めになった配布用のプログラムが積まれている。過去五年の参加者数は、推定三〇〇〇人（二〇〇一年）から一五〇〇人（二〇〇三年、二〇〇四年）であ

＊15　八月一五日の靖国神社の様相については、Nelson 2003に詳しい。

るという。これは、靖国神社およびその周辺において二番目に大きな規模の集会である。*16

国民集会では、まず君が代を斉唱してから、テントから数百メートル離れたところにある本殿へ向かって参拝を行なう。その後、司会者が後援団体に謝辞を送り、団体の代表数名が挨拶の辞を述べる。当日の演説者には、例年日本会議の「国会議員懇談会」のメンバーである政治家から一名が選ばれ、その他に大学教授、退役軍人、オペラ歌手（女性）、弁護士（女性）、会社役員等が招かれる。このように演説者としてさまざまな分野の著名人を集会に招くことは、四つの分野（知識人、経済人、教育者、宗教者）における代表を団体に包摂することを目指す日本会議にとって、特に重要な意味を持つ。更に、天皇陛下も、武道館からつながれたマイクを通して「登場」する。天皇陛

*16　八月一五日には戦没者追悼中央国民集会（国民集会）と全国戦没者追悼式の二つが、靖国神社と周辺地域で並立して開催される。追悼式は、靖国神社から通りを一つ隔てた日本武道館で開かれる。この式は一九五一年に始まったものであり、天皇皇后両陛下、現首相と首相経験者、閣僚および全政党の有力国会議員が参列する。追悼式の方は、建造物の中で行なわれるため、出席者数を確認することは容易である。他方、国民集会の場合、「参加者」数の確認は困難である。テントの下に並べられた椅子は、僅か三〇〇席である。多くの参加者はマイクが聞こえる範囲内で立っている。また、テントは地下鉄九段下駅から来る人やバス・ツアーの人のほとんどが通る神社に向かう歩道に沿って張られており、広い通りの端を一列に進む人を捕まえるのが精一杯である。そのため、参加者人数は当てにできないであろう。更に言えば、ここで紹介した参加者数は、テントの右横の木の下に設置された受け付け机の参加用紙に記帳した人の数に基づいたものである。すべての参加者が記帳するわけではないので、実際の参加者数はもっと多いと推測される。

下のお言葉の後、靖国神社内にいるすべての人が礼をして、天皇皇后両陛下とともに静粛の時間を共有する。

日本会議の独特な活動内容（レパートリー）の二つめ（一つめは国民集会）は、毎年開催される全国規模で行なわれるキャラバンキャンペーンである。特定のテーマ・政策に関する問題意識に基づいて形成されているこのキャラバンは、靖国問題の重要性を国民に想起させるほか、国民と政治家を結びつける全国的かつ世代を超えた運動体としての日本会議の「ネットワーク」を強化することを目標とする役割を担っている。既に全国的な存在となった日本会議の場合、運営のノウハウや財政面でこうした活動を実行するにあたり、深刻な問題は見当たらない。

キャラバン活動の責任者を伴い、日本会議の青年会が二つのチーム（おのおの六～八名で構成、東京以北担当と以南担当）に分かれて全都道府県をまわるキャラバンは、七月中旬から下旬頃に始まり八月一五日の集会で最終報告と提言が行なわれて終了となる。こうした活動は、筆者が日本会議の活動を観察し始めた二〇〇二年から毎年行なわれていた。しかし、二〇〇六年には新たに「全国一〇〇都市横断セミナー」という、より意欲的な計画を立てた。一〇〇都市を横断するため、例年のように一度ではなく二期に分けてキャラバンキャンペーンを行なう。第一期キャラバンは二〇〇二～〇五年と同じ期間の七月二一日から八月六日に実施され、新たに設けられた第二期は八月二三日から九月一九日にかけて行なわれる。第一期キャラバンでは例年同様東西で各一グループが構成されるが、第二期では東の一グループ、西の二グループと、計三グループが結成される。目的は、団体メンバーの連帯やコミュニティ意識を高めることと、一般の人々に向けて特定の政策課題や日本会議の活動内容や目標を訴えることにある。キャラバンは、ちょうど江戸時代に巡礼者が「ええじゃないか」と叫びながら全国を歩いたのと同じように、一般の人々をナショナリズムに「改宗」させるという使命を帯びている。ナショナリズムの高揚を訴える際の手法は、あたかも右翼の活動戦略（騒音や脅し）から一部を抜き取ったように、似ていることがある。

例えば、二〇〇二年に福田康夫の選挙区（群馬県第四区）にキャラバンが立ち寄った際には、大音量のマイクとチラシで、福田提案は靖国問題のよい解決策ではないと住民に訴えた。公平を期すならば、こうした行為が日本会議の夏の青年キャラバンの本質を示すものではないことを断っておきたい。しかしながら日本会議が、街角で黒塗りのバンを乗り回すナショナリストと同じようなこうした幼稚な戦略を用いることがあることは遺憾なことである。キャラバンは通常、都道府県の団体支部に立ち寄り、地方遊説を駅前等で開催する。その年の主な政策問題に関する主張を携えたキャラバンの実際的な側面はむしろ、草の根レベルで市民主体の署名活動を展開することにあると言えよう。[*17]

＊17　二〇〇一年のキャラバン活動は、小泉首相が近々行なうであろう参拝を後押しした。各地で集めた署名は、日本会議と関係のある国会議員を通じて首相官邸に提出された。二〇〇二年のキャラバンでは、福田提案への反対について、一九九九年と二〇〇〇年には、国旗・国歌に関する法律と憲法改正に賛成する署名活動を行った。

日本会議の活動のプロセスには、すべて政治家が密接に関与している。こうした政治家の存在によって、社会運動組織の包括的な性質を日本会議のメンバーに再確認させ、また非会員に示すことができる。地方議員や県会議員、もしくは今後立候補を考えている人が、キャラバンのバスの上から演説を行なうこともある。夏のキャラバンプロジェクトは、このキャラバンのプロセスを通じ、政策立案における信頼性を得ること、また、社会的・政治的認知度を維持するといった日本会議の課題を明示している（Tsujinaka 2003）。他方、八・一五グループは、こうしたことに関心を払っていない。この点は全く対照的である。

■八・一五グループ——反靖国行動

「靖国神社を解体するぞ!」、「戦争神社を解体するぞ!」、「追悼が戦争を準備する!」、「日本政府の戦争協力反対!」こうしたスローガンを連呼し、八・一五グループが靖国神社に到来する。すると、さまざまないでたちで、かつ異なる任務を帯びた公安関係者がすぐさま同グループの所に駆けつける。淡い青色の上着をつけた警視庁の警官は、大声でのスローガン連呼を止めさせようと、同グループを地下鉄駅方向に誘導する。体の半分ほどの長さのある防御盾を持った対暴動装備の機動隊が半円の形を作って同グループを取り囲む。通常の制服警官が、数メートル離れたところで忙しくメモを取りながら、デジタルカメラでその様子を撮影する。しばらくすると、右派の青年数名が通りを横切って走ってくる。袖を肘までまくり上げ、神聖な場を侵害しようとするこの許されざる試みから体を張って靖国を守らんとする。数分の混乱の末、スローガンの大連呼は止んで、代わって「いち、に、いち、に」とリズムをとる笛の音が鳴り響く。ビラがあたりに飛び散り、口汚いののしり声も和らぎ、グループは地下鉄駅に急ぎ足で戻っていった。

一九九三年以降、靖国神社で実際に抗議を行なっている左派系団体は、八・一五グループだけである。メンバーは、一九九三年時は一六名であったが、二〇〇二年には五〇名に増えた。このグループは反戦平和主義者で構成され、右派活動家にとっては神聖な日である八月一五日という日に靖国に向かうといった、きわめて挑発的な戦術をとっている。この抗議行動がグループの最も重要なイベントであるが、グループの活動としてはこれに留まらない。七月から一〇月まで続く活動全体の流れ（計六～八回の集会で行なわれる①教育、②抗議行動の計画、③総括、という三段階の活動サイクル）の一部に過ぎないからである。

第一回目のミーティングでは、「教育」に力点が置かれる。過去の活動での経験を共有したり、靖国問題に関するグループのイデオロギー的な立場について議論する。八・一五グループは、正式な組織としてのタテの構造を重視しない。話し合いを通してリーダー的人物が特定されるという仕組みになっている。この「教育」ミーティングは、新参者が「リーダー的」な人物を見つけ出し、抗議行動への参加が逮捕や負傷には繋がらないという安心感を得るための場となっている。

第二・三回目のミーティングでは、抗議行動の具体的な計画に取りかかる。二時間半以上に及ぶ集会を二回開いて検討する。計画は広範囲に及ぶ慎重で複雑なものであり、筆者のような日本語を母語としない者にとっては一つの試練でもあった。個人や集団での抗議行動の経験や以前の靖国での抗議行動などのさまざまな経験にもかかわらず、中心メンバーは断定的な発言を避け、参加者がただ聞いているだけでなく、それぞれが納得するまで発言できるように、話し合いの方法を工夫している。そういった面で、日本会議がメンバーに行なっている意思決定のプロセスに比べ、より民主的なものと言える。しかしそれゆえ、話が紆余曲折することも多々あり、話の流れを理解するのに苦労することもあった。だが、予定の時間になると集会はすぐに終了する。残った議題は次の集会に持ち越される。計画は常に前年の活動の反省に基づいて行なわれる。同グループは、前年の活動の繰り返しを嫌がる。場所、運営、実施においてさまざまな制約があるにもかかわらず、過去の活動とはほんの少しでも違う何か新しいことを試みようとするのである。計画では、次のような点が検討される。①警察の配置、②右派（右翼のこと、遺族ではない）の動き、③天候[*18]、④交通手段と進退路の確認、⑤靖国周辺における有効かつ実施可能な抗議の場所の特定、⑥財政的・人的資源の欠乏、⑦できる限りメンバーの自発性と匿名性を守ること等である。これらは、抗議行動をするにあたって彼らが抱える難問ではあるが、解決不可能とは見なされてはいない。

＊18　二〇〇一年には、朝の九時と正午の二回、抗議行動を行なった。だが二〇〇二年は、気温の高さを考慮して、抗議行動を一回に限定した。二〇〇三年と二〇〇四年は雨だったが、傘は右翼に取られると武器に使われる可能性があるので、持ち込まないことにした。実際心配していた通り、靖国神社から市ヶ谷駅までの道を右翼に傘で叩かれながら戻ることになった。天候は抗議行動を左右するのである。

活動サイクルの最後の段階は、総括である。抗議行動のビデオを観ながら、参加者全員が納得できるまで話し合い、その年の八・一五グループの活動について話し合う。警察や右翼と衝突した時の話題になると笑い声も聞かれるが、総括での話し合いは全体を通して真剣な雰囲気で行なわれる。参加者は、「来年もまたやるのか？」という長年にわたる疑問を抱えながら席を立つ。もちろんやるだろう。それが靖国だ。

■靖国問題に見る日本の民主主義

それでは、靖国問題の再燃はいったいどんな意味を持っているのだろうか。本稿では、特に日本会議、八・一五グループに代表される、靖国を擁護もしくは抗議するという立場を取る精力的な市民団体の活動の意味、こうした活動を理解する文脈、そして日本の市民社会団体による政治的動員について何を学び取ることができるのかを考察したい。

今日まで、小泉政権期の靖国問題を理解するための方法論はさまざまなものがあるが、主に、ナショナリズムを通じて検討することが多い。特に、日本の「過去」やナショナリズムの歴史がいかに展開され、その結果、現在アジアにおいてどう解釈されているかについてである。

こうした歴史的な特質を持つ現在のナショナリズムは小泉首相の参拝で始まったものではなく、この一五年間、発達過程にあるナショナリズムの歴史的プロセスの一局面にすぎない、ということが言えよう。つまり、冷戦終結でイデオロギー論争の固い殻から日本が解き放たれた時にようやく起こったものなのである。日本国民はイデオロギー論争から解放された結果、日本という国にとって「民主主義国家」であるということがどのような意味をもつのか、あるいは、口先だけの民主主義でなく、実際どのように実践していくのか、再検討を迫られることになった。一九五二年にGHQの占領が終了して以降、日本にとって「民主主義国家であること」は、北東アジア近隣諸国と一線を画す意味合いを持っていた。このことは、日本国民のアイデンティティ形成に大きな影響を与えてきた。靖国問題をめぐる市民による政治の意味と、しっかりとした情報と考慮に基づいた論争が日本の民主主義の新たな展開をもたらす恩恵を更に検討するには、この「民主主義国家であること」の意味を検討する必要がある。

冒頭で述べたように、民主主義は、市民が自己の利益に基づいて声を上げ、活動を行ない、論議する自主性を保障するものである。靖国問題をめぐる国内での論争は、公の議論の場で再活性化し、豊富な情報を持つ目的意識の高い市民が主体となって直接政治活動を行なうという展開を辿ってきたことは議論の余地がないであろう。小泉首相の参拝は、市民に政治的機会を提供するだけでなく、その「意図せざる結果」として、民主主義が日本にとってどれほど重要なのかという、より大きな問いを市民に投げかけているとも言えるだろう。小泉首相は平和を祈願するために、また国のために命を亡くした人々を追悼するために靖国神社に参拝している、とほとんどの人はとらえたであろう。だが、人の行動は言葉通りに単純に解釈されることはけっしてなく、さまざまな解釈を呼び起こすのである。

単純な見方だ、という批判があるかもしれないが、今現在の段階で日本の民主主義、少なくとも民主主義の実践は機能しているように思える。靖国問題をめぐる論争では究極的な「勝ち組」「負け組」は存在せず、市民を政治参加に促し、日本の民主主義を展開させるために最適な状況を提供したことを示している。靖国問題の「解決」策が近いうちに見つかるだろうというような考えに落ち着くべきではないであろう。八・一五グループの主張に沿う形で靖国神社の解体が行なわれることはないであろう。また、日本会議は、その草の根活動により政治家はもちろんのこと、一般市民と靖国を結びつけ続けるであろう。これは、日本会議が「勝ち組」で八・一五グループが「負け組」というわけではなく、現段階においては、市民による政治関与が今後も続くことを示しているということである。

一九四〇年代のアメリカ政治を研究したH・ラズウェルは「民主主義は『討議』することなしには存立しえず、『討議』の運営の方法は健全な世論のあり方を見出すために役立つ必要がある」(Lasswell 1941, 379) と述べている。事実、国内における靖国問題は、憲法・歴史・外圧・宗教・感情と精神（魂）という幅広く論議される論点を網羅しているため、靖国問題について「討議」することは数多くあるように思える。それでも、もしかすると将来「靖国政策」というような解決策が見出せるかもしれない。しかし、はたして解決策が必要なのかについての国民的合意さえ、現時点では形成されていない。二〇〇一年の小泉首相の初めての靖国参拝直後よりは合意に近づきつつあるかもしれないが、日本の市民は靖国問題をめぐって明確な合意には達していない、というのが現状である。

ただし、解決策がすぐには見つからないからといって、悲観すべきではない。靖国神社の役割と意義についての討議は、今では他の論争と同様に、比較的市民に開かれた形で、多元的な政治文化の中で活発に行なわれているからである。市民による関わりや討議を呼びかける声はいっそう強まっている。こうした展開は、日本の民主主義と、民主的な伝統にとっては良い兆候であると思われる。戦前の日本とは異なり、現在の政府は、靖国神社に反対する声を黙らせたり無視することはできないし、逆に、靖国神社の擁護派を全面的に支援したり手厚く報いることもできない。こうした意味で、現在日本で起こっている民主主義の再構築は、将来、靖国神社の歴史およびその国家との関係に新たな局面を生み出すかもしれない。突き詰めて言えば、論議のプロセスがどのように扱われてきたか、どのように変化してきたのかによって、「より強く、より討議型の民主主義」が生まれる可能性があるかどうか、が決まるということである。

著名な政治学者であり、メリーランド大学の教授であるB・バーバー氏は、著書の「強い民主主義」(Barber 1984)において、自由民主主義国家と定義されている国は本質的には「薄っぺらな」民主主義でしかないと指摘する。なぜなら「自由民主主義が前提としている人間性、知識、政治は、本質的に自由主義的ではあるが、必ずしも民主主義的ではない」(Barber 1984, 4)からである。彼の議論によると、自由主義に立脚する民主主義は、市民権、市民参加、公共財、公共心に関する理論の発展とは無縁のものである。更に、自由民主主義とは、個人が公的領域に参加して私的利得を追求するシステムであり、政治が正当化されるのではなく、政治が個人の権利を正当化するシステムだとも言及している。

つまり、バーバーは民主主義とは「薄っぺら」な自由民主主義から「強い」民主主義への移行を目指すべきものであり、その移行の鍵となるのが、論争への対処の仕方である。バーバーにとって、論争とは「すべての自由民主主義的政治の基本的条件」であるが、彼は無政府主義、リアリスト、そしてミニマリストの特性を論争への政治的反応としてとらえ、これらを通じ自由民主主義を理解することができるという。こうした政治特性はそれぞれ別々の方法で論争にアプローチするが、国家体制は実際にはこれらの特性を組み合わせて社会の価値、方策、政治的傾向を形成している。簡単に言えば、無政府主義は争い自体を否定しようとし、リアリストは争いを抑制することを試みる。ミニマリストは、争いを黙認しようと努める。今後、靖国問題をめぐる争いが国内でどう対処されるのかにより、二一世紀の日本にどのように、どの程度「強い」民主主義が生まれるのかが決まるであろう。

靖国問題が、現在進行中、発展中の論争であり、解決を将来に待つ問題であることは懸念には及ばない。かつて丸山真男は、民主主義についての考察の中で未来に焦点を当てる必要性を示した。本稿で述べるスペースがないため詳しい分析は割愛するが、丸山は「戦争犯罪」を認めるというよりもむしろ「戦争責任」を認め、理解し、受け容れる手段として、民主主義を捉えていた。こうした意味で、民主主義においては「責任」はより未来志向であるため、民主主義を有効に機能させるだけでなく、国の将来に第二第三の選択肢をもたらすものである。小泉首相の靖国参拝は、参拝そのものについて、更には日本の民主主義について、市民団体の間に多様な解釈を生んできた。首相による靖国参拝が、市民団体の政治活動にどのように影響し続けるのか、という点が二一世紀の日本の民主主義を理解するにあたり、何よりも重要である。本稿は、そうした展開の一部を捉えたものである。もし機会があれば、靖国参拝という大胆な決断を下し、市民に冷戦後未解決のまま放置されていた問題に立ち向かう機会を与えた小泉首相に感謝の意を伝えたいものである。

引用・参考文献

本間正明・出口正之著『ボランティア革命――大震災での経験を市民活動へ』東京:東洋経済新報社、一九九六年。

Barber, Benjamin. *Strong Democracy: Participatory Politics for a New Age*, Berkeley: University of California Press, 1984.

George, Timothy. *Minamata: Pollution and the Struggle for Democracy in Postwar Japan*, Cambrige: Harvard University Press,2001.

Ike, Nobutaka. *The Beginnings of Political Democracy in Japan*. New York: Greenwood Press, 1969.

―――― *Japanese Politics: Patron-Client Democracy*. New York: Knopf, 1972.

Ishida, Takeshi and Ellis S. Krauss eds. *Democracy in Japan*. Pittsburgh: University of Pittsburgh Press, 1989.

Ishikawa, Yuki. "Calls for Deliberative Democracy in Japan," *Rhetoric & Public Affairs* 5:2:2002. pp.331-345.

Kersten, Rikki. *Democracy in postwar Japan: Maruyama Masao and the search for autonomy*. London; New York: Routledge,1996.

Lasswell, Harold.D. *Democracy through public opinion*. USA: George Banta Publishing Company, 1941.

Nelson, John. "Social Memory as Ritual Practice: Commemorating Spirits of the Military Dead at Yasukuni Shinto Shrine." *Journal of Asian Studies* 62（2）:2003. pp.443-468.

Powles, Cyril. "Yasukuni Jinja Hoan: Religion and Politics in Contemporary Japan." *Pacific Affairs* 49（3）: Autumn ,1976. pp.491-505.

Safier, Joshua. *Yasukuni shrine and the constraints on the discourses of nationalism in twentieth-century Japan*. USA: Dissertation. com,1997.

Seraphim, Franziska. *Negotiating the post-war : politics and memory in Japan, 1945-1995*. Ann Arbor, Michigan: UMI Dissetation

Services,2001.

Tsujinaka, Yutaka. "From Developmentalism to Maturity: Japan's Civil Society in Comparative Perspective," in Frank J. Schwartz and Susan J. Pharr, eds., *The State of Civil Society in Japan*, pp. 83-115. Cambridge: Cambridge University Press, 2003.

第11章　ヤスクニ問題とむきあう

中野晃一

■グローバル化と「安国《ヤスクニ》」

靖国神社は、実はグローバル化の落とし子である。

今日のグローバル化が経済を中心としたものであるのに対して、かつて大航海時代に始まり、一九世紀から二〇世紀前半の帝国主義時代にピークを迎えた武力と政治を中心としたグローバル化のいわば第一幕があった。靖国神社はまさにその中で作られた。

こうした背景は、靖国神社で無料頒布されている『やすくに大百科（私たちの靖国神社）』（発行所：靖国神社社務所）や靖国神社のホームページ上においても以下のように説明されている。

外国が日本の開国を迫ったので、それに対して天皇を中心に新しい日本の国づくりを行なうことになった。その過程で、国のために亡くなった人々を祀るべく、明治天皇によって東京招魂社（のちの靖国神社）が建てられた。戊辰の役に始まり、佐賀の乱、西南戦役、後には遡ってペリー率いる黒船の来航以降日本の内戦と対外戦争の双方において、天皇を中心とした国（内戦の場合は朝廷側）の平安を守るために、言い換えれば国を安んずる（安国／靖国）ために、戦い命を落とした人々を神として祀るのが靖国神社である、と。

軍事を原動力としたグローバル化の時代に、天皇を中心とした国を安んずるために亡くなった人々だから、靖国神社の神々は、軍人あるいは軍事行動に従事・協力していた際に亡くなった人に限られ、空襲などで亡くなった一般市民は祀られていない。その一方で、極東国際軍事裁判で戦争責任者として処刑されたA級戦犯らも、連合国側に一方的に処刑された「昭和殉難者」として合祀されている。

こうした軍事的性格や、また遊就館（靖国神社の宝物遺品館）の展示内容などから、靖国神社は英文メディアでしばしばwar shrine（戦争神社）と形容される。だが、この捉え方はけっして誤りではないものの、いささか舌足らずと言わなくてはならない。

一八七九年に東京招魂社が靖国神社へと改称された際、その趣旨について靖国神社誌では次のように述べていた。


靖国の字は春秋左氏伝に見えたりと雖も其意義は、祭神の偉勲に拠りて国家を平和に統治し給ふの義なること……略…。それ我が帝国は古来平和を以て国是とすれば皇祖列聖安国と平けく天の下を知食さむことを軫念し給ひ、下民も亦聖旨を奉戴して、平和の為めに一身を犠牲に供し、死しても猶ほ護国の神となりて、平和を格護せむことを期しつるなり。靖国の称実に宣なりけり。（『靖国』靖国顕彰会発行、一九六四年、三七頁）

すなわち靖国神社自体の論理によると、靖国神社とは、国の平和を願い自らの尊い命を捧げた神々を祀る、平和を祈念する神社（言うなればpeace shrine）なのである。戦争は大変悲しいもので、平和が永遠に続くことこそ、靖国神社とその神々の切なる願いである、というわけである。参拝を続ける小泉純一郎首相やそれを支持する人々の言い分もこういうことになる。靖国神社を戦争神社とみなす参拝反対派が、首相の靖国参拝を戦争を美化するものと批判しても、いや平和神社だ、と言い張る参拝支持派との議論が噛みあわないのはこのためである。

むろんここでいう平和は、天皇を中心とした日本国の平和に限られる。靖「国」神社であるゆえんである。本来は平和で、また平和を愛する日本を、西洋列強による武力のグローバル化が巻き込み、その結果、日本はやむを得ず平和を守るために、「大東亜戦争」を含む数々の戦争を戦うことを余儀なくされた、というのがいわゆる靖国史観である。あえてそこに潜むアナクロニズムを強調するならば、靖国神社の平和観は「尊皇攘夷の平和」と言えなくもない。平和は外敵から乱される危険性があるものであっても、日本が自らの、また周囲の平和を乱すことがありえるという発想や反省がそもそも決定的に欠けており、近代日本が軍事によるグローバル化推進の一翼を担ったことから目を背けていると言わざるをえない。

■政治家の「心の問題」

こうして見ると、靖国神社の問題の本質は、天皇を中心とした国が戦った（また可能性として今後戦う）すべての戦争を「平和のための戦争」、「自存自衛のための戦争」としてしまうところにあることが確認される。靖国神社は単なる戦争神社でも、ましてや平和神社でもない。武力によるグローバル化に巻き込まれて近代日本が誕生したという原点を梃子に、その心、願いは平和にあったとして、日本の戦ったすべての戦争とその帰結を正当化する、為政者にとってきわめて好都合なイデオロギーを司る準国家機関なのである。*1 近隣諸国への侵略のみならず、無謀な戦争の引き起こした戦禍で国は焦土と化し、敗戦そして占領という「安国」どころか「亡国」の事態を実際にはもたらしたにもかかわらず、そのような戦争を指導した者たちまでも、外国からの脅威に面し平和を願いつつ殉死したと強弁される。

靖国神社の神さまは、日本の独立と平和が永遠に続くように、そしてご先祖さまが残された日本のすばらしい伝統と歴史がいつまでも続くように、と願って、戦いに尊い生命をささげてくださいました。日本が今、平和で栄えているのは、靖国神社の神さまとなられた、こういう方々のおかげなのです。(『やすくに大百科（私たちの靖国神社）』)

心情論を介さずして、このような因果関係（「平和を願って、戦い亡くなった」→「今日の平和と繁栄がもたらされた」）は成立しない。戦争が直接にもたらしたものは、平和と独立と繁栄どころか戦禍と敗戦と占領であったからだ。このような論法を用い、準国家機関としての靖国神社は、戦死者の遺族たちの心情を隠れ蓑にして、戦争を導いた人々の免罪を図っているると言える。そういう意味で、

＊1　「準」国家とするのは、戦後、靖国神社が宗教法人となり、国家プロパーではなく、para-state な形態で運営されているからである。

戦死者の追悼か顕彰かという以前に、靖国神社は為政者の免責という、より根幹的な機能を担っていることを指摘する必要があるだろう。

すなわち、近代「国家宗教」の重要機関として、国家の為政者が靖国神社を設けたということはこういうことにほかならない。皇国日本のすべての戦争を平和のためのやむをえない戦争と見なし、天皇を中心とした国のために死ねる国民を育てること、またそうしてすべての戦争を平和のためと正当化することによって為政者を免責することである。

A級戦犯の分祀が靖国問題の打開策として提案されることがあるが、靖国神社の準国家機関としてのこのような本務に鑑みると、彼らはまさに「昭和殉難者」にほかならないのであって、極東国際軍事裁判の戦争犯罪についての判断を受け入れ、分祀に応じることは、靖国神社の根本的な変質なくしてありえないことがわかる。なお、極東国際軍事裁判とその個々の判決の正当性について議論することは無意味なことではないが、靖国神社は、極東国際軍事裁判におけるA級戦犯だけを認めないのではなく、戦争犯罪人、更には戦争責任の概念そのものを認めないことを確認しておく必要がある。言い換えれば、外国が一方的に日本の為政者の戦争責任を問うことの妥当性を認めていないだけではなく、日本人や帝国日本の臣民だった旧植民地の被支配者が日本の為政者の戦争責任を追及することも認めていないのである。

アジア太平洋戦争は、現実には国を安んずるどころか、近隣地域の蹂躙、甚大な戦災、更には占領統治という「国辱」をもたらした。しかし為政者の判断と行動がもたらした結果についての責任を無視し、心情論の一点突破を図る気楽さは、今日、小泉首相が自身の参拝を「心の問題」で片付ける気楽さに通じている。靖国の精神は、突き詰めれば心情がすべての行動と帰結を正当化するのであって、結果責任の概念とは無縁なのである。

首相の靖国神社参拝を擁護する人々が、国際政治における「リアリスト」を通常自認していることを考えるとこれは奇妙である。いわゆる「リアリスト」の立場からすると、為政者（すなわち暴力的手段を不可避的に含む政治行為に手を染める者）は、マックス・ウェーバーの言うところの「責任倫理」を負うのではなかったのか（『職業としての政治』）。政治の本質的な暴力性という「悪魔の力」をわきまえず、純粋な心情から発した行為なら結果が悪くてもそれは自分の責任ではないという「心情倫理」に甘え、自他の「魂の救済」を夢見るようでは、ウェーバーが危惧し、「リアリスト」が嫌悪する革命家気取りの政治的未熟児と選ぶところがないのではないか。

心情がすべての行動と帰結を正当化するという靖国神社に、心情がすべての行動と帰結を正当化するという総理大臣が参拝する。政治の本質的な暴力性についての自覚と緊張感のなさにはそら恐ろしいものがある。「家族の安全のためにお爺ちゃんの刀で腕を磨いているだけだから、大丈夫、大丈夫」と狭い家の中でオヤジがへらへら刀を振り回して悦に入っているようでもある。

■「近代化を被《こうむ》った」という型《パラダイム》

「無責任」な心情論の広汎な意味での起源は、近代日本を呪縛のように囚え続ける被害妄想に見つけられる。日本は「近代化を被った」、生き延びるために近代化を余儀なくされた、という根強い被害者意識である。古来日本は自然と調和し平和を愛する安らぎの国であったが、近代に入り、外から西洋列強が脅かすようになり、やむをえず自存自衛のために西洋化し、帝国主義的拡張の競争に参入せざるをえなかった。よって仕方がなかった。

ペリーの浦賀への来航を原体験とする日本の近代化は、受け身のものとして記憶され、今日なお「近代化を被った」という型は、なし崩し的な変容、責任回避、開き直り、そして恣意的な先祖返りのための免罪符としてしばしば用いられている。実際には、近代化は日本に外在的なものなどではなく、帝国主義化を含めた近代化に大きく成功した日本はまさしく近代化の積極的な担い手にほかならないのだが、とかく責任主体としての自覚が被害者意識によって霞む傾向が強いことは、近代化・グローバル化の主たる動力が軍事から経済に移った今日でも変わらない。

先に為政者の無責任を取り沙汰したが、「近代化を被る」という近代日本の精神構造の中で、「和魂洋才」とでも名づけることができる保守エリートのマジック・フォーミュラ（呪文／魔術的方式）が成立する。近代化・グローバル化に余儀なくされた「洋才」の受容を進める一方で、神話的な「和魂」を守る、という保守政治の二局面の相互補完的、相乗的な関係である。

「洋才」の具体的な中身は、軍国化から市場の自由化までその時々によって異なり、近代化のやむを得ない要請として正当化されうる限りにおいて何の制約もなく、更には、やむを得ないとされる以上、導入したことについての結果責任も生じない。外国並み、西洋並みという決め台詞は、今日も「普通の国」論や「グローバル・スタンダード」などに姿を変え、近代化を「被る」ものとして理解する視点から「仕方なく」受け入れられている。

無節操な「洋才」の（実は積極的な）受容の反作用ないし埋め合わせとして、「和魂」の護持が当の保守エリートから声高に唱えられることになるが、近代化に二元論的に対峙するものとして規定される以上、この「和魂」なるものは西洋・近代と背反的かつ残余的なカテゴリーとして（たぶんに恣意的に）見出されるに過ぎない。典型的には、西洋の「論理」に対する日本の「情緒」というような素朴な二項対立論の形をとるが、これは西洋コンプレックスの裏返しとも、オリエンタリズムの内面化ともつかない代物で、また反近代・反西洋の情念としては日本に独特なものでさえないと言えよう。近代化をその成立の契機とすることと、近代・西洋の対概念として定義されるという二重の意味で、こうした「和魂」は実は近代の産物にほかならないことが指摘できる。これは、靖国神社が日本「古来」のものではなく、神社としては比較的新しい近代の創建であることと無論同一のことである。

■「改革」派首相と靖国参拝の奇妙な関係

中曽根康弘、橋本龍太郎、そして小泉純一郎というように、行政改革や規制緩和などにおいて経済的自由主義政策を推し進めた自民党首相が、同時に在任中の靖国参拝で物議を醸したのは実は偶然ではない。イギリスのサッチャー首相やアメリカのレーガン大統領に代表的に見られたように、「自由な市場と強い国家」（Andrew Gamble）すなわち経済的自由主義政策と国家主義的対外政策の親和性は、欧米では新右派（New Right）という新たな保守連合を生み出したと分析されている。中曽根、橋本、そして小泉へと連なった日本の新しい保守政治は、日本版新右派と理解することができる。

ただし「近代化を被る」パラダイムに根差し続ける日本の保守政治では、新右派といっても「和魂洋才」のバリエーションの域を出ない。なぜなら日本版新右派の場合、英米のニューライトのように理念や経済理論に基づいて新たな政策を生み出すオリジナリティは見られず、基本的に「グローバル・スタンダード」とされた政策を輸入するに終始したことが特徴的であるからである。経済を中心としたグローバル化時代の新たな「洋才」として認識された経済的自由主義政策は、近代化のやむをえない要請として、保守与党とその政権基盤たる既得権益に仕方なく受け入れられ、その見返りないし埋め合わせとして「和魂」をくすぐる政策が登場したのである。かつてマッチポンプという言葉があったが、[*2]「西洋的な」市場原理の無分別な導入で国家や共同体の弱体化を進める当の政権与党が、同時に「日本固有の」愛国心や道徳の退廃を嘆くという自己完結的な保守政治の今日的展開がそこに成立するわけである。このようにして、郵政民営化に固執した小泉首相は、靖国神社への参拝の継続によって自身の政権基盤を繋ぎとめることになったのである。

経済的自由主義と復古的ナショナリズムからなる新たな右派連合（図1参照）の中で、実は小泉首相は直感的な経済的自由主義者としての面の方が強い。靖国参拝以外では、構造改革、規制緩和、郵政民営化など（そしてこれら「洋才」の負の遺産として、ライブドアおよび村上ファンドの証券取引法違反容疑事件）で記憶される小泉政権の幕引きに際して、今度は当の政権の中枢にあった後継候補たちによって、国を愛することを教育目標とすべきだとか、格差社会はけしからぬだとか、「和魂」的言説や政策が喧しいが、小泉や竹中平蔵を除くと、所詮は最新の「洋才」に過ぎない経済的自由主義政策に入れ込む自民党政治家が僅かであることを物語っているとも言える。

「お客さま」を神様とする経済的自由主義は、むしろメディア（日経系から朝日系まで）やいわゆ

＊2　自分たちで放火して騒いでおいてから消火にあたる、自作自演の芝居のような意味である。

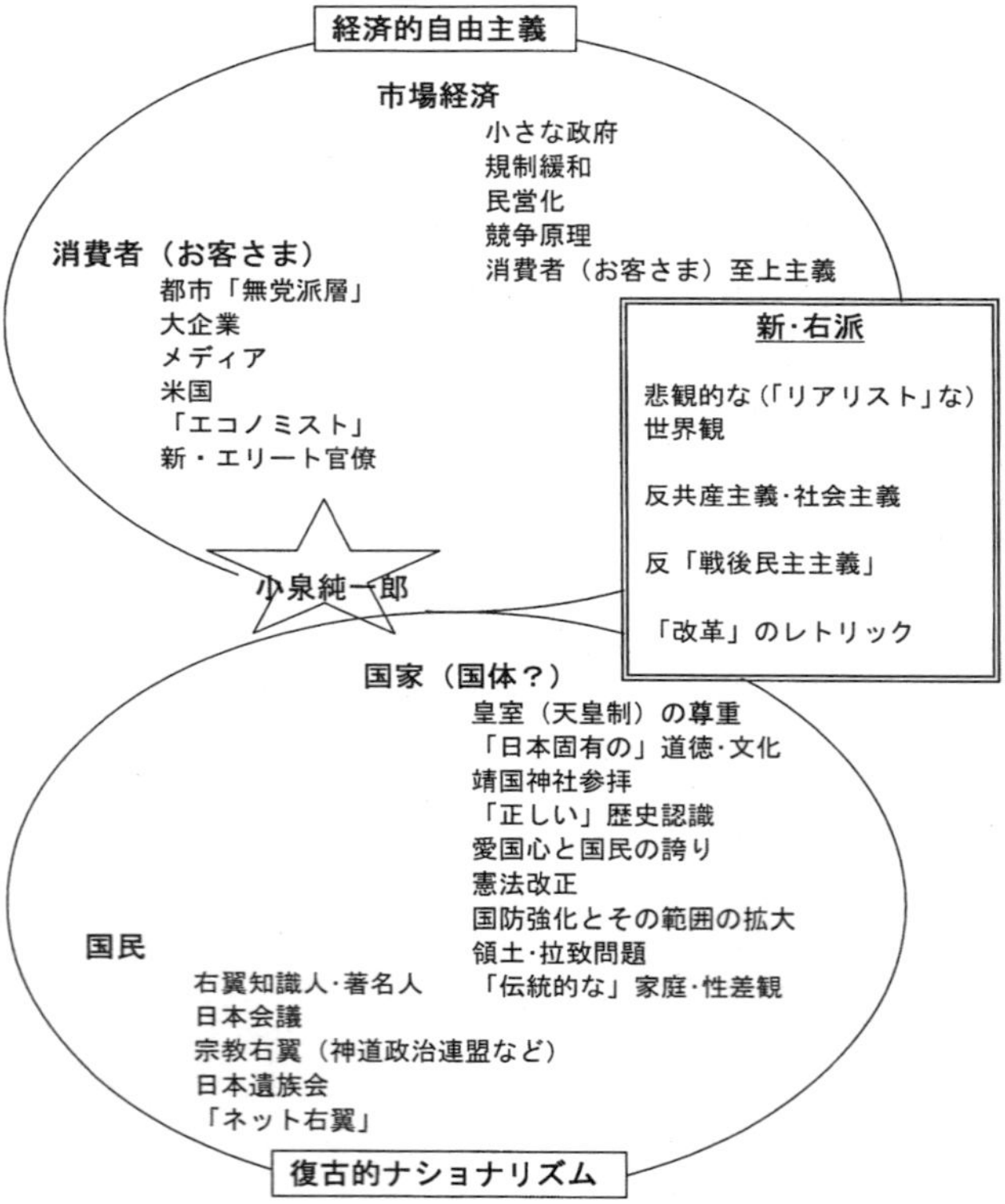
経済的自由主義
市場経済
小さな政府
規制緩和
民営化
競争原理
消費者（お客さま）至上主義
消費者（お客さま）
都市「無党派層」
大企業
メディア
米国
「エコノミスト」
新・エリート官僚
新･右派
悲観的な（「リアリスト」な）世界観
反共産主義･社会主義
反「戦後民主主義」
「改革」のレトリック
小泉純一郎
国家（国体？）
皇室（天皇制）の尊重
「日本固有の」道徳･文化
靖国神社参拝
「正しい」歴史認識
愛国心と国民の誇り
憲法改正
国防強化とその範囲の拡大
領土･拉致問題
「伝統的な」家庭･性差観
国民
右翼知識人･著名人
日本会議
宗教右翼（神道政治連盟など）
日本遺族会
「ネット右翼」
復古的ナショナリズム

図1　日本版ニューライト・小泉「改革」連合

るエコノミストや知識人に、一部の企業家的な新種のエリート官僚[*3]が加担する形で推進されてきた。発想としては至極単純なもので、有権者や納税者を消費者、サービスの購買者ないしお客さまに見立て、政治、行政、教育などありとあらゆる公共分野を消費者の論理で改革しようというものである。こうした言説が支配的になる中、お客さま化した市民が「マキコVS．ムネオ」から「女刺客VS．抵抗勢力」に至るまで「小泉劇場」を消費財として楽しんだことは間違いないだろう。だがそうした風潮は、同時に日本人の堕落や退廃を危惧する反動を喚起することにも貢献した。

神道政治連盟のパーティーでの「神の国」発言が問題視された森喜朗首相[*4]（当時）率いる森派を始め、小泉の新右派連合のもう一翼を担ってきたのは、復古的ナショナリストたちである。[*5]復古的というのは、失われた美しき過去（和魂）を美化し希求することに加えて、戦略性に欠ける仲間うちの自己陶酔的な言説が目立つからである（もっとも「和魂」の追求は当然「心の問題」である以上、戦略的でありえるはずもない）。修辞の上では未来志向を装うことがあっても、実際に主張している事柄

＊3　官庁、金融業界、シンクタンクなどを跨ぎ、投資･投機を自ら行ないつつ、市場を動かす分析情報を形成し、また規制ルールの改革に携わったり、その論評を行なったりする専門家たちがカタカナの和製英語でこう呼ばれているようである。

＊4　村上世彰のように、何年か官界でハクとコネを作った後、財界や政界にキャリア転身をする者も少なくない。

＊5　いわゆる「神の国」発言とは、二〇〇〇年五月一五日、森が日本の国は「天皇を中心としている神の国」と神道政治連盟国会議員懇談会結成三〇年を祝って述べたもの。

がことごとく懐古志向、保守反動的であり、戦前の右翼と比較して、革新性の欠落と体制エリートへの追従が目立つのも今日の復古ナショナリズムの特徴である。勇ましい言葉にもかかわらず、現実にはアメリカ依存が際立っていることも、右翼思想の変質として興味深い。例えば、アメリカに押しつけられた憲法を改正し、自主憲法を制定するべきだとしつつ、実際には第九条の改定によって、よりよく今日のアメリカの安全保障戦略ニーズに応えようとしているのは、「ナショナリズム」のありようとしては皮肉というほかないだろう。

こうしてみると、アメリカの知日派の識者や政策関係者の中に、こうした復古的ナショナリズムを健全なナショナリズムと評価、歓迎する楽観論が散見されるのは不思議ではない。そもそも新右派連合のうち、経済的自由主義改革はアメリカの要請に応え、その国益に直結することで高い評価を受けているが、復古的ナショナリズムも「昭和レトロ」的な他愛もない懐古趣味の感傷と言説(和魂)をベースに、アメリカの世界戦略に適合する軍事政策「改革」(洋才)を可能にする空気を生み出すならば、これほど好都合なことはないからである。ブッシュ政権と小泉政権の蜜月の基盤はここに見出される。

しかし、復古的ナショナリズムの中核が戦略性のない自己陶酔にあるとしても、それが政治行動として具現化される以上、その現実の帰結は他愛ないでは済まされない。首相の靖国神社参拝がナイーブな「心の問題」で片付くうちはともかく、実際に日中関係がこじれすぎたり、アジア太平洋戦争を「自衛戦争」、A級戦犯を「昭和殉難者」とする靖国史観がアメリカ国内に広く知られたりするようになると、アメリカの国益に反し、許容の限度を超えるからである。総裁任期終了を間近に、小泉の甘えとも頑迷ともつかない態度に「アメリカの友人たち」から困惑と忠告の声が漏れ始めたのはこのためである。*6

実際、復古的ナショナリズムは、単なるレトロブームに留まらない保守反動政治運動によって担われている。例えば、首相の靖国参拝を支持し、代替の国立追悼施設建設に強く反対している政治組織に日本会議というものがある。これは、神社本庁や教派神道、仏教・キリスト教系の新興宗教などさまざまな宗教団体を母体とした「日本を守る会」をその前身の一つとし、その地方組織の中には神社庁や護国神社などに事務局をおくケースもある。また、これらいわゆる宗教右翼の政治動員力が期待できることもあり、日本会議国会議員懇談会（現会長：平沼赳夫）のメンバーは自民党系を中心とした超党派で二〇〇名を超えるとも言われ、有力メンバーに森喜朗、麻生太郎、中川昭一、安倍晋三を数えるなど小泉政権と直結している。靖国以外の日本会議の主な主張としては、自主憲法の制定、皇位継承の男系維持、教育基本法の改正（「愛国心の育成」や「宗教的情操の涵養」の明記）、夫婦別姓反対、国防の強化、「自虐」史観の見直しなどがある。

同様な政策主張は、神社本庁直轄の政治団体である神道政治連盟によっても掲げられているが、

*6　例えば、ポール・ジアラ元米国防総省日本部長（二〇〇六年六月二四日付け「朝日新聞」寄稿）、リチャード・サミュエルズMIT教授・国際研究所長（二〇〇六年六月二九日付け「インターナショナル・ヘラルド・トリビューン」寄稿（「ボストン・グローブ」より転載））。

神道がしばしば「森」の宗教（鎮守の森）であるとか、自然を崇める宗教であるとか言われる割には、公共事業などによる環境破壊への反対がその政治活動から完全に欠落していることは特記していいだろう。この点は日本会議も同じで、くにを愛する、日本を守ると言いながら、戦後自民党政権が推し進めてきたなし崩し的な国土破壊に全く関心を払わないことは、日本の保守政治、宗教右翼がいかにご都合主義的に「和魂」を規定してきたかを如実に表していると言える。

こうした復古的ナショナリズムと経済的自由主義との矛盾は、小泉が郵政民営化に固執した際に最も先鋭的に表出したものの、いくつかの重要な共通点が新右派連合を可能にしていることも指摘することができる。

一つには、「万人の万人に対する闘争」的な悲観的な世界観である。経済的自由主義が自己利益を追求する個人を前提とするのと相似する形で、復古的ナショナリズムは「リアリスト」で「一九世紀的」な国家間競争を想定するのである。ホモ・エコノミクス（経済的人間）にしても、排他的な主権国家にしても、本来は学術理論上こしらえられた擬制に他ならないのだが、エコノミストや「リアリスト」な政策形成者によって「自己成就的預言」（self-fulfilling prophecy）[*7]として用いられる。

＊7　「人は所詮自分のことしか考えていないのさ」とうそぶいて、またその通り行動する人が、まさにそうすることによって他の人たちの利己性を引き出して社会全体を寒々としたものにしかねない、というようなことである。

二つには、反共意識である。今さら、共産主義の脅威もなさそうなものだが、中国や北朝鮮への警戒と嫌悪に加え、特に復古的ナショナリズムでは宗教心や精神論を強調する立場から唯物論に対する反発が根強い。

三つめは、「戦後民主主義」というきわめて包括的で融通無碍な亡霊に諸悪の根源を見出すことである。田中派・経世会系が影響力を誇った古い自民党の利益誘導政治や官庁主導の護送船団方式から日教組やフェミニストの「偏向」や「行き過ぎ」までも含む一切合財が「戦後民主主義」の道徳的堕落に原因があると主張される。

四つめは、そうした認識に基づく「改革」のレトリックであり、経済的民主主義も復古的ナショナリズムも、揃って「戦後民主主義」の聖域、タブーを破る革新的かつ倫理的な政治運動として自己認識されている。

こうした新右派連合の新奇性を際立たせ、擬似政権交代を演出するための仮想敵としてあぶりだされたのは、自民党内で「戦後民主主義」に加担したとされる旧右派連合である（図2参照）。

多少単純化した説明を試みると、吉田茂の旧自由党の流れを組む派閥の系譜のうち、田中派・経世会系が恩顧主義（clientelism）的な利益分配政治をリードし、官僚出身者が多く公家集団とも揶揄された池田派・宏池会系とともに自民党長期政権の保守本流を形成したと言えるだろう。それに対して、旧日本民主党に発し、岸信介から福田赳夫を経て今日の森派などに連なる系譜は、タカ派

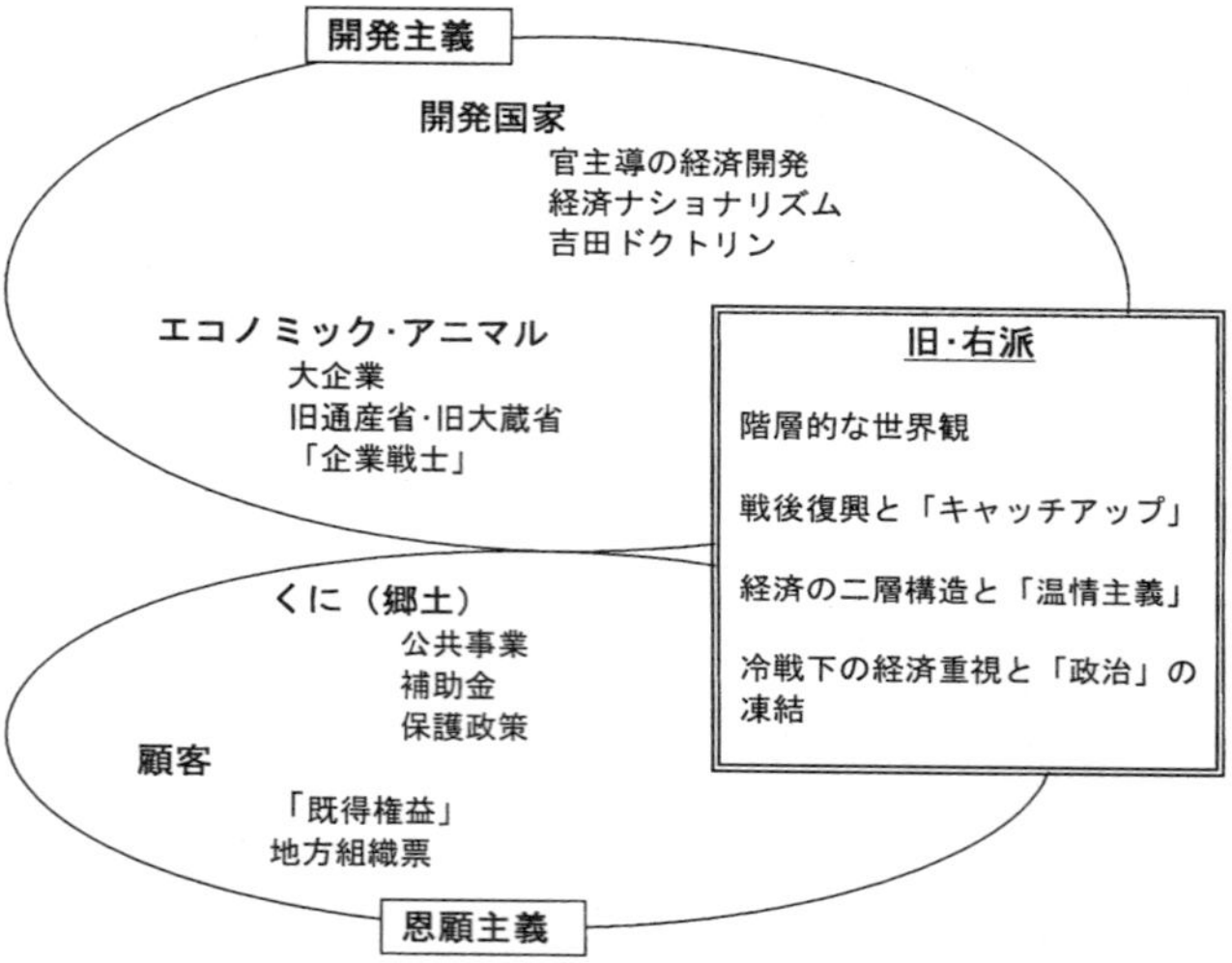

図2　日本版オールドライト・自民党内の「抵抗勢力」

的な傾向が強く、また旧右派連合の支配的な中で傍流的な位置づけに甘んじてきた。

むろん現実には派閥系譜と政策志向の関係はきれいに対応するものではなく、小泉自民党においても恩顧主義的もしくは開発主義的な要素も本当に全て排除されたわけではない。参議院における青木幹雄や片山虎之助らの存在や公明党との連立を考えてもそれは明らかであるし、森派の系譜が伝統的に食い込みを見せている運輸関連の整備新幹線などは比較的優遇され続けたと言える。しかし、郵政民営化への執拗なこだわりに端的に見られたように、小泉個人の経済的自由主義志向は、自民党はおろか出身派閥の森派の中でも突出していると言え、また「自民党をぶっ壊す」と叫び、世論の尋常ならざる期待を背負って政権についたこととあいまって、田中派・経世会系の恩顧主義と正面から対峙する構図の中で小泉は自身の政権基盤として新右派連合の形成を図ることとなった。

つまり保守政党内での権力闘争の力学と合わせて考えると、小泉が靖国参拝にこだわり続けたのは、中曽根や橋本と比べてもナショナリストの度合いが高かったからというのではなく、むしろ経済自由主義的選好が強く、また田中派・経世会系が牛耳る恩顧主義的利益分配の政治と強烈に敵対するスタンスを取り続けたこととより深い関係があるのである。というのは、田中派・経世会系に政権基盤の重要な部分を依拠し、対症療法的に経済的自由主義政策を処方したに留まった中曽根や橋本と異なり、旧右派連合の牙城たる郵政事業の民営化や道路を中心とした公共事業の削減に執心した小泉は、より純化された新右派連合に不可欠な支柱として復古的ナショナリストたちの取り込みを必要とし、そのために靖国神社への参拝を続けたと指摘できるのだ。

実際、小泉個人の復古的ナショナリズム政策一般への思い入れのなさは、拉致問題や憲法改正、教育基本法改正、防衛「省」設置法案などとの中途半端な関わり方ばかりか、皇室典範の改正論議で女系天皇の可能性を浮上させ、更には郵政民営化をめぐり、平沼赳夫、綿貫民輔、亀井静香など森ら復古的ナショナリストたちにとっては身内に他ならない政治家を自民党から追い出したことからも明らかである。更には、首相就任前の小泉が特に靖国参拝にこだわっていた形跡が国会での発言などからは全く見えないにもかかわらず（朝日・東大共同研究、二〇〇六年四月一九日付け「朝日新聞」参照）、突然総裁選のさなかに自ら毎年八月一五日に参拝することを公約したことも想起されていい。

本論の分析が的を射ているのならば、小泉首相の下での靖国参拝問題の膠着化は、小さな政府論という「洋才」が好きな「変人宰相」が、党内の権力闘争の中で純化された新右派連合の形成と維持を目指し、出身派閥の森派などの復古的ナショナリストたちへの埋め合わせの「和魂」イッシューとして取り上げ続けることによって生じた事態であった、ということになる。更には、よりはっきりと復古的ナショナリズムに傾く安倍晋三が後継首班になったとしても、新右派連合の中での経済的自由主義志向が鈍化し、旧右派連合の恩顧主義や開発主義的経済ナショナリズムの一部が取り込まれることによって、より広範な政権基盤が安定的に確保されたならば、保守エリートにとっても厄介な国際問題になってしまった靖国神社への首相参拝自体は回避され、他の「和魂」イッシューで代替される可能性があると言える。「心の問題」と言っても、保守エリートの「和魂」は、所詮は残余カテゴリーに過ぎないから、結局は「責任倫理」ばかりでなく「心情倫理」もなかったということでも驚くにあたらない。

むろん、そうは言っても新首相とその政権連合が保守政治内の復古的ナショナリズムに大きく依拠する限り、靖国参拝などの争点が霧散することは考えられないし、またそれどころか、アメリカからの経済改革への外圧や中国の更なる台頭など、保守エリートの間に根強い近代化・グローバル化による被害者意識をかきたてる傾向が続けば、復古的ナショナリズムの反動をいっそう惹起せずにはいられないだろう。

■民主国家を愛するということ

問題は、われわれ市民が「近代を被る」というパラダイムに依存し、歴史の傍観者、被害者を装いつづけるかである。未来志向という言葉が意味を持つのだとしたら、それはグローバル化時代をどう切り開いていくかが自分たちにかかっていること、言い換えれば、歴史の主体者としてのわれわれ自身の責任を再認識することから始まるのではないだろうか。

自らの属する政治体（国家）への愛着と帰属意識なくして民主政治は成立しないという意味で、ある種の愛国心が民主主義にとって不可欠であるのはまぎれもない事実である。しかし、保守エリートによる愛国心をめぐる議論には看過しがたい矛盾が潜んでいるのが常であり、しかもそれは保守主義にとってもっとも根本的な概念の一つであるはずの国家に関わるのである。暴力装置としての国家の冷徹さを指摘し、リベラルな立場（政治的自由主義と言い換えてもいい）をしばしば「平和ボケ」と断じる一方で、擬制に過ぎない国家に有機的な共同体ないし家族としての自然な調和を見出すセンチメンタリズムを露呈し、今度はリベラルな言説が暖かみや人間性に欠けるかのように難じるのはどうしたことか。保守主義の求める愛国心が「暴力オヤジを愛せ」に尽きるのならば、それは戦前の国体論の戯画にしかならないだろう。

では市民として民主国家を愛するとはどういうことか。政治的自由主義とは、何も普遍的な理念を机上の空論として弄んだり振りかざしたりするものではない。自他の人格の尊重という理想に基づき、その実現に少しでも近づけるよう、自身の属する政治体における具体的な政治的自由と民主の諸制度を愛し、発展させようとするものなのである。つまり、民主的愛国心というものがあるのだとすると、それは、憲法や教育基本法などに盛り込まれている政治的自由、個人の尊厳、反戦平和、民主政治、社会正義・平等などの理念とそれらを実現する制度を大切に守り、築き、実践し、展開していこうとすることにほかならない。

これら戦後民主主義の理念、制度とその実践が、復古的ナショナリストたちの掲げる天皇制、国民精神、家父長制、日本的徳性など、近代化の反動としてこしらえられた擬制への愛着や忠誠に比して、真正でないとか、非日本的であるというのは、恣意的かつ偏狭な本質主義に立ち、勝手に日本の「本質」（和魂）を自らが決めることができるとする思い上がった考えでしかない。こう言うのは、日本の文化伝統の歴史的展開やその特徴を究明しようとすることの意義を否定するものでは断じてない。また、例えば洋服を拒否して和装に徹したり、旧仮名遣いにこだわってみたりということにしても、日本の伝統文化を追究することが知的、精神的活動として人間生活を豊かにしえることはけっして否定しないが、自分が決めつけた日本の本質に道徳的な優越性をあてがい、それをもって他者を「非日本的」と倫理的、政治的に攻撃する国粋主義は、単に独りよがりなばかりでなく、その慎みのなさ、偏狭さゆえに（皮肉なことに）おそらくきわめて「非日本的」な行ないである。[*8] 同様に、「日本には日本固有の戦死者の追悼の仕方があり、それは靖国神社以外にはありえな

＊8　この点、教育勅語の精神に返って教育基本法を改正するべきだという昨今の論調を批判して、梅原猛氏が「教育勅語は決して日本の伝統に根ざすものではない。教育勅語を復活させるのは、伝統文化を愛さずもっぱら私

い」というのは、歴史認識として誤っているばかりでなく、過去、現在、未来にわたる日本の本質を決めつけ特権的な託宣のように振りかざす僭越と愚のそしりを免れない。

政治が究極的には暴力に根差しており、国家がとどのつまりは暴力装置であるということを正面から受け止めた上で、市民自らの手でその暴力をいかに用い、また抑制するかという問題とむきあうことこそ民主政治にほかならない。そういう意味で民主主義とは、市民の一人ひとりに自らの政治行為の帰結について「責任倫理」を負わせるものである。言い換えれば、民主政治において愛国とは、国を愛することのうちに愛せる国にするということを含んでおり、それは自らの属する政治体の来し方と行く末について主体的に責任を認識することなくしては始まらない。

その過程で、われわれは靖国神社という国家機関が戦前・戦時中に憲法で保障されていた信教の自由を無意味なものにしたこと、「死は鴻毛より軽し」と人々を戦死に駆りたてるイデオロギー装置として用いられたこと、そしてそのように動員された人々の中に植民地の被支配者がいたこと、彼らが帝国日本の終焉とともに「生者は受け入れられず、死者は解き放たれず」という状況に投げだされたこと、また日本軍による侵略行為や虐待によって中国などのアジア近隣地域の人々、連合国捕虜の多くが亡くなったこと、これら戦争被害者とその遺族にとって「戦後はまだ終わっていない」こと、そのアジア太平洋戦争を靖国神社は今でも「自衛戦争」と見なしていること、戦後日本

利を追求する知なき徳なき政治家のいうことを、天皇の命令だといって従わせることになるのではないか。」と述べていることは興味深い（二〇〇五年五月一七日付け「朝日新聞」）。

において靖国とヒロシマが平和祈念の「聖地」として奇妙な共存をしてきたこと、更には、かつて国家のために死に、また殺した人たちに対して、今日我々がどのような態度をとるべきかについて未だ議論が深まっていないことなどとむきあわねばならない。

そうして初めて我々は靖国問題とむきあうことになる。誤解を恐れずに言うならば、中国、韓国、またアメリカなどのよその国家が何を言うか言わないかは最終的には関係ない。また小泉であれ、誰であれ、首相が参拝するかどうかでさえ、派生的な問題にすぎない。民主国家・日本に生きるわれわれが、いかに国を愛し、また愛せる国にしていくかということ、市民の手でいかに暴力装置である国家を治め安んずる民主政治を築いていくことができるかということとむきあうことこそ、今日のわれわれのヤスクニ問題なのだ。

あとがき

中野晃一

本書は、上智大学COEプログラム「地域立脚型グローバル・スタディーズの構築」（Towards Area-Based Global Studies、略称AGLOS）が「アジアにおける日本を考える」特別シンポジウム第二弾として、二〇〇五年一二月一四日に上智大学四谷キャンパスにおいて主催した「グローバル・アイ・オン・YASUKUNI」シンポジウムを出発点としている。

このシンポジウムにおいて、李仁夏、リンダ・グローブ、フィル・ディーンズ、ブライアン・マサハート、蠟山道雄各氏がパネル報告を行ない、安野正士、姜尚中、村井吉敬各氏が討論者、中野がコーディネーターを務めた。シンポジウムに来られていためこん社の桑原晨さんより出版のお話があったことを受け、パネル報告者と討論者のそれぞれが発言内容をベースに大幅な加筆修正をし、本書に一章ずつ書く形となった。桑原さんが紹介してくださった金杭、楊志輝両氏、そして中野についてはは新たに論文を書き下ろした。金氏は東京大学 21世紀COE「共生のための国際哲学交流センター（ＵＴＣＰ）」研究員、楊氏は早稲田大学21世紀ＣＯＥ「現代アジア学の創生（ＣＯＥ―ＣＡＳ）」研究員（二〇〇四年度）という気鋭の研究者である。本書で協働できたのは望外の幸せであった。

上智大学ＣＯＥプログラム「地域立脚型グローバル・スタディーズの構築」（ＡＧＬＯＳ）は、二〇〇二年度に学際、複合、新領域分野より採択され、石澤良昭（現・上智大学学長）を拠点リーダーに、特に日本・アジアに根差し、アジア・中東・ラテンアメリカなどにおける地域固有性を重視する立場から、政治・社会・経済・文化面での様々なグローバルな動きと地域社会・歴史との間の相関関係の解明を目指す研究・教育プログラムを推し進めてきた。プログラム最終年度である二〇〇六年度現在、新拠点リーダー・村井吉敬のもと、上智大学大学院グローバル・スタディーズ研究科地域研究、国際関係論、グローバル社会各専攻を中心に、法学研究科法律学専攻の助けも得て、総勢二四名の事業推進担当者で研究成果の取りまとめなどに勤しんでいる。

「グローバル・アイ・オン・ＹＡＳＵＫＵＮＩ」シンポジウムを企画した際より本書の編集作業に至るまで、寺田勇文、赤堀雅幸、マーク・マリンズ、三浦まり各氏を始めＡＧＬＯＳ事業推進担当者の各位には大変お世話になった。またＡＧＬＯＳ事務局の皆さん、そしてＣＯＥ助手、ＣＯＥ特別研究員、大学院生の皆さん（とりわけ北川将之、福武慎太郎、辰巳頼子、ニム・ソティーブン、早川美也子各氏）にはシンポジウムを切り盛りしていただき、更には北川、福武、早川各氏については、本書についても英文原稿の翻訳に携わっていただいた。ディーンズ氏は、二〇〇五年八月から二〇〇六年七月の間、独立行政法人日本学術振興会・外国人特別研究員（欧米・短期）事業の助成を受け、上智大学比較文化研究所（岡田仁孝所長）に客員研究員として所属した。上智大学では、ほかに国際教養学部長・リチャード・ガードナー氏にも貴重な示唆をいただいた。ここに記して謝意を表したい。

編者の不手際にもかかわらず、辛抱強く加筆修正の要請などに応じてくださった著者の皆さんにも改めてお礼とお詫びを申し上げたい。また、めこんの桑原さんと面川さんには最後まで大変お世話になった。編著者を代表して心よりお礼申し上げる次第である。

なお、いろいろな方の支えによって刊行することができた本書であるが、編集に関わることは編者、各章についてはそれぞれの執筆者が責めを負うことを申し添えて、あとがきとさせていただく。

楊志輝（ヤン・ズフィ）
1966年生まれ。早稲田大学大学院政治学研究科客員講師。早稲田大学大学院政治学研究科で政治学博士号取得。
専門：国際政治・日本外交。

Linda Grove（リンダ・グローブ）
1945年生まれ。上智大学学術交流担当副学長・上智大学国際教養学部教授。上智大学21世紀COEプログラム事業推進担当者。カリフォルニア大学バークレー校でPh.D.（歴史学）取得。
専門：近現代中国社会経済史。

Brian Masshardt（ブライアン・マサハート）
1968年生まれ。武蔵大学国際センター・外国語教育センター東アジア研究プログラムコーディネーター講師。ハワイ大学マノア校大学院博士候補生。
専門：現代日本政治。

中野晃一（なかの・こういち）
1970年生まれ。上智大学国際教養学部助教授。上智大学21世紀COEプログラム事業推進担当者。プリンストン大学でPh.D.（政治学）取得。
専門：日本・西ヨーロッパの比較政治。

【翻訳者】

早川美也子（はやかわ・みやこ）
1976年生まれ。日本学術振興会特別研究員（COE）。上智大学大学院法学研究科法律学専攻博士後期課程在学中。
専門：比較政治学。

福武慎太郎（ふくたけ・しんたろう）
1972年生まれ。上智大学大学院グローバル・スタディーズ研究科COE研究助手。上智大学大学院外国語学研究科地域研究専攻博士後期課程満期退学。
専門：文化人類学、NGO論。

北川将之（きたがわ・まさゆき）
1973年生まれ。日本学術振興会特別研究員（PD）。上智大学大学院外国学研究科国際関係論専攻博士後期課程満期退学。
専門：政治学・南アジア政治社会論。

【執筆者】

Phil Deans（フィル・ディーンズ）
1967年生まれ。ロンドン大学アジア･アフリカ学院現代中国研究所所長。英国ニューカッスル大学でPh.D.（政治･国際関係論）取得。
専門：政治学･国際関係論（日本･中国･台湾）。

姜尚中（カン・サンジュン）
1950年生まれ。東京大学大学院情報学環教授。早稲田大学大学院政治学研究科で政治学博士号を取得。
専門：政治学・政治思想史。

蠟山道雄（ろうやま・みちお）
1928年生まれ。上智大学名誉教授。米国フレッチャー国際法外交学院でM.A.（国際法･外交）取得。
専門：国際政治学･安全保障論。

村井吉敬（むらい・よしのり）
1943年生まれ。上智大学アジア文化研究所所長。上智大学21世紀COEプログラム拠点リーダー。早稲田大学大学院修士課程修了、インドネシア国立パジャジャラン大学留学。
専門：社会経済学･東南アジア社会経済論。

安野正士（あんの・ただし）
1967年生まれ。上智大学国際教養学部助教授。上智大学21世紀COEプログラム事業推進担当者。カリフォルニア大学バークレー校でPh.D.（政治学）取得。
専門：国際政治･比較政治（ロシア･日本･北東アジア）。

李仁夏（イ・インハ）
1925年生まれ。社会福祉法人青丘社理事長･在日大韓基督教会川崎教会名誉牧師。元日本キリスト教協議会議長。1998年度朝日社会福祉賞受賞。川崎市を拠点に宣教、福祉と人権の運動に関わる。

金杭（キム・ハン）
1973年生まれ。東京大学 21世紀COE「共生のための国際哲学交流センター（UTCP）」研究員。東京大学大学院総合文化研究科博士課程在学中。
専門：政治思想・歴史認識論。

上智大学21世紀COEプログラムについては下記のウェブサイトをご参照ください。

www.aglos-sophia.jp

ヤスクニとむきあう

初版第1刷発行 2006年8月15日

定価　2500円＋税

編　中野晃一＋上智大学21世紀COEプログラム

装丁　菊地信義

発行者　桑原晨

発行　株式会社めこん

〒113-0033 東京都文京区本郷 3-7-1

電話 03-3815-1688　FAX 03-3815-1810

ホームページ http://www.mekong-publishing.com

印刷　モリモト印刷株式会社

製本　三水舎

ISBN4-8396-0200-X C0030 Y2500E

0030-0606200-8347

アジアでどんな戦争があったのか
——戦跡をたどる旅
別府三奈子　写真・杜多洋一
定価2500円＋税

「大きくなりたくないな。僕も…兵隊に行って死ぬのかな」息子のひとことが出発点だった。戦争とはどんなものなのか、まず戦争の記憶の残る場を訪ねてみよう。アジア一〇ヵ国の戦跡、戦争博物館二〇〇ヵ所を歩いて過去を見つめ未来を考えた記録です。写真約二〇〇枚。データ多数。

ベトナム戦争の「戦後」
中野亜里編
定価3500円＋税

サイゴン陥落からはや三〇年。ベトナム戦争は世界に大きな影響を残しました。しかし日本の「ベトナム世代」は過度の思い入れで目が曇り、その後の状況を正確に理解できなかったようです。ベトナム人を含む若手研究者とジャーナリストが冷静に分析した刺激的なベトナム論です。

変容する東南アジア社会
——民族・宗教・文化の動態
加藤剛編・著
定価3800円＋税

アジアはいま、国境地帯がもっともダイナミックに動いています。インドネシア、マレーシア、フィリピン、タイ、ラオス。気鋭の人類学者、社会学者が周縁のフィールドワークの蓄積を鮮やかにまとめあげました。新しいアジア像が見えてきます。